INVENTAIRE DES ARC....ES

CHATEAU DE SAINTE-VERGE

PRÈS THOUARS

Seigneurie de la Forest-Sainte-Verge. — Châtellenie de Bouillé-Saint-Paul.
Seigneurie de Rochefort. — Seigneurie de la Relandière, etc.

1321-1815

Publié par

LE MARQUIS DE L'ESTOURBEILLON

Associé correspondant de la Société Nationale des Antiquaires de France,
Inspecteur de la Société Française d'Archéologie,
Officier d'Académie

VANNES
LIBRAIRIE LAFOLYE

1895

INVENTAIRE DES ARCHIVES

DU

CHATEAU DE SAINTE-VERGE

INVENTAIRE DES ARCHIVES

DU

CHATEAU DE SAINTE-VERGE

PRÈS THOUARS

Seigneurie de la Forest-Sainte-Verge. — Châtellenie de Bouillé-Saint-Paul.
Seigneurie de Rochefou. — Seigneurie de la Relandière, etc.

1321-1815

Publié par

LE MARQUIS DE L'ESTOURBEILLON

Associé correspondant de la Société Nationale des Antiquaires de France.
Inspecteur de la Société française d'Archéologie.
Officier d'Académie.

VANNES
LIBRAIRIE LAFOLYE
1895

INVENTAIRE DES ARCHIVES
DU
CHATEAU DE SAINTE-VERGE
PRÈS THOUARS

Un des coins les plus intéressants et les moins connus de l'ancienne province de Poitou est sans contredit le pays de Thouars, l'un des principaux apanages de la puissante maison de la Trémoille. Or parmi les plus anciennes seigneuries de cette région, on distinguait avant la Révolution l'antique domaine de la *Forest-Sainte-Verge*, dont l'important chartrier, abondait en renseignements précieux pour ce pays. Située dans le bourg même de Sainte-Verge, la terre de la *Forest*, qui, appartenait au XIVe siècle à la famille *Jousseaume* avait pris naissance autour de l'église fondée en l'honneur d'une petite bergère nommée *Vierge*, qui y était née et y avait saintement vécu[1]. De hauts et puissants seigneurs habitèrent tour à tour ce manoir, qui appartient actuellement à MM. *Léonce* et *Jules de Beauregard*, de Poitiers, et il y a quelque temps ses aimables propriétaires, auxquels des liens cordiaux de parenté nous unissent.

[1] Hugues Imbert, *Histoire de Thouars*, p. 128-129.

nous ayant confié l'examen de ses intéressantes archives,
nous résolûmes aussitôt, avec leur assentiment, de faire
connaître à tous les travailleurs les nombreux documents de ce magnifique chartrier. Il serait à souhai-
ter que tout possesseur d'archives mît ainsi le public à
même de profiter, grâce à de bons *Inventaires*, d'une
foule de renseignements et de richesses historiques
ignorées, et nous ne saurions trop par suite, dans la cir-
constance, exprimer à MM. de Beauregard toute notre
gratitude, pour leur gracieuse communication.

Par suite de circonstances demeurées ignorées, mais
très vraisemblablement au cours de la période révolu-
tionnaire, les archives de la seigneurie de *Sainte-Verge*
proprement dite et de ses premiers possesseurs ont complètement disparu et ne figurent plus au chartrier que
nous avons dépouillé[1], mais il n'en est pas moins, aussi
considérable qu'intéressant, par la variété des fonds et
des documents qui s'y trouvent réunis. Au cours des
XVII⁰ et XVIII⁰ siècles, les *de Cornillon*, possesseurs de
Sainte-Verge y avaient accumulé toutes leurs archives
de famille et celles de plusieurs maisons alliées ; au début
du XIX⁰ siècle, la famille *Guenyveau de la Raye*, acquéreur
depuis 1793, y réunit à son tour les importantes archives de la châtellenie de *Bouillé-Saint-Paul*, des terres
de *Rochefou, Touchegon*, la *Pinarderie*, la *Relandière* et
de nombreux documents de familles, qui lui étaient
venus successivement par suite d'alliances avec la famille *Fouqueleau des Mortiers* et de celle-ci avec la puis-

---

[1] D'après un de nos collègues du Poitou, ces titres seraient en ce moment
chez un revendeur de Niort qui en demanderait un prix fort exagéré.

sante famille du *Chastel*, largement possessionnée dans cette région avant la Révolution. Or étant donné l'importance et la variété de ces documents, nous avons jugé nécessaire de les publier en trois fascicules, ayant respectivement pour objet : 1° La châtellenie de BOUILLÉ-SAINT-PAUL avec ses dépendances : ROCHEFOU et la RELANDIÈRE ; — 2° La PINARDERIE et TOUCHEGON ; — 3° ARCHIVES DES DIVERSES FAMILLES. — Mais de plus, pour l'intelligence de ces documents et pour mettre plus facilement à même le lecteur d'en tirer parti, il nous a paru nécessaire de donner un tableau aussi exact que possible des mouvances de ces seigneuries et aussi de leurs possesseurs successifs, en commençant par ceux de la *Forest-Sainte-Verge*, terre qui conserve ce chartrier.

Les voici, tels qu'à l'aide des pièces il nous a été possible de le reconstituer[1].

POSSESSEURS SUCCESSIFS

SEIGNEURIE DE LA FOREST-SAINTE-VERGE

Relevant du duché de Thouars.

1110-1130. Renaud et Guillaume DE LA FOREST, chevaliers.

1130-1180. Sabran DE LA FOREST, chevalier.

1180-1188. Guillaume DE LA FOREST.

---

[1] Dans ces listes nous nous sommes appliqué à donner tous les noms, que nous avons rencontrés, avec les *dates des pièces où ils figurent*, qui ne sont donc pas par suite, des dates *extrêmes* de leur jouissance de ces terres ou fiefs.

1191. Aimeri DE LA FOREST, chevalier.

1195. Messire Renaud DE LA FOREST, chevalier.

1239. Messire Guillaume DE LA FOREST, chevalier.

1290. Messire Philippe DE LA FOREST, chevalier.

1328. Messire Jehan DE LA FOREST, chevalier.

1347. Messire Jehan DE LA FOREST, chevalier, fils du précédent.

1352. Demoiselle Catherine DE LA FOREST, sœur de Jean, ci-dessus, et deguerpie (veuve) de Jehan ROUSSEAU, écuyer, sgr de la Mothe-Rousseau.

1365. Messire René JOUSSEAUME, chevalier, sgr de la Forest et de Commequiers.

1401-1435. Messire Louis JOUSSEAUME, écuyer, sgr de la Forest et Soussay, que l'on voit fonder deux chapellenies dans l'église de Sainte-Verge en 1428.

1435-1438. Messire Jehan JOUSSEAUME, écuyer, sgr de la Forest et de Commequiers, époux de Jeanne DE l'ISLE-BOUCHARD, dame de Gonnord et de Thouarcé.

1440. Messire Louis DE BEAUMONT-BRESSUIRE, chevalier, gouverneur du Maine, chambellan du roi Charles VII, époux de demoiselle Jeanne JOUSSEAUME, fille de Jehan, ci-dessus cité.

1470. Illustrissime et Révérendissime Mgr Louis DE BEAUMONT, évêque de Paris.

1472-1489. Demoiselle Catherine DE BEAUMONT, sœur du précédent, et épouse de messire Eustache DU BELLAY, chevalier.

1489. Messire Eustache DU BELLAY, chevalier.

1516. Demoiselle Marie ROUSSEAU, dame de la Mothe-Rousseau et de la Forest-Sainte-Verge, fille de messire Jean Rousseau, écuyer et d'Yseult de la Jaille, veuve de noble écuyer Michel de LINIERS.

1520. Messire René DE LA ROCHEFOUCAULD, chevalier.

1578. Messire Louis DE LA ROCHEFOUCAULD, écuyer.

1654-1690. Messire François de CORNILLON, écuyer, sgr de Forest-Sainte-Verge, trésorier provincial des guerres à Poitiers, marié à Saint-Maixent le 27 novembre 1658 à demoiselle Marguerite CHOLET.

1690-1702. Messire Jean DE CORNILLON, écuyer, sgr de Marigny et de la Forest-Sainte-Verge, fils du précédent, né en Provence en 1640, marié le 13 janvier 1673 à demoiselle Anne DE BAPTALIN, fille de Jean de Baptalin, bourgeois de Lyon.

1702-1742. Messire Paul DE CORNILLON, écuyer, fils du précédent, sgr de la Forest-Sainte-Verge, né à Sainte-Verge le 27 mai 1678, marié à Montreuil-Bellay le 27 mai 1702 à demoiselle Louise-Marthe DE L'ESTOILE, fille d'écuyer Pierre de l'Estoile, sgr de la Grange, et de Anne-Marthe Rohault de Fleury, décédé le 17 octobre 1742.

1742-1762. Messire Louis-Paul de Cornillon, écuyer, sgr de la Forest-Sainte-Verge, fils du précédent, né à Sainte-Verge, le 23 novembre 1707, capitaine au régiment de Navarre, chevalier de Saint-Louis, époux de demoiselle Marie-Gabrielle Mauduit le 19 février 1745, décédé le 1er juillet 1762.

1762-1793. Demoiselle Jeanne-Louise de Cornillon, fille du précédent, née le 26 septembre 1747, morte sans alliances au château de la Raye, commune du Puy-Notre-Dame la 19 mars 1827.

1793-1804. Messire Jean-Nicolas Guenyveau de la Raye, sgr du Puy-Notre-Dame, chevalier de la Légion d'honneur, ancien président de l'élection de Montreuil-Bellay, acquéreur en 1793 de la terre de la *Forest-Sainte-Verge*, en viager de Jeanne-Louise de Cornillon, marié à demoiselle N. Treton de la Fontenelle, décédé le 22 novembre 1834 à l'âge de 82 ans.

1804-1862. M. Nicolas Guenyveau de la Raye, lieutenant de louveterie au département des Deux-Sèvres, doté de la *Forest-Sainte-*

Verge en 1804 à l'occasion de son mariage avec mademoiselle Aimée-Clotilde FORQUETEAU DES MORTIERS, fille de Charles-Aimé, trésorier de France au bureau des Finances de Poitiers et de Jeanne-Françoise du Chastel, décédé le 17 avril 1862.

1862-1889. Mademoiselle Anaïs GUENYVEAU DE LA RAYE, fille du précédent, décédée sans alliances, le 20 novembre 1889.

1889. Messieurs Léonce et Jules BONNEAU DU CHESNE DE BEAUREGARD, (indivis), fils de feu monsieur BONNEAU DU CHESNE DE BEAUREGARD, et de feue demoiselle Jenny GUENYVEAU DE LA RAYE, sœur de la précédente.

CHATELLENIE DE BOUILLÉ-SAINT-PAUL

La Châtellenie de *Bouillé-Saint-Paul*, l'une des plus importantes du duché de Thouars, et dont les archives font l'objet de ce *premier fascicule*, comprenait à l'origine, dans sa mouvance, la seigneurie de *Rochefou*, en la paroisse de Saint-Hilaire de Cersay et de nombreux fiefs tels que le *Colombier*, *Labertin*, la *Frault*, *Piedfereux*, le *Fief-Fleury*, le *Mureau*, la *Moisnie*, les *Taffaleries*, le *Vivier*, les *Touches*, les droits de pâturage de la *Forest* et de *Vaudoré*, le prieuré de *Saint-Michel de Thouars*, et le fief de la *Vieille-Lande*, etc. Ses seigneurs y réunirent successivement plus tard : le fief de *Maumusson*, qui relevait d'abord de *Serré*, le fief de *Serré*. qui relevait d'abord de la *Vicomté de Passavant* ; — *Preuil* et le *Bas-Preuil*. relevant anciennement de *Serré*, — la *Cure de Bouillé-Saint-Paul*, relevant jadis de *Serré* ; — le 1/4 du fief de *Medavy*, relevant jadis de la seigneurie de *Chaufour* ; — la seigneurie de la *Relandière*, relevant d'abord d'*Ursay*. puis de *Rochefou* en partie en 1472, puis de *Bouillé-Saint-Paul* en 1538, puis d'*Ursay* en 1586, (Aliénation de Marc Vinet), puis de *Rochefou* vers 1645, puis de *Bouillé-Saint-Paul* en 1737. — Enfin les seigneurs de Bouillé-Saint-Paul, avaient en outre parmi leurs domaines, les fiefs de *Frontault* relevant de la seigneurie de la *Haye-Foulgereuse* et ceux des *Grolles* et de *Château-Gaillard*. relevant de la seigneurie d'*Argenton-le-Château* pour les terres de la *Currye*.

Voici quelques-uns des possesseurs successifs de ces divers domaines.

CHATELLENIE DE BOUILLÉ-SAINT-PAUL

Relevant du duché de Thouars.

1321.   Messire Martin FLEURY, chevalier.

1341.   Messire Guillaume FLEURY. chevalier.

1351.   Messire Pierre FLEURY. chevalier.

1368.   Messire Guillaume FLEURY, chevalier.

1446.   Messire Pierre FLEURY, chevalier, époux de Françoise de Meulles.

1448.   Demoiselle Marie FLEURY, veuve de messire Guillaume GROSSIN, chevalier.

1463-1470. Messire Pierre FLEURY, chevalier.

1474. Messire Guillaume II GROSSIN, écuyer.

1489-1493. Demoiselle Marie FLEURY, veuve de Guillaume Iᵉʳ GROSSIN.

1494-1505. Messire Artus GROSSIN, écuyer, fils de Guillaume II.

1506-1543. Messire René GROSSIN, écuyer, fils du précédent et époux de demoiselle Marie PAIRARD.

1544-1557. Messire Jehan GROSSIN, écuyer, fils du précédent, époux de demoiselle Gillonne FOUCQUET.

1557-1567. Messire Louis GROSSIN, écuyer, fils des précédents.

1567-1577. Ecuyer Joachim BARLOT, sgr des Nouhes, et demoiselle Gillonne FOUCQUET, sa femme, veuve de feu Jehan GROSSIN, père du précédent, et tuteur de demoiselle Louise GROSSIN, aussi fille de feu écuyer Louis GROSSIN.

1580-1599. Messire Marc VINET, écuyer, sgr de la Musse et de Bouillé-Saint-Paul, époux de demoiselle Louise GROSSIN.

1600-1605. Demoiselle Bertrande GROSSIN, épouse de messire Vincent DE BEAUVOLLIER, écuyer, sgr de la Loge, sœur et héritière de feue demoiselle Louise GROSSIN, épouse de Messire Marc VINET, sgr de la Musse.

1605-1664. Messire Louis DE L'ESTOILE, écuyer. sgr de Valampuy. époux de demoiselle Renée DU BOYS, acquéreur par adjudication le 12 novembre 1605 pour la somme de 19.100.

1664-1671. Messire Jean DE LA LOUAYRIE, écuyer. sgr de Grandboys et de Bouillé-Saint-Paul, épouse de demoiselle Marie-Louise DE CHOUPPES.

1671-1676. Dame Marie-Louise DE CHOUPPES. veuve de Messire Jean de la Louayrie. sgr de Grandboys.

1676-1678. Messire Louis DE LA BOUËRE. chevalier. tuteur d'écuyer Lancelot DE LA LOUAYRIE, fils des précédents.

1678-1704. Messire Louis DE LA BOUËRE. chevalier, époux de demoiselle Gabrielle LEMAISTRE.

1704-1710. Demoiselle Gabrielle LEMAISTRE , veuve de messire Louis DE LA BOUËRE, chevalier.

1710-1720. Demoiselle Catherine-Claude DE LA BOUËRE, épouse de Messire René DE GUILLOT. écuyer. sgr de la Bardouillère, propriétaire par attribution de partage du 22 avril 1710.

1720. Haut et puissant seigneur. Messire Alexis-Magdeleine, comte DE CHASTILLON. époux d'Anne-Gabrielle LE VENEUR DE

Tillières. acquéreur. le 21 mars 1720 pour la somme de 75.000 livres.

1744-1756. Haut et puissant seigneur, messire Louis-Marie-Bretagne-Dominique DE ROHAN-CHABOT, duc DE ROHAN, prince de Léon.

1756-1767. Haut et puissant seigneur messire Charles-Guillaume-Louis. marquis DE BROGLIE. chevalier. et sa sœur, demoiselle Marie-Françoise DE BROGLIE. héritiers de demoiselle Gabrielle-Sophie DE ROHAN-CHABOT.

1767-1774. Dame Marie-Françoise DE BROGLIE. veuve de haut et puissant seigneur, messire Charles-Joseph-Robert. comte DE LIGNERAC. chevalier. lieutenant général. grand bailli d'épée. commandant pour le roi au pays d'Auvergne.

1774-1788. Messire Jacques-François DU CHASTEL.. écuyer. sgr de la Pinarderie, président-trésorier de France au bureau des Finances de Poitiers, marié à demoiselle Françoise THOMAS DES TOUCHES. décédé le 23 mars 1788. acquéreur le 28 mars 1774 pour la somme de 78000 livres.

1788-1804. Messire Charles-Aimé FOUQUETEAU DES MORTIERS, président-trésorier de France au bureau des Finances de Poitiers. marié le 20 juillet 1788 à demoiselle Jeanne-Françoise DU CHASTEL, fille du précédent, et sœur de Gaspard-Severin du Chastel, garde du corps du roi Louis XVI, qui s'illustra par son héroïque conduite lors du procès du roi, et fut guillotiné par la Révolution, le 31 octobre 1793 à l'âge de 27 ans.

1804-1845. Nicolas GUENYVEAU DE LA RAYE, lieutenant de Louveterie au département des Deux-Sèvres, marié en 1804 à Mademoiselle Aimée-Clotilde FOUQUETEAU DES MORTIERS, fille du précédent.

1845-1889. Demoiselle Anaïs GUENYVEAU DE LA RAYE, fille du précédent, propriétaire en 1845, par attribution de partage.

1889. M. Léonce BONNEAU DU CHESNE DE BEAUREGARD, fils de M. Bonneau du Chesne de Beauregard et de Mademoiselle Jenny Guenyveau de la Raye, propriétaire, par héritage de Mademoiselle Anaïs GUENYVEAU DE LA RAYE, sœur de sa mère.

SEIGNEURIE DE ROCHEFOU

Relevant de Bouillé-Saint-Paul.

1508-1565. Messire François DE TERVES, écuyer sgr de Beauregard et Terras, marié le 11 mars 1517 à demoiselle Marie de CHAMPLAIS, fille d'Etienne de Champlais, chevalier, sgr de Courcelles.

1565-1578. Messire Jehan DE TERVES, prêtre, fils cadet du précédent.

1578-1599. Messire René DE TERVES, écuyer sgr de Beauregard et Terras époux de Françoise DE MINERAY.

1599-1615. Messire René DE TERVES, écuyer, fils des précédents, sgr de Beauregard et de Terras, marié à demoiselle Claude DE SAINTRAY, fille de Jean de Saintray, sgr de l'Isle.

1615-1631. Messire Charles DE LASPOIX, écuyer.

1621-1627. Messire Charles JOUBERT, écuyer, sgr du Plessis-Tesselin et demoiselle Renée DE LASPOIX, son épouse.

1627-1648. Messire Charles JOUBERT, écuyer, veuf de Renée DE LASPOIX.

1648-1663. Messire Charles JOUBERT, écuyer, sgr du Plessis-Tesselin, et époux de demoiselle Catherine AYMON, fils du précédent.

1684. Jacques CLOSTREAU, fermier judiciaire.

1685. René COURMEAU, notaire, fermier judiciaire.

1686-1688. Messire Charles JOUBERT, écuyer, sgr du Plessis-Tesselin.

1688-1710. Maître Uriel CHIRON, avocat au Parlement, époux de demoiselle Jeanne DU VERGER, fille de Messire Helye du Verger, écuyer, sgr de la Bafferie et de Catherine Ve-

xiau, acquéreur le 31 août 1688, mort
en 1710.

1710. Demoiselle Jeanne DU VERGER, veuve de
Maître Uriel CHIRON, avocat au Parlement, sgr de Rochefou.

1725-1750. Messire François DU CHASTEL, écuyer, sgr
de Touchegon, la Martinière et Rochefou, conseiller du Roi et lieutenant en
l'élection de Saumur, marié : 1° à demoiselle Marie-Anne DU VERGER, morte en
1730, 2° le 16 novembre 1733 à demoiselle Jeanne SIGOGNE, fille de Jacques,
avocat au siège royal de Saumur et de
Anne Martin, décédé le 29 avril 1750.

1750-1788. Messire Jacques-François DU CHASTEL,
écuyer, sgr de Rochefou, Bouillé-Saint-Paul, Touchegon, etc., fils du précédent, président-trésorier de France
au bureau des Finances de Poitiers,
marié à demoiselle Françoise THOMAS
DES TOUCHES, mort le 23 mars 1788.

1788-1804. Messire Charles-Aimé FOUQUETEAU DES
MORTIERS, président-trésorier de France
au bureau des Finances de Poitiers,
marié le 20 juillet 1788 à demoiselle
Jeanne-Françoise DU CHASTEL, fille du
précédent.

1804-1845. Monsieur Nicolas GUENIVEAU DE LA RATE,
lieutenant de louveterie au département

des Deux-Sèvres, marié en 1804 à Mademoiselle Aimée-Clotilde FOUQUETEAU DES MORTIERS, fille des précédents.

1845-1862. Mademoiselle Anaïs GUENYVEAU DE LA RAYE, propriétaire, fille du précédent, et M. Nicolas GUENYVEAU DE LA RAYE, son père, usufruitier.

1862-1889. Mademoiselle Anaïs GUENYVEAU DE LA RAYE, propriétaire.

1889. Monsieur Léonce BONNEAU DU CHESNE DE BEAUREGARD, fils de Monsieur Bonneau du Chesne de Beauregard et de Mademoiselle Jenny Guenyveau de la Raye, propriétaire, par héritage de Mademoiselle Anaïs GUENYVEAU DE LA RAYE, sœur de sa mère.

SEIGNEURIE DE LA RELANDIÈRE

Relevant successivement d'Ursay, de Rochefou, de Bouillé-Saint-Paul, puis d'Ursay, de Rochefou et de Bouillé-Saint-Paul[1].

1435. Demoiselle Yvette de BEAUVOISIN, veuve d'écuyer Nicolas THIBAULT, pour moitié.

---

[1] Cette terre était divisée en deux parties. Il ne nous a pas été possible de reconstituer complètement et d'une manière précise les possesseurs successifs de chacune de ses parties. Nous donnons donc seulement ici, au moins jusqu'au XVIIIᵉ siècle, les noms successifs tels que nous les avons rencontrés, avec les dates des pièces où ils se trouvent cités.

1442. Jehan Gascher, écuyer, sgr des Varennes, pour moitié.

1454. Messire Jehan Thibault, l'aîné, écuyer pour moitié.

1474. Messire Pierre Levrault, écuyer, sgr de Puyregnault, époux de demoiselle Ambroisine Gascher, pour moitié, — et : Messire Jean de la Berauldière, chevalier, sgr d'Ursay, pour moitié.

1481. Messire Mathurin Levrault, écuyer, sgr de Puyregnault.

1499-1506. Messire Achille Levrault, écuyer, sgr de la Guerinière.

1504. Dame Renée Landais, veuve de Pierre Gorré, pour moitié.

1506-1527. Maître Robert Musset.

1524-1527. Missire Nicolas Ragot, prêtre, et Mᵉ André Brion, chacun pour une moitié.

1529. Maître André Brion, pour sa moitié.

1536-1541. Demoiselle Antoinette Ragot, veuve de Guillaume Landays, pour une moitié.

1538. Messire René Grossin, écuyer, sgr de Bouillé-Saint-Paul, acquéreur de la suzeraineté de la *Relandière*, d'avec demoiselle Philippine de la Berauldière, dame d'Ursay.

1545. Sire Pierre Gorré, marchand, pour moitié.

1585. Maîtres Jacques GORRÉ, et François
ROBEREAU, chacun pour moitié.

1596. Dame Louise GORRÉ, dame de la Garde,
pour moitié.

1607. Maître Thomas MESLÉ, époux de Jeanne
ROBEREAU.

1609. Maîtres Pierre REVERDY, époux d'Anne
GORRÉ, et René ROBEREAU, notaire.

1611. Maîtres Jehan BRION et René ROBEREAU,
notaire.

1613. Messire René DE TERVES, acquéreur d'une
moitié.

1616. Dame Denise BERTHAULT, veuve de René
ROBEREAU, pour moitié.

1619-1632. Dame Mauricette PICHON, veuve de Michel
BERTHAULT, pour moitié.

1633. Dame Mathurine BERTHAULT, veuve de
Messire Jehan DAUVELOT, sieur de Lavau,
pour moitié.

1644. Dame Marie DAUVELOT, épouse de messire
Helye DU VERGER, sgr de la Bafferie,
pour moitié.

1647. Messire Helye DU VERGER, époux en
deuxièmes noces de demoiselle Catherine VEXIAU, mort en 1670, pour moitié.

1671. Messire Jehan DU VERGER, sgr de la Bafferie, époux de Françoise SALLOU, pour
moitié.

1695.   Mᵉ Ambroise Garnier de la Pommeraye, fermier.

1737-1750.   Messire François du Chastel, écuyer, sgr de Rochefou, conseiller du roi, lieutenant en l'élection de Saumur, époux de demoiselle Marie-Anne du Verger.

1750-1788.   Messire Jacques-François du Chastel, écuyer, sgr de Rochefou, Bouillé-Saint-Paul, etc.. fils du précédent, président-trésorier de France au bureau des Finances de Poitiers, marié à demoiselle Françoise Thomas des Touches, décédé le 23 mars 1788.

1788-1804.   Messire Charles-Aimé Fouqueteau des Mortiers, président-trésorier de France au bureau des Finances de Poitiers, marié le 20 juillet 1788 à demoiselle Jeanne-Françoise du Chastel, fille du précédent.

1804-1845.   Monsieur Nicolas Guenyveau de la Raye, propriétaire, lieutenant de louveterie au département des Deux-Sèvres, marié en 1804 à demoiselle Aimée-Clotilde Fouqueteau des Mortiers, fille des précédents.

1845-1862.   Mademoiselle Jenny Guenyveau de la Raye, épouse de M. Bonneau du Chesne de Beauregard, fille des précédents, propriétaire, et M. Nicolas Guenyveau de la Raye, son père, usufruitier.

1862-1875.   Mᵐᵉ Bonneau du Chesne de Beauregard,
née Jenny Guentveau de la Raye.

1875-1891.   M. Jules Bonneau du Chesne de Beauregard, par héritage (20 novembre 1875.)

1891.   M. Léonce Bonneau du Chesne de Beauregard, frère du précédent, propriétaire,
par échange.

LE COLOMBIER

Relevant de Bouillé-Saint-Paul.

1430.   Messire Jehan de Galardin, écuyer, sgr
de Sauve.

1509.   Mᵉ Antoine Hervé.

1528.   Mʳˢ Colin Hervé et Macé de Pierrois.

1615.   Mʳˢ Pierre-Urbain et Jehan Baranger.

LABERTIN ET LA BOISSELOTIÈRE

Relevant de Bouillé-Saint-Paul.

1332.   Lorens Chesserea.

1340.   Drouet Chesserea.

1351.   Dame Agnès Chesserelle, épouse de Jehan
Regnart.

1597.   Messire Louis de Merveilleau, chevalier,
sgr de la Boisselotière.

1616. Dame Radegonde DE MERVEILLEAU, épouse de messire Jacques DE BELLAY, chevalier, sgr de la Pallu.

1654. Messire Jean-Louis DE LA TOUSCHE, écuyer. sgr de Virallay.

1675. Messire Georges DE CORDOUAN. écuyer sgr de la Boisselotière.

1690. Messire Henry-Charles DE CORDOUAN, écuyer. sgr de Grandlande.

1693. Dame Françoise DAVID, veuve d'écuyer Henry-Charles DE CORDOUAN, sgr de Grandlande.

1715. M⁀ René BRION, sgr de la Boisselotière.

1768. M⁀ René BRION, petit-fils du précédent et fils de M⁀ Joseph-François BRION, sgr de la Boisselotière.

LA FRAULX

Relevant de Bouillé-Saint-Paul.

1448. Sire Estienne AUDIGER.

1493. Jean BROUARD, époux d'Andrée AUDIGER.

1567. M⁀ François LANDAYS. marchand.

1574. Dame Jacquette GUILLONEAU, veuve d'Armel HERVÉ.

1612. Louis et Pierre LANDAYS.

PIEDFEREUX

Relevant de Bouillé-Saint-Paul.

1321.   Noël CHESSEREA, sgr de la Boisselotière.

1477.   Dame Marguerite DE GOURDAULT, veuve d'écuyer Louis DE GRANGES, sgr de Morthemer.

1627.   Ecuyer Mathurin DE JARRYE, sgr de Piedfereux, époux de demoiselle Antoinette DE L'ESPERONNIÈRE.

1676.   M⁰ Charles BRION, maître chirurgien.

1684.   M⁰ René BRION, marchand.

1778.   M⁰ Pierre CHABERT, s⁰ de la Perchaudière.

LE FIEF-FLEURY devenu L'HUMEAU-JOUHANNE

Relevant de Bouillé-Saint-Paul.

1520.   Messire Pierre DE PIERROIS, prêtre.

1530.   Messire Pierre DE PIERROIS, prêtre, et Jehan CHARRUAU.

1573.   Messire Jehan LANDAYS, prêtre.

1612.   Messire René SERPILLON, écuyer, sgr de la BOISSELOTIÈRE.

1634.   Messire Jacques SERPILLON, écuyer, sgr de la Boisselotière et de la Brosse-Guyon (Guilgault).

1674. Mr René DE PIERROIS, sgr de Preuil.

1701. Messire Jacques DE PIERROIS, sgr de Boëssettes.

1862. M. Arthur-Nicolas GUENYVEAU DE LA RAYE, fils de M. Nicolas GUENYVEAU DE LA RAYE et de Aymée-Clotilde FOUQUETEAU DES MORTIERS.

1881. Demoiselles Ernestine et Anaïs GUENYVEAU DE LA RAYE, sœurs du précédent.

1884. Mademoiselle Anaïs GUENYVEAU DE LA RAYE, seule propriétaire à la mort de sa sœur.

1889. MM. Léonce et Jules BONNEAU DU CHESNE DE BEAUREGARD.

LE MUREAU

PAROISSE DE CERSAY

Relevant de Bouillé-Saint-Paul,

1402. Mr Jehan POISSON.

1453. Mr André CORRION.

1536. Messire René DE PRIBRES, écuyer, sgr du Plessis-Baudouin.

1580. Messire Vincent DE BEAUVOLLIER, écuyer, et demoiselle Bertrande GROSSIN, son épouse.

1585. Messire Hector DE VILLENEUVE, écuyer, sgr de Laspoix.

1587. Messire Vincent DE BEAUVOLLIER, écuyer.

1588. Dame Claude DE SAIXTRAY, veuve de messire René DE TERVES, écuyer, sgr de Rochefou.

1593. Messire Vincent DE BEAUVOLLIER, écuyer.

1602. Messire Jacques ROUGIER, écuyer, sgr de la Garenne.

1612-1634. Messire René AMOUREUX, sgr de la Fuye, époux de demoiselle Jacqueline VIXET.

1665. Messire Pierre AMOUREUX, écuyer, sgr de Vernusson, époux de demoiselle Charlotte ROBERT.

1674. Messire Gabriel AMOUREUX, écuyer, sgr des Landes, curateur des enfants de Pierre AMOUREUX.

LA MOISNIE

PAROISSE DE MASSAY

Relevant de Bouillé-Saint-Paul.

1440. Les Religieux du PRIEURÉ DE SAINT-JACQUES près Thouars.

1445. Messire Pierre FLEURY, chevalier, sgr de Bouillé-Saint-Paul.

1597. Messire Antoine DE L'ESPERONNIÈRE, écuyer, sgr de la Roche-Bardoul.

1622. Dame Louise RICHER, veuve d'écuyer François DE L'ESPERONNIÈRE.

1640. Messire Jonas DE BARANGER, écuyer, sgr
de la Guytrie et du Lys, par acquêt
d'avec dame Renée DE L'ESPEROXNIÈRE,
veuve de Charles DE L'ESPEROXNIÈRE, et
Jehan ODIAU, sgr de la Vallée, son
gendre.

1669. Messire Uriel TRETON, procureur du roy
à Saumur, acquéreur pour 5000 livres.

1743. M' François CAFFIN, marchand à Sainte-
Verge, acquéreur.

LES TAFFATERIES

Relevant de Bouillé-Saint-Paul.

1402. M' Jehan TAFFAT.

1541. Noble homme Georges BELLUNEAU.

1594. Messire Loys DE MERVEILLEAU, écuyer, sgr
des Buards.

1597. N. DE CARRION, sgr de Noirlieu.

1630-1645. Écuyer Bertrand PAILLARD, sgr des Taffateries.

1675. Messire Louis DE L'ESTOILE, écuyer, sgr
d'Hardancourt.

1700. Messire Pierre DE L'ESTOILE, chevalier,
sgr de la Grange.

1710. M' Joseph PASQUIER, marchand, acquéreur
pour 5150 livres.

1770. M' Alexis-Philippe DROUYNEAU, s' de Brie,

ingénieur des Ponts-et-Chaussées de la
généralité de Soissons.

1800.   M. Alexis-Jacques DROUINEAU DE BRIE,
percepteur à Thouars.

1816.   M⁰ Nicolas GUENYVEAU DE LA RAYE, lieutenant de louveterie au département des
Deux-Sèvres, époux en 1804 de demoiselle Aimée-Clotilde FOUQUETEAU DES
MORTIERS, acquéreur le 24 juillet 1816.

1862.   Mademoiselle Ernestine GUENYVEAU DE LA
RAYE, fille des précédents.

1884.   MM. Léonce et Jules BONNEAU DU CHESNE
DE BEAUREGARD, par héritage.

1891.   M⁰ Léonce BONNEAU DU CHESNE DE BEAU-
REGARD.

LE VIVIER

Relevant de Bouillé-Saint-Paul.

1460.   Messire Jean DE DERCÉ, sgr de Saint-Loup,
époux de Catherine ROUAUD.

1479.   Acquis par le Roi Louis XI le 10 décembre
1479.

1482.   Le Chapitre et les chanoines du Puy-
NOTRE-DAME.

1586.   Le Chapitre et les chanoines du Puy-
NOTRE-DAME.

1638.   Messire Louis DE L'ESTOILE. sgr de Bouillé-

Saint-Paul et Messire Louis DE VILLE-NEUVE, chevalier, sgr du Vivier, par moitié.

1642. Dame Hélène DESGUY, veuve de Louis DE VILLENEUVE, chevalier et son fils Louis DE VILLENEUVE, sgr de la Grandière, possesseurs par moitié avec Messire Louis DE L'ESTOILE, écuyer, sgr de Valampuy et Bouillé-Saint-Paul.

1651. Messire Louis DE L'ESTOILE, écuyer, sgr de Bouillé-Saint-Paul et Messire Louis DE LA TOUSCHE, écuyer.

1687. Messire Louis DE LA BOUERE, chevalier, sgr de Bouillé-Saint-Paul et Messire Louis DE VILLENEUVE, écuyer.

1719. Messire Charles-François DE VILLENEUVE vend sa moitié à Messire René DE GUILLOT, sgr de Bouillé-Saint-Paul qui devient *seul possesseur* (19 avril 1719).

MAUMUSSON

Relevant d'abord de Seris é, puis de Bouillé-Saint-Paul.

1480. Me Thomas LEBRETON.

1513. Messire René GROSSIN, écuyer, sgr de Bouillé-Saint-Paul.

1598. Missire François MARCHETON, prêtre.

1650-1667. Me Antoine BROMANT, sr de Maumusson.

1671. Messire Jehan FALLOUX, écuyer, sgr de Villejasne.

1700. Messire P. FALLOUX, écuyer, sgr de la Roche.

SERRÉ

Relevant d'abord de Passavant, puis de Bouillé-Saint-Paul.

1469. Messire Pierre FLEURY, chevalier, sgr de Bouillé-Saint-Paul.

1474. Dame Marie SERRAZIN, dame de Chemiré et de la Vieille-Lande.

1486. Ecuyer Jehan CLEREAU, sgr de Chemiré, la Grezille et la Vieille-Lande.

1513. Messire Bertrand DE VANDEL, écuyer, sgr de la Mesnardière et Serré.

1548. Messire Louis DE VANDEL, écuyer, sgr de la Mesnardière, époux de Jeanne DE FONTBREMER.

1586. Messire René DE VANDEL, écuyer, époux de Marguerite JOUBERT,

1594-1612. Messire François DE GAUSSERANT, écuyer, sgr du Rouzé et du Pressouër, époux de demoiselle Jacquette DE VANDEL.

1617. Messire René DE GAUSSERANT, écuyer, sgr de la Garaudière.

1628. Messire Loys DE L'ESTOILE, écuyer, sgr de

Valampuy et Bouillé-Saint-Paul. acquéreur pour 8200 livres.

1686. Messire Louis DE LA BOUÈRE, chevalier, sgr de Bouillé-Saint-Paul.

1719. Dame Catherine-Claude DE LA BOUÈRE, épouse de Messire René DE GUILLOT, sgr de Bouillé-Saint-Paul et la Bardouillère.

1720. Haut et puissant seigneur messire Alexis-Magdeleine-Rosalie, comte DE CHASTILLON, acquéreur par contrat du 30 avril 1720.

1746. Haut et puissant seigneur Louis-Marie-Bretagne-Dominique DE ROHAN-CHABOT, duc DE ROHAN, prince de Léon, époux de dame Charlotte-Rosalie DE CHASTILLON.

1759. Haut et puissant seigneur messire Charles-Guillaume-Louis, marquis DE BROGLIE, et sa sœur demoiselle Marie-Françoise DE BROGLIE, héritiers de demoiselle Gabrielle-Sophie DE ROHAN-CHABOT.

1774-1788. Messire Jacques-François DU CHASTEL, acquéreur le 28 mars 1774.

1788-1804. Messire Charles-Aimé FOUQUETEAU DES MORTIERS, président-trésorier de France au bureau des Finances de Poitiers, époux en 1788 de demoiselle Jeanne-Françoise DU CHASTEL.

1804-1845. Monsieur Nicolas GUENYVEAU DE LA RAYE, lieutenant de louveterie au département des Deux-Sèvres époux de demoiselle Aimée-Clotilde FOUQUETEAU DES MORTIERS.

1845-1889. Mademoiselle Anaïs GUENYVEAU DE LA RAYE, fille des précédentes. (Monsieur Nicolas GUENYVEAU DE LA RAYE, usufruitaire jusqu'en 1862).

1889. Monsieur Léonce BONNEAU DU CHESNE DE BEAUREGARD, par héritage de demoiselle Anaïs GUENYVEAU DE LA RAYE, sa tante.

PREUIL

Relevant jadis de Serré, puis de Bouillé-Saint-Paul.

1442. Messire THEBAUD DE LA HAYE, écuyer, sgr de la Salle et de Preuil, époux de Catherine DE LA TOUR-LANDRY.

1473. Messire Jehan DE ROYRAND, écuyer, sgr de Brettignolles et Preuil.

1537. Messire Jehan DE BEAUMONT, chevalier, sgr de Preuil.

1587. Messire Marc DE LA VILLE, écuyer, sgr de Preuil.

1594. Demoiselle Marie DE LA VILLE, dame de Preuil.

1644. Messire Jacques DE PIERROIS, sgr de Preuil.

1685.   Messire René DE PIERROIS, sgr de Preuil.

1774-1788.   Messire Jacques-François DU CHASTEL, sgr de la Pinarderie, président-trésorier de France au bureau des Finances de Poitiers.

1788-1793.   Messire Charles-Aimé FOUQUETEAU DES MORTIERS, président-trésorier de France au bureau des Finances de Poitiers, époux en 1788 de demoiselle Jeanne-Françoise DU CHASTEL.

1793.   Demoiselle Agathe FOUQUETEAU DES MORTIERS, fille des précédents, épouse de Monsieur DE LAMARQUE.

1825.   Monsieur JAHAN DE LA RONDE, époux de demoiselle Zoé DE LAMARQUE.

Vers 1880.   Messire ECOT, acquéreur.

LE BAS-PREUIL.

Mêmes mouvances que Preuil.

1539.   Messire Jehan DE BEAUMONT, chevalier, sgr de Bressuire.

1587.   Messire Marc DE LA VILLE, écuyer, sgr de Preuil.

1594.   Dame Marie DE LA VILLE, dame de Preuil.

1628.   Messire Yves DU TERTRE, écuyer, sgr de Baugé.

1638. Messire Jean DU TERTRE, écuyer, sgr de Baugé.

1677. Messire Anthoine DU TERTRE, écuyer, sgr de Glenay.

1684. Dame Marie METIVIER, veuve d'écuyer Anthoine DU TERTRE et remariée à Messire Pierre GIRARD.

1712. Demoiselles Magdeleine et Renée RENART.

1734-1763. Messire Alexis-Amable THOMAS DES TOUCHES, lieutenant en l'élection de Thouars, décédé le 23 mai 1763.

1763. Dame Catherine-Henriette PAVIN, veuve de Messire Alexis-Amable THOMAS DES TOUCHES.

MEDAVY (14)

Paroisse de Bouillé Saint-Paul

Relevant jadis de Chauffour, près de Bouillé Saint-Paul.

1421. Messire Pierre ANCHER, époux de Jehanne du MUREAU.

1447. Messire Jehan ANCHER.

1513. Messire Jehan MAUGEIS, « bachelier ès-loix et demoiselle Yolande JOUANNE, sa femme. »

1520. Messire Pierre DELIF, « licencié ès-loix, praticien en court laye à Chinon.

1525. Messire René GROSSIN, écuyer, sgr de Bouillé-Saint-Paul.

1594-1634. Messire Salomon PUYGIROX, sgr. de Chauffour et des Blanchardières.

1676. Dame Françoise CHABERT, veuve de noble homme Louis GARNIER DE LA POMMERAYE, conseiller en l'élection de Thouars.

1697. Demoiselle Françoise GARNIER, fille des précédents, veuve de messire Louis JOBET sgr DE LA THERMINIÈRE, sénéchal de Cerisay.

1714. Messire Claude GARNIER DE LA BERTHELIÈRE, et dame Marie-Françoise JOBET, son épouse, fille des précédents.

1769. Messire René-Henry Salomon GANDOUIN, conseiller du roy, procureur à Thouars.

FRONTAULT

Relevant de la Haye Foulgereuse

1530 Messire Jehan MASSOTEAU.

1533 Messire René GROSSIN, écuyer. sgr de Bouilllé Saint-Paul. acquéreur.

Messire Innocent PROSTEAU, possesseur pour moitié.

1541. Messire René GROSSIN, écuyer, sgr de Bouillé Saint-Paul possesseur de la totalité,

1605.   Messire Louis DE L'ESTOILE, écuyer, sgr de Bouillé-Saint-Paul.

1643.   Tenu en arrière fief par messire Jacques DES NOUES, époux de N. CHASSERAT.

1678-1710. Messire Louis DE LA BOUÈRE, chevalier, sgr de Bouillé-Saint-Paul.

1713.   Messire Antoine BIRAULT, chevalier, sgr de Vaillé et la Baussonnière.

LES TOUCHES

Paroisse de Cersay.

Relevant jadis de la Garenne, puis de Bouillé-Saint-Paul.

1448.   Messire Jehan GROSSIN, écuyer, sgr des Touches.

1646.   Dame Jeanne DE MANLAY, veuve de messire François HERBERT, écuyer, sgr de Bellefonds.

1659.   Messire Laurent HERBERT, chevalier, sgr de Bellefonds.

1775.   Dame Elizabeth HENRY, veuve du précédent.

1694.   Messire Jacques HERBERT, chevalier, sgr de Bellefonds.

1715.   Dame Marthe MEIGNAN, veuve du précédent.

1769.   Messire Louis DE VIELBLANC, écuyer, sgr de la Garenne.

LES GROLLES ET CHATEAU-GAILLARD

Relevant d'Argenton-le-Château.

1379. Messire Guillaume FLEURY, chevalier, sgr de Bouillé-Saint-Paul.

1475. Messire Guillaume GROSSIN, écuyer, sgr de Bouillé-Saint-Paul.

1510. Messire René GROSSIN, écuyer, sgr de Bouillé-Saint-Paul.

1590. Messire Marc VIXET, écuyer, sgr de Bouillé-Saint-Paul et dame Louise GROSSIN, son épouse.

1599. Haut et puissant seigneur, messire Gilles DE CHASTILLON, sgr baron d'Argenton-le-Château.

1606. Messire Louis DE L'ESTOILE, écuyer, sgr de Bouillé-Saint-Paul, acquéreur.
(A partir de 1606, ces fiefs suivent le sort de *Bouillé-Saint-Paul* et ont les mêmes possesseurs jusqu'en 1862).

1862. Mᵐᵉ Jenny GUENYVEAU DE LA RAYE, époux de M. BONNEAU DU CHESNE DE BEAUREGARD.

1875. M. Jules BONNEAU DU CHESNE DE BEAUREGARD.

Mᵗ DE L'ESTOURBEILLON.

INVENTAIRE

DES

ARCHIVES

DE LA CHATELLENIE

DE

BOUILLÉ-SAINT-PAUL

INVENTAIRE
DES ARCHIVES DE LA CHATELLENIE
DE BOUILLÉ-SAINT-PAUL

— 1 —

Vendredi après la St-Hilaire, 1321. — Bail à cens consenti par devant Jehan, vicomte de Thouars[1], par Noël Chesseréa, de la Boësselotière, à Martin-Fleury, de Bouillé-Saint-Paul, de tout ce qui lui appartenait par Stéphane, sa femme, au fief de Piedféreux, en la paroisse de Cersay, moyennant 2 septiers de froment, mesure d'Argenton-le-Château, et deux deniers de cens, rendus à la maison dudit Chesseréa au terme de la mi-août.

— 2 —

Mercredi en la feste Ste-Catherine, 1332 (25 novembre). — Lorans Chesseréa, de la Boësselotière et Droet Chesseréa, son fils, vendent à messire Martin Flory, sgr de Bouillé-Saint-Paul, la rente de 2 septiers de seigle, mesure de Passavant, et 4 deniers de cens sur le lieu de la Boësselotière, pour la somme de six livres monnoie.

— 3 —

Jeudi avant la Quasimodo, 1341. — Bail à rente consenti par Loys, vicomte de Thouars[2], sgr de la Quarrie, à Guillaume Florie, sgr de Bouillé-Saint-Paul, de diverses pièces de terre, savoir : Le champ de la Quarrie; le champ de Lescoissonnée; — une pièce de terre joignant l'hébergement de Sarré; — une pièce de terre nommée : l'Ouche de Boillé[3]; — le champ de la Dobnaïde, à l'ex-

[1] Jean Ier, Vte de Thouars, fils de Guy II, gouverna le vicomté de 1303 à 1332.

[2] Louis Ier, vicomte de Thouars, 1333-1370.

[3] Dans nos analyses nous avons tenu à respecter l'orthographe des pièces pour tous les noms propres cités.

ception des parts appartenant à Regnart d'Auzay et Robin de
Prailles : le quart par indivis du Pré-Fessas ; le quart par indivis
du pré de Bouillé ; — le quart par indivis du Pré-Fessas ; le quart
du pré desdites pièces ; — le quart du pré des Quartées ; le vieil herbergement de près l'Eglise de Boillé-Saint Paul, le tout à la charge
par ledit sgr de Bouillé-Saint-Paul de payer audit sgr de la Quarrie
4 septiers de froment, mesure d'Argenton, de rente annuelle, et
16 deniers de cens.

Signé : O. DROYNEAU.

— 4 —

Mercredi des Féeries de Pâques, 1347. — Messire Guille Flory,
chevalier, sgr de Bouillé-Saint-Paul, achète à Phelippe Borru,
un courtil « sis en la ville de Bouglé-Sainct-Pol ».

— 5 —

1347. — Jehan Borru cède à Guillaume Flory, chevalier, sgr de
Bouillé-Saint-Paul, la moitié par indivis d'une pièce de terre autrefois en vigne et contenant cinq *provendrées,* plus une provendrée
de terre au champ de la Rochelle, et reçoit en échange dudit Guillaume Flory la moitié d'une maison sise à Bouillé-Saint-Paul.

— 6 —

Dimanche après Noël, 1351. — Messire Pierre Flory, chevalier,
sgr de Bouillé-Saint-Paul, achète à Agnès Chesserelle, épouse de
Jehan Regnart, la rente d'un septier de seigle dûe sur le lieu de la
Boësselotière.

— 7 —

10 avril 1368. — Bail à cens consenti par messire Guille Fleury,
chevalier, sgr de Bouillé Saint-Paul, à Jehan Cortoys, paroissien
d'Argenton, d'une place contenant une boisselée de terre pour y faire
bâtir un moulin à vent et une septrée de terre, joignant ledit
terrain, et nommée le Champ Buygnon, à la charge de payer audit

seigneur bailleur 3 provendrées de seigle de rente, mesure de
Thouars, 2 deniers de cens au terme de la mi août, 2 sols 6 deniers de rente au cens et un chapon de rente à Noël.

— 8 —

16 décembre 1379. — Foy et hommage-lige de la quarte-partie
de la Caffinière, consistant en prez, terres et pastureaux, fait par
messire Guillaume Flory, sgr de Bouillé Saint-Paul, à Monseigneur
Guy, seigneur d'Argenton[1], à cause de son fief de la Carie.

— 9 —

19 janvier 1391. — Transaction par laquelle Jehan Amelin, mari
de Jehanne Pentecousteau, fille de feu Jehan Pentecousteau, cède
à messire Guille Flory, sgr de Bouillé-Saint-Paul, une maison o
ses appartenances audit bourg de Bouillé, laquelle était tenue dudit
seigneur à 20 sols de rente annuelle.

— 10 —

1ᵉʳ janvier 1392. — Echange par lequel Jehan Taffet, paroissien
de Saint-Hilaire-de-Cersay, cède à messire Guillaume Flory, écuyer,
sgr de Bouillé-Saint-Paul, tout ce qui peut lui appartenir au terrouër et fief de la Taffaterie et reçoit à la place une pièce de terre,
sise à l'Houmeau-Jouhanne, contenant 6 septrées de terre et un
pré en la Grandrivière de Putereau, à la charge de relever de
Bouillé-Saint-Paul à 12 deniers de cens.

— 11 —

9 janvier 1392. — Aveu de la moitié par indivis du bien et fief
des Touches en la paroisse de Cersay, rendu à messire Guillaume
Flory, écuyer, sgr de Bouillé-Saint-Paul, par Jehan Ogereau, qui

<hr>

[1] Guy, sgr d'Argenton. — Guy III, sgr d'Argenton, chevalier, fils aîné de Guy
II et de philippe de la Carrie, qui vivait encore en 1336. On le voit figurer
comme caution en 1363 d'un emprunt fait à Bergues, par Louis, vicomte de
Rochechouart. Il mourut sans postérité.

confesse le tenir dudit seigneur à foy et hommage plein et à 3o sols de service annuel.

— 12 —

15 mars 1402. — Aveu rendu à messire Guille Flory, chevalier, sgr de Bouillé-Saint-Paul, par Jehan Poisson, pour son fief et herbergement du Mureau, en la paroisse de Cersay, tenu de ladite seigneurie de Bouillé-Saint-Paul, à foy et hommage plein, 18 deniers de service annuel, et 2 septiers de froment mesure de Thouars.

Signé : L. Bouyneau, notaire.

— 13 —

24 août 1402. — Aveu de la moitié par indivis du lieu et fief des Touches rendu à messire Guillaume Flory, écuyer, sgr de Bouillé-Saint-Paul, par Perrot Ogereau, qui confesse le tenir dudit seigneur à foy et hommage plein et à 3o sols de service annuel.

— 14 —

2 juin 1403. — Bail à cens consenti par messire Guillaume Flory, écuyer, sgr de Bouillé-Saint-Paul, à Jehan Guion : 1° d'une pièce de terre de 10 septiers près l'Humeau Johanne, 2° d'une pièce de terre enclose au dedans de la précédente, à la charge de relever de la seigneurie de Bouillé-Saint-Paul à 45 sols et 4 chapons de cens.

— 15 —

19 novembre 1403. — Transaction par laquelle Jehan de Corlac, Guillaume Gueignon et Guyon Hardouin, s'obligent à payer et servir à messire Guillaume Fleury, écuyer, sgr de Bouillé-Saint-Paul, 8 sols et un septier d'avoine comme détenteurs du tenement de Courlet.

— 16 —

25 septembre 1404. — Aveu rendu à messire Guillaume Flory, chevalier, sgr de Bouillé-Saint-Paul par messire Jehan de la

Fourest, sgr de Vauldoré, pour ses droits de pestrage et pâturages sur diverses terres en la paroisse de Bouillé-Saint-Paul.

— 17 —

21 septembre 1408. — Bail à cens consenti par messire Guillaume Flory, écuyer, sgr de Bouillé-Saint-Paul, à Guillaume Delavau, de Saint-Martin de Cersay : 1° des deux parts d'une pièce de vigne contenant cinq hommes ; 2° des deux parts d'un pastys contenant une provendrée, à la charge de relever de Bouillé-Saint-Paul à 2 sols de cens annuel et un septier de froment, mesure de Thouars.

— 18 —

10 mars 1410. — Aveu de la moitié par indivis de l'hostel et fief des Tousches en la paroisse de Cersay, rendu à messire Guillaume Flory, écuyer, sgr de Bouillé-Saint-Paul, à cause de sa seigneurie dudit Bouillé, par André Corsainct, à cause de Johanne Augerelle (*sic*), son épouse, qui confesse devoir audit seigneur 3o sols de service annuel pour ledit fief et le tenir de lui à foy et hommage plein.

Signé : DUJARS.

A la requête dudit Corsainct.

— 19 —

Décembre 1415. — Jugement rendu à Thouars, par lequel Jehan Aubry, procureur de dame Jehanne de la Lande, est de son consentement condamné à payer à messire Guillaume Flory, écuyer, sgr de Bouillé-Saint-Paul, les arrérages de 3 septiers de froment, mesure de Thouars, et de 3 sols de service annuel en rendant foy et hommage à Bouillé-Saint-Paul.

— 20 —

10 mars 1420. — Bail à cens consenti par messire Guillaume Fleury, écuyer, sgr de Bouillé-Saint-Paul, à Jehan Gabillon, de la Fouzillère, en la paroisse de Saint-Hilaire de Cersay : 1° de 5 septiers

de terre sis entre la Fouzillère et le grand chemin Thouarzais ;
2° une hommée de pré en la rivière du Preront ; 3° 5 septiers de
terre nommés les Champs de Labertin ; 5° le pré du Marché
Maupetit, contenant une hommée ; 6° le pré de la Tepperie, contenant 4 hommées ; 7° une pièce de pasty et lande ; 8° une pièce de
terre près le bois de la Charonnière ou 3 provendrées de terre, tant
en pasty que lande près ledit bois, à la charge de payer audit sgr
de Bouillé Saint-Paul 10 septiers de seigle, mesure de Thouars,
40 sols et un bian de charette à 4 bœufs, à 3 lieues de la demeure
dudit seigneur, qui est au château dudit Bouillé.

— 21 —

10 avril 1421. — Aveu rendu par Pierre Ancher à messire
Guillaume Fleury, sgr de Bouillé-Saint-Paul, pour sa 4° partie par
indivis du fief de Medavy, assis en la paroisse de Bouillé Saint-
Paul et tenu dudit sgr à foy et hommage plein et 12 deniers de
service annuel.

— 22 —

8 juin 1423. — Hommage lige fait à Thouars par Guille Flory,
écuyer, à Pierre d'Amboise[1], vicomte de Thouars, comte de Bennon,
sgr de Thalemont (Talmont), pour son tenement de Bouillé-Saint-
Paul et l'houstel assis au chastel qui fust autreffoiz à Hardouin
de la Grézille[2] (Attestation dudit vicomte de Thouars).

— 23 —

8 avril 1425. — Bail à cens consenti par messire Guillaume Fleury,
écuyer, sgr de Bouillé-Saint-Paul, à Georget Arreau, d'une pièce de
terre de 3 minées et d'une chaintre près le Colombier, à la charge
de relever de Bouillé-Saint-Paul et de payer à ladite seigneurie un
septier de seigle, mesure de Thouars, 5 sols de cens et un chapon.

---

[1] Messire Pierre II d'Amboise, vicomte de Thouars, 1397-1426.

[2] Hardouin de la Grézille. — Hardouin de la Grézille, chevalier, sgr de
Saint-Just. Cette famille portait pour armes : *De gueules fretté*

— 24 —

16 février 1430. — Transaction sur procès par laquelle Jehan Galardin, écuyer, admet l'arbitrage de messires Pierre de Cerisay[1] et Jehan Cahourt, et reconnaît que sa terre et appartenance du Colombier est tenue à foy et hommage de messire Pierre Flory, chevalier, sgr de Bouillé-Saint-Paul et de la Galopinière.

— 25 —

26 octobre 1435. — Bail à cens consenti par messire Pierre Fleury, chevalier, sgr de Bouillé-Saint-Paul, à Hardy Robin, de deux pièces de terre, l'une située à la Grande Rivière de Bouillé-Saint-Paul, contenant une minée de terre, à la charge de payer audit sgr de Bouillé un septier myne de seigle, mesure de Thouars, 3 deniers de cens et deux chapons.

Signé : J. DE GUILLOT[2].
P. PICHOT.

— 26 —

10 mai 1435. — Bail à cens consenti par messire Pierre Flory, chevalier, sgr de Bouillé-Saint-Paul, à Jehan Portau et Guille Thebaud, son gendre, pour une pièce de terre de 3 septiers sise au fief de la Tousche, à la charge de payer 10 sols tournois audit seigneur.

Signé : J. DE GUILLOT.

— 27 —

6 février 1442. — Acquêt fait par messire Pierre Flory, chevalier, sgr de Bouillé-Saint-Paul, de Jehan Galardin, écuyer, sgr de Sauve,

---

[1] Pierre de CERISAY. — Pierre de Cerisay, chevalier, avait épousé N. D. Louise Jousseaume et eut entre autres enfants, une fille : Jeanne de Cerisay, marié au château des Herbiers en 1543 à Jacques Foucher, chevalier, sgr de l'Esmantruère (Beauchet Filleau, *Dict. hist. des familles du Poitou*). Cette famille d'après le P. Menestrier portait pour armes : *D'azur à trois croissants d'or.*

[2] DE GUILLOT — La famille de Guillot, originaire du pays de Thouars, portait pour armes : *D'argent à la fasce d'azur.*

de la rente de 8 septiers de froment, mesure de Thouars, et huit mancoys de cens dues par ledit Galardin sur la terre de Vieilpont.

Signé : J. DE LEBRATE, notaire.

— 28 —

5 novembre 1442. — Foy et hommage rendu à messire Thebaud de la Haye, chevalier, seigneur de la Salle et de Preuil, par Jehan Corsainct, pour la moitié d'une closerie et herbergement, sise au village des Touches en la paroisse de Cersay.

Sceau de THEBAUD DE LA HAYE, *en mauvais état. — Un croissant accompagné de 3 étoiles à 5 pointes. — L'écu soutenu par 2 lions et surmonté d'un casque.*

— 29 —

4 mars 1445. — Acquêt fait par Colin Guerchereau d'Emery Huleau, mari de Françoise Michelin, d'une maison, et ses appartenances à Bouillé-Saint-Paul, et d'un verger de 2 boisselées, joignant ladite maison et le cimetière de Bouillé.

Signé : GÉRART, notaire.

J. GUISCHARD, notaire.

— 30 —

26 juin 1447. — Copie collationnée d'un bail à rente du 26 juin 1445, par lequel humble frère Thomas de Massogne[1], prieur du prieuré de Saint-Jacques du Bourg-Saint-James, près Thouars, se désiste de ses droits de terrage et dixme sur le lieu de la Minée, sis dans la paroisse de Massais, et appartenant à messire Pierre Fleury, chevalier, à la charge audit seigneur de payer audit prieuré 3 septiers de seigle, mesure de Thouars, rendus audit prieuré, un millier de tuiles et 2 septiers de chaux.

(Copie du 12 juillet 1739).

[1] DE MASSOGNE, *alias :* DE MASSOGNES *et* MASSONGNES. *— Cette famille portait pour armes : D'azur à la tour d'argent ajourée et maçonnée (sic) d'azur* D'Hozier, *Recueil officiel en vertu de l'édit de 1696).*

— 31 —

Mars 1446. — Lettres de Charles VII, roi de France, accordant à messire Pierre Fleury, chevalier, sgr de Bouillé-Saint-Paul, le droit de fortifier sondit château.

Charles, par la grâce de Dieu, roy de France. Savoir faisons à tous presens et avenir, nous avoir receu humble supplicacion de notre amé et féal chevalier et chambellan Pierre Fleury, seigneur de Bouyllé-Saint-Pol en la vicomté et seigneurie de Thouars, contenant que pour obvier aux grans dommaiges, inconveniens qui eussent peu avenir à lui et aux gens et habitans dudit lieu de Bouyllé-Saint-Pol durant les guerres qui ont eu cours en cestuy notre Royaume et mesmement depuis vint ans en ça, il, moyennant le congié qu'il a sur ce obtenu du seigneur vicomte et chastellain de ladite seigneurie de Thouars où ledit lieu de Bouyllé-Saint-Pol est assiz, et fait encommencier despieça forteresse audit lieu de Bouyllé qui à ce est bien propice et assez avantagié. A l'occasion duquel commencement de fortification, notre procureur en Poictou, la fait convenir et aprencher par devant notre seneschal de Poictou ou son lieutenant et veult tendre, comme l'en dit, que iceluy suppliant face démolir ce qu'il avoit encommencée de fortiffier audit lieu de Bouyllé comme dit est, laquelle chose tournerait au grant dommaige et preiudice de lui et desdits manans et habitans comme il dit. Si nous a requis, que atenduz les liens, profez et utilitez qui sont avenuz aux habitans et demourans ou pais devers ledit lieu de Bouyllé-Saint-Pol à cause dudit commencement de fortifficacion et qui plus pourront avenir, se icelle fortificatiox est convenablement parachevée, dont sont contens lesdits manans et habitans et aussi que ledit seigneur vicomte et chastalain de Thouars, lui a donné congié et licence sur ce. Il nous plaise lui donner aussi le Notre et agréer ledit commencement de fortificacion et vouloir que icelle fortificacion soit achevéeet accomplie et sur ce lui pourvoir de notre grâce. Pour ce est-il que nous, considéré ce que dit est, avons ou cas dessusdit au dit suppliant octroié et oc-

troions de notre grâce especial par ces presentes, congié et licence
de clozre et fortiffier de murs, tours, fossez et autres choses né-
cessaires à forteresse ledit lieu et place de Bouyllé-Saint-Pol, et
avons agréé et agréons le commencement de fortificacion qui jà y a
esté ainsi fait que dit est, et sur ce imposons silence perpétuel à
notre dit procureur. pourveu que ce ne nous soit à dommaige ne
preiudice, ne au païs d'environ et que nonobstant ladite fortifficacion, les manans et habitans dudit lieu de Bouyllé facent le guet
aux lieux où ilz l'ont acoustumé de faire et que à ce se consente, le
seigneur chastellain en la chastellenie duquel ledit lieu est assiz.
— Si Donnons en Mandement par ces mêmes présentes au séries-
chal de Poictou et à tous nos autres justiciers ou à leurs lieutenans
presens et avenir et chacun d'eulx si comme a lui appartiendra :
que se appellez des nobles du païs et des gens à ce cognoissans
et autres qui seront à appeller, il leur appert de ce que dit est, ils
laissent et souffrent ledit suppliant joir et user de noz presens
grâce, congié et licence sans sur ce lui donner ne souffrir estre fait,
mis ou donné aucun destourbie en empeschement, au contraire.
Car ainsi nous plaist il estre fait et afin que ce soit ferme et estable
a touiours, nous avons a ces presentes, fait mectre notre scel,
sauf en autres choses notre droit et l'autruy en toutes. — Donné
aux Montils lès Tours ou mois de mars l'an de grâce mil CCCC
quarante et six, et de notre regne le vingt cinquiesme.

Au dos de la pièce est écrit : *Par le Roy, en son Conseil* : GELIN.
Et plus bas . *Contentor*, R. PICART. — Le sceau manque.

— 3₂ —

17 février 1447. — Aveu de la 4° partie par indivis du fief de
Medavy en la paroisse de Bouillé-Saint-Paul, tenue de la seigneurie
dudit Bouillé à foy et hommage plein, et 12 deniers de service
annuel rendu par Jehan Ancher, fils de feu Pierre Ancher[1], et feu

---

[1] ANCHER ou ANCHÉ. — Très ancienne famille du Poitou qui paraît avoir tiré
son nom de la terre d'Anché, aujourd'hui dans le canton de Couhé (Vienne). —
Armes : *D'argent au lion de sable, couronné, armé et lampassé de gueules.*

Jehanne du Mureau, son épouse, à Messire Pierre Flory, chevalier, sgr de Bouillé-Saint-Paul.

> Signé : A. BERTIN.
> J. BIXOT.

— 33 —

7 juin 1448.   Hommage du fief de la Frault en la paroisse de Cersay, rendu par Estienne Audiger, demeurant à la Gorchère, à noble dame Marie Fleury, veuve de feu messire Guille Fléury, chevalier, sgr de Bouillé-Saint-Paul.

> Signé : L. GUILLY.

— 34 —

21 juin 1448. — Aveu de la 4e partie par indivis du fief de Meday en la paroisse de Bouillé-Saint-Paul, tenue de la seigneurie dudit Bouillé à foy et hommage plein et 12 deniers de service annuel, rendu par Jehan Aulchier, bourgeois de Thouars, à messire Pierre Flory, chevalier, sgr de Bouillé-Saint-Paul.

— 35 —

16 novembre 1449. — Entérinement devant la court de Poitiers des Lettres de Charles VII accordant à messire Pierre Fleury, chevalier, seigneur de Bouillé-Saint-Paul, le droit de fortifier sondit château.

Tous ceulx qui ces présentes lectres verront, Pierre de Brezé, chevalier, seigneur de la Varenne et de Brehessac, conseiller et chambellan du Roy notre sire et son seneschal en Poictou, salut. Comme messire Pierre Fleury, chevalier, eust esté et soit convenu et adiourné par devant nous, à la court de céans à la requeste du procureur du Roy notre sire en Poictou. Pour octroy de ce qu'il disait et propousait contre ledit chevalier, que de son auctorité il avait construit, basty et ediffié ou fait construire, bastir et ediffier place forte à son hostel de Bouyllé-Saint-Pol en la viconté et seigneurie de Thouars, sans congié qu'il eust du Roy notre dit sire de

ce faire, et prenoit ledit procureur ses conclusions contre ledit
chevalier en telx cas appartenant. Par lequel chevalier eussent esté
présentées les lectres du Roy notre dit sire, desquelles la teneur
s'ensuit. Charles, par la grâce de Dieu.

(Ici 'e texte des lettres rapportées ci dessus, n° 31.)

Lesquelles lectres eussent esté contredites et debattues par ledit
procureur du Roy de subreption, obrepcion et incivilité, par plusieurs causes es raisons qu'il alléguait, par lesquelles il disoit qu'elles
ne lui devoient aucunement estre entérinées et que nonobstant
icelles, ses fins et conclusions lui devoient estre faites et adjugées.
Et mesmement qu'il ne se trouvoit point le contenu desdictes lectres
estre vray et le nyoit et defendoit et suppose que ainsi fust et estoit-
il cler que ledit chevalier d'avoir fortiffié ladite place sans congié
du Roy estoit amandable envers le Roy, attendu qu'il avoit fait
ou fait faire ladite fortificacion par avant lesdictes lettres, par
lesquelles le Roy ne vouloit ne nous mandoit point qu'il fust tenu
quicte de l'amende qu'il pourroit avoir encouru envers le Roy,
mais agréait la fortificacion par luy faicte seulement et par quoy
ledit procureur disoit que nonobstant icelles lettres ledict chevalier
devoit estre, condempné par nous à desmolir ladicte place quoi-
quessoit *(sic)* mis et constitué en amende envers le Roy, telle que
au cas appartenoit et ainsi le requeroit. Par lequel chevalier en
soustenant ses lectres estoient dictes et proposées plusieurs causes,
faiz et raisons au contraire, par lesquelles il disoit que nonobstant
chose dicte, par ledict procureur du Roy lesdictes lettres lui devoient
être entérinées mesmement que nous offroit informer deuement de
son donné entendre. Si est pour avoir fait ladicte fortification sans
congié du Roy, il avoit aucune chose mesprises ou offensé, il en
devoit demourer quicte envers le Roy attendu qu'il avoit attribué
à la volunté donnée par le Roy aux habitans, du païs de Poictou,
par laquelle tous cas auroient esté aboliz et par ce requéroit qu'il
en fust envoié et imposé silence audit procureur du Roy. Sur quoy
lesdictes parties oyes, nous eussions appoincté que le dict chevalier nous informerait de son donné entendre par lesdictes lectres

royalles et pour se son enqueste sur ce baille et commise. Laquelle information ou enqueste a esté fecte et rapportée par devant nous, par laquelle ledict chevalier a voulu prendre droit et après ledit procureur forcer de représenter ladicte enquête a esté publiée en jugement et avoient jour et assignation lesdites parties a oyr droit a aujourd'hui, savoir faisons que par appelans les dictes parties; savoir est ledit procureur du Roy en sa personne, et ledit chevalier par M⁶ Guille Vezonneau, son procureur, veues lesdictes lectres royaulx, informacions et aultres choses produites et deues; nous eu sur ce advis avec les conseillers du Roy notre sire et aultres, lesdictes lettres royaux, entérinons et avons entérinées par ces presentes audit chevalier selon leur forme et teneur : parmi ce que pour l'offense par lui fecte d'avoir fait fortiffier ladite place, sans le congié et auctorité du Roy, nous l'avons retenu en l'amende envers le Roy, laquelle pour aucuns considerans à ce nous mouvans a esté tauxée à unze livres tornois et parmy ce les avons envoié et mis hors de presences et imposant silence audit procureur du Roy et tous aultres. Donné et fait aux grans assises royaux de Poictiers durant le baillée de Thouarçois, lesquelles commencent à tenir le XVI⁶ jour de novembre l'an mil quarante neuf.

N. H. LAVENIER.   J. JAMIS.

(*Le sceau manque.*)

— 36 —

17 février 1450. — Transaction sur procès par laquelle Robert Sarrazin, chevalier, sgr de la Lande, promet et s'oblige à rendre à messire Pierre Fleury, chevalier, sgr de Bouillé-Saint-Paul[1], son aveu à la Toussaint prochaine, des choses comprises en son hommage à 3 sols de service à raison de son droit de terrage ès paroisses de

---

[1] Pierre FLEURY. — Messire Pierre Fleury, chevalier, seigneur de Bouillé-Saint-Paul, et la Sansonnière, marié à demoiselle Françoise de Meulles, portait pour armes : *Losangé d'or et de gueules, au chef de gueules, chargé de trois fusées d'or rangées en pal.*

Massay, Cersay, et Argenton-l'Eglise, et ledit sgr de Bouillé-Saint-Paul s'oblige par contre à tenir dudit sgr de la Lande, à raison de son fief des Loges sis à Bouillé et environs, la moitié par indivis d'une pièce de pré contenant 3 journaux 1/2, nommé le pré Foussaye, à 2 deniers de cens, avec le pré des Quartiers contenant 2 hommées, et en outre il est établi que ledit sgr de Bouillé-Saint-Paul jouira de 5 sols de rente sur la cave des Fontaines. Par ailleurs ledit sgr de la Lande donne par échange au seigneur de Bouillé-Saint-Paul la moitié du pré appelé : le grand pré des *Bouillerots*, et reçoit à la place 2 pièces de pré nommées : les prés des *Quartiers*, une pièce de pré nommée : le pré *Saussaye*, plus un autre pré sis au lieu des Quartiers, tous ces prés situés par ailleurs entre Bouillé-Saint-Paul et les Belandières.

— 37 —

20 *décembre 1453.* — Aveu rendu à messire Pierre Fleury, chevalier, sgr de Bouillé-Saint-Paul et de Cersay, par André Corrion, pour son fief et herbergement noble du Mureau en la paroisse de Cersay, tenu de ladite seigneurie de Bouillé-Saint-Paul à foy et hommage plein, 18 deniers de service annuel et 2 septiers de froment, mesure de Thouars.

Signé : J. Cousseau.
A la requeste dudit André Corrion.

— 38 —

20 *mai 1455.* — Aveu de la moitié par indivis du fief des Touches, sis en la paroisse de Cersay, rendu à messire Pierre Flory, chevalier, sgr de Bouillé-Saint-Paul, à cause de sa dite terre de Bouillé, par Jehan Corsaint, l'aîné, qui confesse le tenir de mondit seigneur à foy et hommage plein et à 30 sols de service annuel.

— 39 —

12 *janvier 1458.* — Aveu rendu à messire Pierre Fleury, chevalier, sgr de Bouillé-Saint-Paul et Cersay, par André Corrion, pour

son fief du Mureau, sis en la paroisse de Bouillé-Saint-Paul, et tenu à foy et hommage plein, 18 deniers de service annuel et 2 septiers de froment, mesure de Thouars.

Signé : J. Cousseau.

— 40 —

23 mai 1458. — Echange par lequel messire Pierre Fleury, chevalier, sgr de Bouillé-Saint-Paul, cède à Jean Bertrand une pièce de terre de quinze boisselées sise ès Bouillards et reçoit en échange une pièce de terre de quatre boisselées sise au Burnays des Ageons.

Signé : Cousseau,
J. Daubert

— 41 —

23 mai 1458. — Copie de bail à rente non signée, consentie par le sieur de Bouillé-Saint-Paul à Jean Bertrand, de 15 boisselées de terre sises ès Bouillards, moyennant 12 boisseaux d'avoine et une poule.

— 42 —

2 mars 1463. — Bail à cens consenti par messire Pierre Fleury, sgr de Bouillé-Saint-Paul à Mathurin Landais, d'une pièce de terre d'une boisselée sise à la Rocherie, près le bourg de Bouillé-Saint-Paul, à la charge par le preneur de payer audit seigneur 2 sols 6 deniers, un chapon et une geline de rente annuelle.

Signé : J. Cousseau, maire.

— 43 —

24 septembre 1463. — Aveu des herbergements et dépendances de la Fraux tenus à hommage plein et à six sols de service annuel au terme de Noël, rendu par Estienne Audiger, marchand au bourg de Saint-Pierre-des-Champs, à messire Pierre Fleury, chevalier, seigneur de Bouillé-Saint-Paul.

— 44 —

24 janvier 1469. — Ajournement donné à la requête du sgr de Passavant à messire Pierre Fleury, chevalier, sgr de Bouillé-Saint-Paul, afin de ouir lire son aveu relatif au Bois-Esnons.

— 45 —

1er mai 1469. — Transaction par laquelle Jean Vays, l'aîné, Jehan Vays, le jeune, et Marc Rebellier donnent à messire Pierre Fleury, chevalier, sgr de Bouillé-Saint-Paul, une portion d'une pièce de pré sise près l'étang des Touches, et appelée le pré de l'Etang, et reçoivent à la place la rente de 6 boisseaux de seigle, mesure de Thouars, faisant la moitié de douze boisseaux, dus audit seigneur par lesdits Vays et autres sur une pièce de bois le long du bois Charruau, nommé le bois du Chauffage, de sorte qu'il n'est plus dû audit sgr à raison dudit bois que 6 boisseaux de seigle, 2 chapons et 2 deniers de cens.

Signé : MARSAUD.

— 46 —

18 novembre 1473. — Foy et hommage pour certains fiefs sis au village des Touches, en la paroisse de Cersay, rendu à messire Jehan Royrand, escuyer, sgr de Brethignolle, la Guischardière et Preuil, époux de demoiselle Marguerite d'Aubigné[1], et à cause d'elle, par Ambroise Corsaint, qui confesse les tenir dudit seigneur à foy et hommage plein et devoir pour eux 30 sols de service annuel.

— 47 —

3 mai 1474. — Aveu de la moitié par indivis du fief des Touches, en la paroisse de Cersay, rendu à Messire Guillᵉ Grossin, écuyer,

[1] *Marguerite d'Aubigné.* — Marguerite, dame d'Aubigné, fille de François d'Aubigné, chevalier, sgr d'Aubigné et de Marie de la Haye, dame de Bournan, fille de Thibault de la Haye, chevalier, et de Catherine de la Tour-Landry. La maison d'Aubigné portait pour armes : *De gueules au lion d'hermine, armé, amparé et couronné d'or.*

sgr de Bouillé-Saint-Paul, à cause de sa terre et seigneurie de Bouillé, Saint-Paul, par André Ogereau, fils de feu Lucas Ogereau, qui confesse la tenir dudit seigneur à foy et hommage plein et à 30 sols de service annuel. Cette moitié de fief renfermait alors 51 pièces de terre.

— 48 —

26 novembre 1474. — Copie de l'aveu rendu par dame Marie Sarrazin, dame de Chemiré et de la Vielle-Lande à très noble et puissant seigneur messire Louis de la Haye, sire de Passavant, Chemillé et Mortagne[1], pour son hostel et ses terres de Serré à Bouillé-Saint-Paul qui relèvent de la baronnie de Passavant.

— 49 —

15 juillet 1476. — Acquêt fait par Colin Guerchereau de Jean et Pierre les Quarrés, de la rente de 4 boisseaux de froment, le 1/3 d'une poule et 2 deniers dus sur trois pièces de terre, l'une de 9 boisselées, l'autre de 3 provendrées, et l'autre de 3 minées.

Signé : J. DAUBERT.

— 50 —

12 novembre 1476. — Jacques de Beaumont, chevalier, seigneur de Bressuire, de Lezay et de la Motte-Saint-Heraye, conseiller et chambellan du roy, gouverneur de par luy de la vicomté de Thouars[2], atteste avoir reçu ce jour à Thouars l'hommage lige de

---

[1] Louis de la Haye. — Messire Louis de la Haye, chevalier, sgr de Passavant, Chemillé et Mortagne, baron de Chemillé, fils de Jean de la Haye et d'Ysabeau, vicomtesse de Blamont, marié à Marie d'Orléans, fils de François d'Orléans, comte de Dunois et de Longueville et d'Agnès de Savoie. (Beauchet-Filleau, *Dictionnaire des familles du Poitou.*)

[2] Jacques de Beaumont, — chevalier, sgr de Bressuire, Chiché et la Haye en Touraine, conseiller et chambellan du Roi, sénéchal des provinces de Poitou et d'Angoumois, gouverneur de la vicomté de Thouars, fils de André de Beaumont, sgr de Lezay et de Jeanne de Torsay, fille de Jean de Torsay, grand maître des Arbalétriers de France. Jacques de Beaumont, l'un des plus intimes familiers de Louis XI, fut l'ennemi acharné de Louis d'Amboise, vicomte de Thouars et contribua activement à le dépouiller de tous ses biens. (De la Fontenelle. *Commines en Poitou*). Il avait épousé en 1457, Jeanne de Rochechouart, fille de Jean, sgr de Mortemart et de Jeanne Turpin sa première femme.

Guillaume Grossin, écuyer, sgr de Tortion (?) et de Bouillé, pour l'hostel qui fust autreffoiz à messire Guille Flory, chevalier, et ses dépendances en la paroisse de Bouillé.

Signé : Jacques de Beaumont.

— 51 —

25 juin 1477. — Aveu rendu par Anne-Marguerite de Gourdault, veuve d'écuyer Louis de Granges, sgr de Mortemer[1] à messire Guillaume Grossin, écuyer, sgr de Bouillé-Saint-Paul, pour la dixme du fief ès Michelins, lequel est tenu dudit sgr de Bouillé-Saint-Paul à foy, hommage et rachat, et à 12 deniers de service annuel.

— 52 —

10 décembre 1479. — Contrat d'acquêt fait par « le Roy notre sire » (Louis XI) en la personne de vénérable et discret messire Jourdain du Peyrat, licentié ès loix, doyen de Vihiers, curé de l'église du Puy-Notre-Dame en Anjou, au profit et titre de l'église dudit lieu, de noble seigneur Jean de Dercé, sgr de Dercé et Saint-Loup, et de Catherine Rouaude (sic), sa compaigne, du fief, terre et seigneurie du Vivier à Bouillé-Saint-Paul.

Extrait du 2 octobre 1776.

— 53 —

20 octobre 1482. — Aveu rendu à messire Guillaume Grossin, écuyer, sgr de Bouillé-Saint-Paul, à cause de demoiselle Marie Fleurye, son épouse, par messire Guy de la Forest, chevalier, sgr de la Forest et Vauldoré, pour les droits de paistrages, paturages et bois mort qu'il possède sur diverses terres en la paroisse de Bouillé-

---

[1] Louis de Granges. — Messire Louis de Granges, chevalier, sgr de Cerveaux, la Gord et Mortemer, fils de Jean de Granges, chevalier, sgr de la Gord et de Perrette Aynon, dite : Cluselie, marié vers 1455 à Demoiselle Marguerite de Gourdault, fils d'Eustache, sgr. de Creuilly.

Saint-Paul à foy et hommage plein et « ung cheval de service,
quand le cas y advient ».

Signé : BOSSEAU, notaire.

A la requeste dudit DE LA FOREST, chevalier.

— 54 —

26 février 1483. — Aveu de la moitié par indivis du fief des
Touches, sis en la paroisse de Cersay, rendu à messire François
de L'Esperonnière, sgr de la Roche-Bardoul[1], par Francoys Corpsaint,
qui confesse la tenir dudit sgr à foy et hommage plein et à 3o so's
de service annuel.

Signé : J. BARLOT, notaire.

— 55 —

30 avril 1483. — Echange par lequel demoiselle Marie Fleury
dame de Bouillé-Saint-Paul, cède à Guillemette et Andrée Marceton
la rente de cinq sols, un chapon, moitié de dix sols et deux chapons dus à ladite dame de Bouillé-Saint-Paul sur une maison sise
au bourg de Bouillé, et reçoit en échange trois journaux de vigne,
sis au fief de la Folie.

Signé : M. BREXARD, notaire.

J. DAUBERT, notaire.

— 56 —

6 février 1485. — Bail à cens consenti par messire Guillaume
Grossin, écuyer, sgr de Bouillé-Saint-Paul, et dame Marie Fleury,

[1] François de L'Esperonnière. — Messire François de L'Esperonnière, IIe du
nom, écuyer, d'abord sgr de la Sorinière, puis de la Roche-Bardoul après la
mort de son père, fils de Messire Jehan de L'Esperonnière, et de Demoiselle
Ysabeau Fleury, sa 1re femme, qu'il avait épousé à Thouars le 2 février 1555,
laquelle était fille de Messire Pierre Fleury, chevalier, sgr de Bouillé-Saint-
Paul, et de Françoise de Meulles sa 1re femme. — Messire François de l'Esperonnière épousa à Bressuire, par contrat du 15 avril 1582, demoiselle Jehanne
de Sanzay, dame du Chastellier-Berne, veuve de Jehan Le Ma lin, sgr de la
Rochejaquelein, dont il eut sept enfants. (Th. Courtaux. *Généalogie de la
Maison de l'Esperonnière*). — La famille de l'Esperonnière porte pour armes
D'hermine, fretté de gueules.

son épouse, à Gaspard Bourgoignon : 1° d'une maison et appartenances audit bourg de Bouillé ; 2° d'un jardin joignant ladite maison, à la charge de payer cinq sols de cens.

> Signé : M. Héraud, notaire.
> M. Brevard, notaire.

— 57 —

2 août 1485. — Aveu (copie) rendu par Jehan Clereau, écuyer, sgr de Chemiré, de Grezille et de la Lande, à très noble et puissant seigneur messire Loys de la Haye, chevalier, sgr de Passavant, de Chemillé et Mortagne, pour son hostel et ses terres de Serré à Bouillé-Saint-Paul qui relèvent de la baronnie de Passavant.

— 58 —

17 juin 1488. — Procuration donnée par Jehan Clereau, écuyer, sgr de la Grezille, la Lande, la Jallière et la Merceraye, à messire Maurice Clereau, son frère, messire Armel Guillot, prêtre et messire Philippe Barlot, prêtre, pour rendre aveu à foy et hommage et 3 sols de service à noble dame Marie Fleurye, veure de feu messire Guille Grossin, écuyer, sgr de Bouillé-Saint-Paul, pour ses fiefs de la Jallière et de la Merceraye et des dixmes qui en dépendent.

> Signé : J. Clereau.

— 59 —

16 août 1488. — Accord passé entre messire Jehan Grossin, écuyer, sgr des Touches, et Jean-Mathurin et Jean Billé, par lequel lesdits Billé s'obligent à payer audit seigneur la somme de deux sols de cens annuel.

— 60 —

28 novembre 1488. — Aveu rendu par messire Guille Giraudeau, écuyer, sgr de la Couldraye, à noble dame Marie Fleurie, veure de feu Guille Grossin, écuyer, sgr de Bouillé-Saint-Paul, pour sa moitié par indivis du droit de passage aux Bois-Esnon, et la rente de 4 boisseaux de seigle qui lui est due sur tous les tenements du village de Saint-Nicolas, de la Forest, de l'Aubrerie, de Puyjallé, du Bossuet et du Repnoux.

> Signé : GUILLE GIRAUDEAU.
> LEBLAY, notaire.
> CHAMPAIGNE, notaire.

— 61 —

20 septembre 1489. — Aveu rendu par dame Marguerite de Gourdault, veuve de messire Louis de Granges, vivant, écuyer, sgr de Morthemer, à noble dame Marie Fleury, veuve de messire Guillaume Grossin, dame de Bouillé-Saint-Paul, pour le fief ès Michelins et diverses pièces de terres sises au fief de Piedfereux, en la paroisse de Cersay.

> Signé : DE GRANGES.
> BERNARD.

— 62 —

1ᵉʳ mars 1493. — Acte par lequel Pierre Guillot reconnaît devoir à messire Jehan Grossin, écuyer, douze deniers de rente annuelle à cause de son fief des Touches.

— 63 —

30 novembre 1493. — Aveu des hébergements et dépendances de la Fraux tenus à foy et hommage plein et à six sols de service annuel au terme de Noël, rendu par Jean Brouard, meunier, demeurant à la Vieille-Davière, paroisse de Saint-Hilaire-de-Massay, et époux d'Andrée Audiger et à cause d'elle à N. D. Marie Fleurie, dame de Bouillé-Saint-Paul.

— 64 —

22 janvier 1497. —Transaction sur procès par laquelle Jean Berthault, le jeune, reconnaît n'avoir aucun droit de passage sur une pièce de terre, sise ès Varannes, près la Noue, six septerées, et appartenant à noble homme Arthus Grossin, écuyer, sgr de Bouillé-Saint-Paul.

Signée : M. GOUADIN.

Présents : Guille Baranger, Gaspard Bourguenon, Louys Boussy, Jehan Boussy, Françoys Baranger, et noble homme Jehan de Terves[1].

— 65 —

25 avril 1504. — Echange par lequel noble homme René Grossin, écuyer, sgr de Bouillé-Saint-Paul, cède à Briand Landais :

1° Une planche de vigne au clos de la Rollandière, contenant une hommée et demie ;

2° La pièce de la Boucrye, de 4 boisselées tenues à un boisseau de seigle et un demi boisseau de froment envers ledit sgr, qui reçoit en échange une pièce de terre de trois boisselées, nommée *les Mesles*.

Signé : J. GRUMOY.

— 66 —

9 avril 1506. — Echange par lequel la veuve de Pierre Landais et Guillaume Landais reçoivent de noble homme René Grossin, écuyer, de Bouillé-Saint-Paul, le pré des Loges contenant deux journaux et tenu de Bouillé, à deux deniers de cens, et cède à la place audit seigneur le pré des Dames sis en la rivière de Foussy, contenant une hommée et le pré de la Nouette contenant un demi journal.

Signé : J. CHAUVIX
E. DELAVAU.

---

[1] Jean de TERVES, écuyer, sgr de Beauregard fils de Louis de Terves, écuyer, seigneur de Beauregard, et de Jeanne Vergier, marié le 15 janvier 1585 à Demoiselle Françoise Grossin, fille d'écuyer Guillaume Grossin, sgr de Bouillé-Saint-Paul et de Marie Fleury. La famille de Terves porte pour armes : *D'argent à la croix de gueules cantonnée de quatre mouchetures d'hermine.* (Beauchet-Filleau. *Dictionnaire des familles du Poitou.*)

— 67 —

1er octobre 1506. — Loys, seigneur de la Tremoille, comte de Guynes et de Benon, vicomte de Thouars, prince de Thalmond, baron de Craon et de Sully, seigneur des isles de Ré, conseiller et premier chambellan du Roy, et admiral des pais et duchez de Guyenne et Bretaigne, atteste qu'il a reçu ce jour à Thouars la foy et l'hommage lige de René Grossin, écuyer, pour toutes les terres et appartenances qu'il possède en la vicomté de Thouars.

Signé : LOYS DE LA TREMOILLE.

— 68 —

8 janvier 1507. — Quittance consentie par messire René Grossin, écuyer, sgr de Bouillé-Saint-Paul, à Gaspard Bourgoignon, cinq sols de rente annuelle, dus sur une maison et ses appartenances au bourg de Bouillé.

Signé : RENÉ GROSSIN.

— 69 —

18 janvier 1508. — Aveu rendu par Jean Malescot et la veuve de Pierre Dubois à René Grossin, sgr de Bouillé-Saint-Paul, pour diverses pièces de terre en ladite paroisse.

— 70 —

10 mars mars 1509. — Acte par lequel Antoine Hervé, du village du Colombier, s'oblige à payer annuellement à Messire François Trahan, prêtre, chapelain de la chapellenie des Touches, desserrie en l'église paroissiale de Cersay, un couple de poulets ou douze deniers à son choix.

Signé : M. BLONDINEAU.

— 71 —

7 décembre 1513. — Offre d'hommage fait par Messire René Grossin, écuyer, sgr de Bouillé Saint-Paul, à Messire Bertrand de

Vandel, écuyer, sgr de la Mesnardière et Serré, pour le fief de
Maumusson[1].

— 72 —

5 mai 1516. — Procuration donnée par Jehan Chambret, sgr de
Laubouynière[2], escolier, étudiant en l'Université de Poitiers, à
Loys et Jacques Esquetz, pour rendre aveu à noble homme René
Grossin, écuyer, sgr de Bouillé Saint-Paul, de sa tierce partie par
indivis du 1/3 de la dixme de Saint-Cyr de la Lande.

Signé : CHUGNEAUD, maire.
F. VERNON, notaire.

— 73 —

5 mai 1516. — Aveu rendu par Jehan Chambret, sgr de Laubouynière, escolier, étudiant en l'Université de Poitiers, à Messire
René Grossin, écuyer, sgr de Bouillé Saint-Paul, pour sa tierce
partie par indivis du 1/3 de la dixme de Saint-Cyr en la Lande.

Signé : F. VERNON, notaire.

— 74 —

2 juillet 1516. — Aveu rendu par Messire Guillaume du Gueaquin,
prêtre, curé de Bouillé Saint-Paul, à Messire Bertrand de Vandel,
écuyer, sgr de Serré, pour 31 journaux de vignes, sis aux fiefs de
Bouillé et de la Herse, paroisse de Bouillé Saint-Paul, et relevant de
la seigneurie de Serré, dépendant de Bouillé Saint-Paul.

Signé : J. TROTEREAU. A la requête dudit du Gueaquin.

---

[1] Bertrand de Vandel. — Ecuyer Bertrand de Vandel, sert en archer au ban
de la noblesse de Poitou en 1533. Cette famille portait pour armes : *De gueules
à trois gantelets d'argent.*

[2] Jean Chambret. — Jean Chambret, écuyer sgr de Beauvais et de Laubouynière, châtelain de Thouars en 1526, marié à Hardouine Colas portait pour
armes : *D'azur à trois chambres ou maisonnettes ouvertes d'argent au chef
d'argent, chargé d'un lion passant de gueules ; alias : D'or à trois chambres
d'azur au chef degueules chargé d'un lion léopardé d'argent à la bordure
de sable.* (Généalogie de la Rochebrochard.)

— 75 —

22 août 1516. — Acte d'acquêt fait par écuyer René Grossin, sgr de Bouillé Saint-Paul, de tout ce qui pouvait appartenir à Loys Raoul, sgr de la Michelière[1] et à damoiselle Françoise de Granges, sa compagne, dans les paroisses de Bouillé Saint-Paul et Cersais, soit en bleds, vin, prés, bois, dixmes quarts, pâturages, qu'autres choses quelconques, tenues dudit sgr de Bouillé, acheteur, à foy et hommage plein et à 12 deniers de service, pour la somme de 1015 livres tournois.

Signé : M. DE LA VILLE.
J. TROTREAU.

— 76 —

5 septembre 1516. — Ratification de ladite vente par demoiselle Françoise de Granges, dame de la Michelière épouse de Louis Raoul, écuyer.

Signé : J. DEXMUR.
M. DEXMEREAU.

— 77 —

15 janvier 1517. — Jugement rendu en la cour de Thouars par lequel René Biré est de son consentement condamné à payer au sgr de Bouillé Saint-Paul, les arrérages de trois minées de froment, 5 sols de rente et 3 deniers de cens sur un courtil et ses appartennues contenant 3 minées sis au village du Pouillet.

— 78 —

17 novembre 1517. — Foy et hommage rendu pour la moitié des fiefs de la Tousche en la paroisse de Cersay, à Françoys de Lesderonnière écuyer, sgr de la Roche-Bardoul par René Grossin, écuyer.

[1] **Louis Raoul.** — Louis Raoul écuyer sgr du Roulier, marié 1° à Françoise de Granges; 2° à Jeanne Chambret. Armes : *De gueules à quatre fusces d'argent.*

sgr de Bouillé Saint-Paul, en vertu de son contrat d'échange du 31 août 1510, qu'il exhibe.

Signé : J. TROTTEREAU.

— 79 —

11 février 1518. — Contrat d'échange de diverses rentes passé entre Ecuyer René Grossin, sgr de Bouillé-Saint-Paul et Messire Guillaume du Gueaquin, prêtre, curé dudit Bouillé-Saint-Paul.

Signé : TROTREAU,

P. MARTIN.

Copie du 2 juin 1778.

— 80 —

5 juin 1520. — Aveu rendu à noble homme René Grossin, écuyer, sgr de Bouillé-Saint-Paul par Antoine et Etienne Hervé et Armel Ogereau pour le tenement des Touches, tenue dudit sgr à 19 deniers de rente.

— 81 —

5 juin 1520. — Aveu rendu à messire René Grossin, écuyer, sgr de Bouillé Saint-Paul, par Mathurin Thonillet et Mathurin Mygnen pour une pièce de terre de quatre septrées et une pièce de vigne de 20 journaux sis à la Trahanderie tenues à 32 sols 6 deniers de cens.

Signé : M. BLONDINEAU.

— 82 —

5 juin 1520. — Aveu rendu à Messire René Grossin, écuyer, sgr de Bouillé-Saint-paul, par Anthoine Thonillet pour diverses pièces de terre sises au fief des Touches et tenues à 12 deniers de cens.

Signé : M. BLONDINEAU, notaire.

— 83 —

5 juin 1520. — Aveu rendu à Messire René Grossin, écuyer, sgr de Bouillé-Saint-Paul, par Thomas Corpssaint pour quatre pièces de terre, sises au fief des Touches et tenues à un denier de cens.

Signé : J. TROTREAU.

— 84 —

5 juin 1520. — Aveu du Fief-Fleury, rendu par messire Pierre de Pierrois, prêtre, à Messire René Grossin, écuyer, sgr de Bouillé Saint-Paul.

Signé : P. DE PIERROIS,

M. BLONDINEAU, n^{re}.

— 85 —

21 juin 1521. — Transaction sur procès par laquelle Joachim Giron, promet, s'oblige payer, servir et continuer à Messire René Grossin, écuyer, sgr de Bouillé Saint-Paul, 9 deniers de rens, moitié de 18 deniers, dus audit sgr sur le Grand Pré de Bouillé Saint-Paul, contenant deux hommées.

— 86 —

3 août 1521. — Acquet fait par N. h. René Grossin, écuyer, sgr de Bouillé Saint-Paul, de M^e. Pierre Delif, licentié ès loix, advocat et praticien en court laye demeurant en la ville de Chinon du 1/4 par indivis de la métairie de Chauffour en la paroisse de Bouillé Saint-Paul, avec toutes ses appartenances et dépendances moyennant la somme de 200 livres tournoys et à la charge de relever de ladite seigneurie de Bouillé Saint-Paul quant aux devoirs anciens.

— 87 —

22 février 1522. — Acte par lequel Pierre Moricet reconnaît devoir à Messire René Grossin, écuyer, sgr de Bouillé Saint-Paul, 18 boisseaux d'avoine et 3 sols de service pour sa terre du fief Courlet.

— 88 —

25 novembre 1522. — Aveu rendu à Messire René Grossin, écuyer, sgr de Bouillé Saint-Paul par Jacquet Blanchard, époux de Guillemette Thonillet pour diverses pièces de terre sises au village du Colombier et tenues à 5 deniers de cens.

— 89 —

25 novembre 1522. — Aveu rendu à Messire René Grossin écuyer, sgr de Bouillé Saint-Paul, par Mathurin Thonillet et Louis Merlet pour diverses pièces de terre au fief de la Touche, tenues à 2 sols de cens.

— 90 —

27 novembre 1522. — Aveu rendu à Messire René Grossin, écuyer, sgr de Bouillé Saint-Paul, par Lucas Diguet pour diverses pièces de terre au tènement des Touches, et tenues à 12 deniers de cens.

— 91 —

29 juin 1523. — Aveu rendu à Messire René Grossin, écuyer, sgr de Bouillé Saint-Paul par Jehan Barangier et son frère Jean, pour diverses pièces de terre sise ès Carreaux, à la Rochette, ès Fondreaux, au Colombier, et tenues à 20 deniers tournoys de cens.

Signé : J. MANIGNOSEAU, notaire.

J. FEBRUCAU, notaire.

— 92 —

5 juillet 1524. Aveu rendu à Messire René Grossin, écuyer, sgr de Bouillé Saint-Paul, par Mathurin Blnodineau, prêtre, demeurant au bourg de Saint-Hilaire de Cersay, sise en la dite paroisse et tenues à 8 deniers de cens.

Signé : M. BLONDINEAU.

— 93 —

21 mai 1527. — Françoys, sgr de la Trémoille, chevalier de l'ordre du Roy, comte de Guynes, Benon et de Taillebourg, vicomte de Thouars, prince de Talmond, baron de Craon, de Sully, Doué et Montaigu, seigneur des Isles-de-Ré, Marans et Noirmoutiers¹, atteste avoir reçu ce jour à Thouars la foy et hommage lige de messire Réné Grossin, écuyer, en raison de son houstel et appartenances de Bouillé Saint-Paul.

Signé : DE LA TRÉMOILLE.

— 94 —

8 novembre 1527. — Vente par Jehan Giron à Guillaume Giron de 3o boisselées de terre près Bouillé Saint-Paul.

— 95 —

18 février 1528. — Transaction entre messire René Grossin escuyer, sgr de Bouillé Saint-Paul, Jean de Vandel, sgr de L'Ebeaupinaye², et Olivier Cléreau, sgr de la Grezille et de la Vieille-Lande, par laquelle ledit sgr de la Vieille-Lande s'oblige à rendre foy et hommage au seigneur de Bouillé Saint-Paul des 2/3 de la dixme et terrage qu'il possède en la paroisse de Massay sous le devoir de 3 deniers de service annuel et s'engage à garantir pour ledit hommage le seigneur de l'Ebeaupinaye pour l'autre tiers, à la charge

---

¹ François de la TRÉMOILLE. — Haut et puissant seigneur messire François de la Trémoille, vicomte de Thouars, chevalier de l'ordre du Roi, fils de Messire Charles de la Trémoille, prince de Talmond et de Mortagne, comte de Taillebourg, baron de Royan, gouverneur de Bourgogne, tué à la bataille de Marignan le 13 septembre 1515, et de Louise de Coëtivy. Fait prisonnier à Pavie avec François Iᵉʳ en 1515, François de la Trémoille eut l'honneur d'être délégué par le roi en 1539 pour recevoir à Poitiers l'empereur Charles Quint. Il épousa le 23 février 1511 Anne de Laval, fille de Guy XVI, comte de Laval, et de Charlotte d'Aragon. Il mourut à Thouars le 5 janvier 1541.

² Jean de VANDEL. Messire Jean de Vandel, servait en archer dans la compagnie de M. de La Trémoille, les 5 mars 1517 et 8 août 1519. (Beauchet-Filleau. *Dict. des familles du Poitou*).

par ce dernier de payer audit sgr de la Vieille-Lande deux deniers
de service annuel et lui rendre foy et hommage ; et conviennent
ensuite lesdits seigneurs, que le seigneur de Bouillé prendra une
année son 1/3 de la dime et terrage sur le tènement de Panault et
ses appartenances avant le sgr de l'Ebeaupinaye et celui-ci l'autre
année avant le seigneur de Bouillé, et ainsi de suite d'année en
année.

— 96 —

26 juin 1528. — Aveu rendu à messire René Grossin, écuyer,
sgr de Bouillé Saint-Paul, par Colin et Jean-Hervé, pour un hébergement et 6 pièces de terre, sis au village du Colombier et tenus à
8 deniers de cens.

— 97 —

26 juin 1528. — Aveu rendu à Messire René Grossin, écuyer, sgr
de Bouillé Saint-Paul, par Pasquier Chauvin, Macé de Pierroys et
Jean Dubois, pour 12 pièces de terres sises ès villages des Touches
et du Colombier et relevant du fief des Touches à 10 deniers de
cens.

Signé : M. Blosdineal, notaire.

— 98 —

27 juin 1528. — Aveu rendu à Messire René Grossin, écuyer, sgr
de Bouillé Saint-Paul, par Mathurin Nicole, pour huit morceaux de
terre sis au fief des Touches et tenus à 4 deniers de cens.

— 99 —

27 juin 1528. — Aveu rendu à Messire René Grossin, écuyer, sgr
de Bouillé Saint-Paul, par Louis Barangier pour 7 morceaux de terre
sis au fief des Touches et tenus dudit fief à la 12° partie de 12 deniers de cens.

— 100 —

22 août 1530. — Aveu rendu à Messire René Grossin, écuyer, sgr de Bouillé Saint-Paul, par Barthélemy Bruneau et Mathurin Proust pour 6 pièces de terre, sises au Clos du Carrefour, à la Rochette, à la Malgagne et à la Varanne.

Signé : H. ROBIN.

·· 101 —

30 mai 1530. — Aveu rendu à la seigneurie de Bouillé Saint-Paul, par Messire Pierre de Pierroys, prêtre, et Jean Charuau, pour seize hommées de vigne au clos nommé : le *Fief Fleury*, sur lequel est dû : 60 sols de rente annuelle au terme de Toussaints, un mouton à la Pentecoste et 2 chapons à Noël, lesdites choses tenues de Bouillé Saint-Paul à foy et hommage plein et 10 deniers de service annuel.

— 102 —

30 mai 1530. — Aveu rendu à Messire René Grossin, écuyer, sgr de Bouillé Saint-Paul, par Mathurin Thonillet pour six pièces de terre sise au friche du Colombier.

Signé : PEIGUTON, notaire.

— 103 —

19 mars 1531. — Aveu rendu à noble homme René Grossin, écuyer. sgr de Bouillé Saint-Paul, par Mathurin et René Gorvez, Mathurin Rabier, Jeanne Esbaudiz et Jacques Gordon pour une pièce de terre de 7 septrées, sise au fief Courlet et tenue à 16 boisseaux d'avoine, mesure de Thouars et 13 deniers de cens.

Signé : F. DE PIERROYE, notaire.

— 104 —

6 mai 1531. — Acquêt fait par Jacques de Pierroys, demeurant au village de Pierroys, de Jehan Favereau, époux de Germaine

Tafard, pour divers héritages sis ès villages de Pierroys, Masson et Cersay pour la somme de 25 livres tournoys.

Signé : GUILLOTON, procureur en la court de Thouars,
J. GROSSIN, maire.

— 105 —

16 avril 1533. — Acquet, fait par noble homme René Grossin, écuyer, sgr de Bouillé-Saint-Paul, de René Mousset, du village de la Haute-Broce, paroisse de Saint-Hilaire de Massay, agissant tant pour lui que pour Renée Pairarde, sa femme, de trois boisselées de terre, sises au pré Brault.

Signé : P. MESLE.

— 106 —

18 avril 1533. — Noble homme René Grossin, écuyer, sgr de Bouillé Saint-Paul, achète à Jehan Massoteau le fief de Fronteault.

Signé : J. DE PIERROIS.
MESLE.

— 107 —

13 juin 1533. — Echange par lequel Messire René Grossin, écuyer sgr de Bouillé Saint-Paul, et Missire Michel Mesle, prêtre, stipullant pour lui, cédent à M° Jehan Bougean et Alyette Grossin, sa compaigne, plusieurs rentes sur des maisons, jardins et leurs appartenances, sis à Thouars, et par contre ledit Bougeu cède au sgr de Bouillé-Saint-Paul, 20 boisseaux de seigle de rente sur le tènement de la Juberdière, paroisse de Saint-Pierre à Champs et 6 boisseaux de seigle de rente sur un pré de deux hommées sis à la queue de l'Etang de la Vieille Lande.

Signé : JEHAN MESLE, procureur.

— 108 —

29 décembre 1534. — Jugement par lequel Pierre Moricet, René et Mathurin Gorrez et Mathurin Rabier, sont condamnés à payer au seigneur de Bouillé-Saint-Paul 15 boisseaux d'avoine et 4 sols 9 deniers obole, et Mathurin et René Gorrez, Mathurin Rabier Jeanne Esbaudiz, Jacques Gordon, 16 boisseaux d'avoine et 13 deniers pour leurs domaines du fief Courlet.

Signé : L. Chambret, notaire.

— 109 —

27 février 1535. — Aveu rendu à Messire René Grossin, écuyer, sgr de Bouillé Saint-Paul, par André Marcheton pour une maison et ses appartements à Bouillé Saint-Paul et un jardin à la Rocherie.

— 110 —

16 octobre 1535. — Foy et hommage plein pour certaines terres du fief de Fronteault fait par René Grossin, écuyer, sgr de Bouillé Saint-Paul, au sgr de la Foulgereuse, auquel il reconnait devoir 10 sols de rente annuelle.

— 111 —

1er février 1536. — Foy et hommage plein fait pour la moitié des mazures et appartenances de Frontault à Messire Francoys du Bellay, baron de la Foret Foulgereuse, La Joullain[1], par Innocent Prosteau, qui confesse lui devoir pour ce, 18 sols de service annuel.

Signé : F. du Bellay.

— 112 —

15 février 1536. — Aveu rendu à Messire René Grossin, écuyer, sgr de Bouillé Saint-Paul et Cersay, par Messire René Pribres, sgr

[1] François du Bellay. — Messire François du Bellay, 3e fils de Messire René du Bellay, chevalier, sgr du Bellay et de la Chapelle-Themer, baron de la Foret-sur-Sèvre, et de Marguerite de Laval mourut en 1533, ne laissant de sa femme Louise de Clermont-Tonnerre qu'un fils : François-Henri du Bellay que l'on voit vendre le 3 août 1531 à Claude Gouffier la terre de la Foulgereuse et qui mourut sans alliance avant le 7 mai 1536. (Beauchet-Filleau. *Dict. des familles du Poitou*). La maison du Bellay portait pour armes : *D'argent à la bande fuselée de gueules, accompagnées de 3 fleurs de lys d'azur posées en orle, 3 en chef et 3 en pointe.*

du Plessis-Baudouin, la Porte et Myberlain, pour son fief du Mureau, en la paroisse de Cersay, tenu de ladite seigneurie de Bouillé Saint-Paul à foy et hommage plein, 18 deniers de service annuel et 2 septiers de froment, mesure de Thouars.

— 113 —

19 août 1536. — Aveu rendu à Messire René Grossin, sgr de Bouillé Saint-Paul, par Jehan Massoteau pour un bébergement et 13 pièces de terre sis au fief de Frontault et tenus à 10 sols de cens.

— 114 —

27 août 1536. — Aveu rendu à Messire René Grossin écuyer, sgr de Bouillé Saint-Paul, par Louis Carré et Françoise Massoteau, sa compagne, pour une portion de maison et 7 pièces de terre sis au village de Frontaûlt, tenus à 10 deniers de cens.

Signé : F. DE PIERROYS.

— 115 —

27 août 1536. — Aveu rendu à Messire René Grossin, écuyer, sgr de Bouillé Saint-Paul, par Jehan Panneau pour un hébergement et 12 morceaux de terre sis au fief de Frontault et tenus à 12 deniers de cens.

— 116 —

20 décembre 1536. — Aveu rendu à Messire René Grossin, écuyer, sgr de Bouillé Saint-Paul, par Macé Massoteau et ses frarescheurs pour une pière de terre de 3 septées sise à la Bouquerie et nommée *les Brault*, tenue à 12 boisseaux de froment, un chapon et une poule de rente annuelle.

Signé ; P. J. GORREL, notaire.

— 117 —

12 avril 1541. — Aveu rendu à très hault et puissant sgr Me Françoys, seigneur de la Trémoille, chevalier de l'ordre du

Roi, comte de Guynes, de Benon et de Taillebourg, vicomte de Thouars, prince de Thalmond, baron de Craon, de Sully et de Montaigu, seigneur des Isles-de-Ré, Marans et Noyrmoutiers, par Renée Grossin écuyer. sgr de Bouillé Saint-Paul, pour son hostel de Boyllé Saint-Paul avec toutes ses appartenances et dépendances, fages, douves, jardins, granges, ayres, ayreaulx, le tout contenant deux *septrés* de terre environ, auquel houstel il y a forteresse autref. foiz donnée par les seigneurs de Thouars aux siens avec droit de moyenne et basse justice ès paroisses de Bouillé Saint-Paul, Cersay, Massay et Geneston, le tout relevant à foy, hommage et rachapt de la vicomté de Thouars. Et relevant à foy et hommage de mondit seigneur de Bouillé Saint-Paul :

Le curé dudit Bouillé, dont son église et maison presbytéralle dont Mr de Bouillé Saint Paul est fondateur,

Le prieur et aumônier de Saint-Michel près Thouars.

Noble homme Anthoine de Lesperonnière, sgr de la Roche Bardoul[1].

Noble homme François de Terves pour son hostel de Rochefou[2].

Noble homme Georges Belluneau pour sa métairie des Taffateries.

Missire Nicolas Ragot, curé de Luché.

— 118 —

12 avril 1541. — Aveu de la moitié par indivis du fief de Fronteault, rendu à Messire Francoys du Bellay, sgr du Plessis-Macé, la Forest Bellay et la Foulgereuse par noble homme René Grossin, écuyer, sgr de Bouillé-Saint-Paul, qui reconnait devoir pour ce audit du Bellay 10 sols de service annuel.

Signé : R. DE MANLAY.

PUYGUYON.

[1] *Antoine de L'Esperonnière.* — Messire Antoine de l'Esperonnière, fils de François et de Jehanne de Sanzay, marié le 22 août 1519 à Marguerite de Villeneuve fille de Jehan et de Catherine de Sainte-Flayte, mort en 1552 (Th Courtaur. *Gén. de la maison de l'Esperonnière*)

[2] *François de Terves.* — Messire François de Terves, écuyer, sgr de Beauregard, et du Terras, fils de Jean et de Françoise Grossin, marié le 11 mars 1517 à demoiselle Marie de Champlais, fille d'Etienne, chevalier, sgr de Courcelles.

— 119 —

12 avril 1541. — Aveu rendu à la seigneurie de Bouillé-Saint-Paul, par Guillaume et Jean Gironet, Jean Guillet et consorts pour leurs terres du tenement du Colombier, tenues à 2 sols de cens.

— 120 —

15 juin 1542. — Acquêt fait par Jean et François Meslé, de 3 douzaines de seigle, mesure de Thouars, 10 sols et 3 chapons de rente, dus à la Saint-Michel, sur un bordage appelé le Moulin de Cersay et vendu par noble homme René Grossin, écuyer, sgr de Bouillé-Saint-Paul, pour la somme de 67 livres 10 sols tournois.

Signé : GORREL, notaire.

— 121 —

20 avril 1509. — Aveu rendu à noble homme René Grossin, écuyer, sgr de Bouillé-Saint-Paul par Jean Malescot et Mathurine Diguet pour diverses terres en la paroisse de Bouillé-Saint-Paul.

— 122 —

7 octobre 1509. — Acte par lequel François Milon et ses frères et sœurs, s'obligent à payer huit deniers de cens au chapelain de la chapellenie des Touches desservie en l'église de Cersay.

— 123 —

31 août 1510. — Echange par lequel Thomas Corps-Saints donne et cède à Messire René Grossin, écuyer, sgr de Bouillé-Saint-Paul, ses fiefs et domaines sis près les Touches en la paroisse de Cersay, à la charge audit sgr de relever par moitié du sgr de la Roche-Bardoul et du sgr de Preuil et Brethignolles et en contre échange ledit René Grossin cède audit sieur Corps-Saints, certains autres héritages sis près les Touches, baillés par assiette à raison de 16 boisseaux de blé de rente annuelle, moitié seigle, moitié froment.

Signé : G. Claveau, notaire,
J. Chauvin, notaire.

— 124 —

23 mars 1511. — Acte par lequel Colin Thouin, François Baranger et consorts s'obligent à payer au chapelain des Touches, une rente de deux sols tournois.

Signé : Blondineau.

— 125 —

31 mai 1511. — Acte par lequel Antoine et Etienne Thonillet s'obligent à payer au chapelain des Touches 6 deniers de cens annuel.

Signé : M. Blondineau.

— 126 —

27 août 1513. — Aveu de la 4e partie par indivis du fief de Medavy, relevant de la seigneurie de Bouillé-Saint-Paul à foy, et hommage plein et 12 deniers de service annuel, rendu par Maître Jehan Maugeis, bachelier ès loix, à cause de Yolande Joceaume, sa femme, à Messire René Grossin, écuyer, sgr de Bouillé-Saint-Paul

Signé : R. Prévost.

— 127 —

2 juin 1544. — Aveu rendu à Messire Jehan Grossin, écuyer, seigneur de Bouillé-Saint-Paul, par messire Pierre de Pierrois, prêtre, Lucas Micheau et Mathurin Charruau, pour 16 hommées de vigne, sises au fief Fleury et relevant de la seigneurie de Bouillé-Saint-Paul, sur lequel est dû 60 sols de rente annuelle à la Toussaints, un mouton à la Pentecoste et 2 chapons à Noël, lesdites choses tenues à foy et hommage plein et 10 deniers de service annuel, de ladite seigneurie de Bouillé-Saint-Paul.

— 128 —

22 juin 1544. — Aveu rendu à messire Jehan Grossin, écuyer, seigneur de Bouillé-Saint-Paul, par François Mureau, pour 4 planches de vigne sises au fief des Fondraulx et tenues du fief des Touches à 8 deniers de cens.

> Signé : F. MUREAU
> J. M. GEREAU.

— 129 —

25 juin 1544. — Deux aveux rendus à messire Jehan Grossin, écuyer, sgr de Bouillé Saint-Paul par Mathurin et René Gourry pour leurs maisons et appartenances du village de Courlet.

— 130 —

25 juin 1544. — Aveu rendu à messire Jehan Grossin, sgr de Bouillé-Saint-Paul par André Marcheton et Joachim Yvon pour une maison et ses appartenances au bourg de Bouillé Saint-Paul, tenues à 10 sols de cens.

> Signé : ANDRÉ MARCHETON
> L. MABIT.

— 131 —

25 juin 1544. — Aveu rendu à Messire Jehan Grossin, écuyer, sgr de Bouillé-Saint-Paul, par Louis Gallerneau pour un hébergement et ayreau de 2 boisselées sis au bourg de Bouillé et tenu à 6 deniers de cens.

> Signé : L. MABIT.

— 132 —

29 juin 1544. — Aveu rendu à messire Jehan Grossin, écuyer, sgr de Bouillé-Saint-Paul, par Jacques Gourdon, pour 4 portions de maisons o leurs appartenances et une pièce de terre d'une boisselée 1|2, sis au village de Courlet et tenues à 1 boisseau 1/4 d'avoine et 3 deniers de cens.

> Signé : L. MABIT.

— 133 —

4 *novembre 1544.* — Loys, sgr de la Trémoille, chevalier, comte de Guynes, de Benon et de Taillebourg, vicomte de Thouars, prince de Talmond, baron de Craon, de Sully, Doué et Montaigu, seigneur des Isles de Ré, Marans et Noyrmoutiers, gouverneur et lieutenant général pour le Roy en ses pays de Poictou et Xaintonge, et la Rochelle[1], atteste avoir reçu ce jour à Thouars la foy et l'hommage lige de Jehan Grossin, écuyer sgr de Bouillé-Saint-Paul, en raison de son hostel et de ses appartenances dudit Bouillé.

— 134 —

12 janvier 1545. — Acquêt fait par François Landais et René Chesneau de Messire Jehan Grossin, écuyer, sgr de Bouillé-Saint-Paul, d'un tiers de boisselée de jardin en l'ouche de la Rocherie au bourg de Bouillé, à la charge de relever de la dite seigneurie à deux deniers de cens.

Signé : P. CHARTIER, tabellion.

— 135 —

20 mars 1545. — Acquêt fait par Messire Mathurin Blondineau, prêtre, de Messire Jean Grossin, écuyer, sgr de Bouillé-Saint-Paul du bois de la Brosse-Henry, contenant cinq septrées à la charge de relever du fief de Bouillé-Saint-Paul à deux deniers de cens.

Signé : P. CHARTIER, tabellion.

— 136 —

52 mai 1545. — Procuration pour faire hommage lige et plein en son nom, à Messire Jehan Grossin, sgr de Bouillé-Saint-Paul,

---

[1] Louis de la Trémoille — Messire Louis de la Trémoille, vicomte, puis duc de Thouars en 1553, prince de Talmond, etc. fils de François de la Trémoille vicomte de Thouars, etc et d'Anne de Laval, marié le 23 juin 1549 à Jeanne de Montmorency, dame d'honneur de la reine Elizabeth d'Autriche, fille du connétable Anne de Montmorency et de Magdeleine de Savoie.

consentie par Messire Guy de la Forest, chevalier, sgr de Vaudoré,
à Mathurin Geffard.

> Signé : De la Forest,
> L. Jondonest.

— 137 —

25 mai 1545. — Aveu rendu à Messire Jehan Grossin, écuyer
sgr de Bouillé-Saint-Paul, écuyer par Pierre Moricet pour une maison et ses appartenances avec cour et jardin au village de Courlet
tenue de Bouillé Saint-Paul à 19 boisseaux d'avoine et 7 livres
de cens.

> Signé : J. Chauffour, notaire.

— 138 —

28 mai 1545. — Aveu rendu à Messire Jehan Grossin, écuyer,
sgr de Bouillé-Saint-Paul, par M⁸ Mathurin Geffard, fondé de procuration de Messire Guy de la Forest, sgr du Vaudoré pour les
droits de pestages, paturages et bois mort, qu'il possède sur diverses terres en la paroisse de Bouillé-Saint-Paul, à foy et hommage
plein et « ung cheval de service quand le cas y advient. »

> Signé : J. Chauffour, notaire.
> N. Ogeron[*], notaire.

— 139 —

1er juin 1545. — Bail à rente consenti par le doyen et les chanoines du Puy-Notre-Dame à noble homme Jehan Grossin, sgr de
Bouillé-Saint-Paul :

1° Du Quart par indivis, en une moitié, aussi par indivis, de
tous les bois nommés, les bois de *Cersay*, en la paroisse de Bouillé-
Saint-Paul, par indivis avec le sgr de Bouillé-Saint-Paul, le sgr de
Vieille-Lande, et le sgr du Breuil de Jay. — 2° La 8ᵉ partie, aussi
par indivis, des bois nommés les bois des *Planches*, susditte pa-

---

[*] N. Ogeron. — Sans doute Me Jean Ogeron, notaire à Thouars en 1540 et à
Poitiers le 13 mai 1553.

roisse, partant par indivis, entre le sgr de Bouillé, le sgr des Boicelles et le sgr de la Durbellière, — 3ᵉ la moitié par indivis d'un bois nommé : le bois *Dorvault*, sis près dudit lieu. — 4ᵉ la 8ᵉ partie par indivis du bois nommé le bois *Chastelain*, aussi près dudit lieu, le tout sous, l'hommage du sgr du Breuil-Jay, et à la charge par ledit sgr de Bouillé, de payer auxdits chanoines du Puy Notre-Dame 15 sols de rente de cens et devoir de fief au terme de Pâques, lesdits chanoines ayant droit de rentrer en possession desdits bois faute de payement dans un délai de 15 jours après échéance de chacun desdits termes.

Signé : GALLES, notaire.
PAILLAUD, notaire.

— 140 —

16 mars 1548. — Retrait féodal de la Garenne et refuge à conils de Bouillé-Saint-Paul, fait par Jehan Grossin, écuyer, sgr de Bouillé-Saint-Paul sur Francoys Landays qui l'avait acquise de noble homme Loys de Vandel, sgr de la Mesnardière et de Serré¹.

— 141 —

2 mars 1549. — Arrentement fait par noble homme Jehan Grossin, écuyer, sgr de Bouillé-Saint-Paul à Loys Cany, d'un champ sis au village de Frontault contenant 4 boisselées, moyennant une rente de 18 sols de cens et deux chapons.

Signé : F. DE PIERROYS.

— 142 —

17 septembre 1549. — Aveu rendu à messire Jehan Grossin, écuyer, sgr de Bouillé-Saint-Paul par François Jousset et Emery Albert, pour un pré d'un journal tenu à trois boisseaux de fro-

---

¹ Louis de Vandel. — Messire Louis de Vandel, sgr de la Mesnardière et Serré époux de Jeanne de Fontbrener. (Beauchet-Filleau. *Dict. des familles du Poitou*).

ment de rente noble et une maison, ses appartenances, contenant
8 boisselées, tenue à 10 deniers de cens, le tout sis au village
de Cersay.

— 143 —

17 septembre 1547. — Aveu rendu à la seigneurie de Bouillé-
Saint-Paul par François Pairault et Mathurin Mesle, mari d'Hilaire Pairault pour une pièce de terre de dix boisselées au tenement
du pré Brault tenu à 12 boisseaux de froment un chapon, une
poule et deux deniers de cens.

— 144 —

Aveu rendu à la seigneurie de Bouillé-Saint-Paul par Mathieu
Bouillier pour diverses pièces de terre sises au bois de Cersay,
aux vignes noires et près le bourg de Bouillé-Saint-Paul.

Signé : J. PETGUYON.
F. DE PIERROYS.

— 145 —

Aveu rendu à messire Jehan Grosssin, écuyer, sgr de Bouillé
Saint Paul par Jean Milon, pour deux journaux de vigne au clos
de Lessart tenu à six deniers de cens, une boisselée de terre près
le village de la Fraux, tenue à 15 deniers de cens à la Pentecôte et
à la huitième partie d'une moitié de 12 boisselées dans le bois des
Guérinières, tenue à 5 deniers de cens à Noël.

— 146 —

17 janvier 1559. — Acquêt fait par noble homme Jehan Grossin,
écuyer, sgr de Bouillé-Saint-Paul de Geoffroy Guyot, d'une vigne
de 10 journaux au clos des Chenayes, tenu dudit seigneur au quart
des fruits et 4 deniers de cens.

Signé : F. DE PIERROYS.

— 147 —

19 décembre 1552. — Bail à complant consenti par Jehan Grossin, écuyer, sgr de Bouillé-Saint-Paul à Louis Suard, Pierre Audouin, Jacques et René Sohier et consorts d'une pièce de lande bordant le chemin qui va de Villegaie à Vrère et celui de la Roche à Cersay à la charge au dit preneur de la planter en vigne dans l'espace de cinq ans et de payer audit sgr le quart des fruits et un chapon par balise de 20 pas.

Signé : ORTOX, tabellion.

— 148 —

25 avril 1553. — Aveu rendu à Jehan Grossin, écuyer, sgr de Bouillé-Saint-Paul par René Ogère et consorts pour huit pièces de terre, sises au fief des Tousches et en relevant à 4 deniers de cens.

Signé : GÉREAU.

— 149 —

25 avril 1553. — Aveu rendu à Messire Jehan Grossin, écuyer, sgr de Bouillé-Saint-Paul par Pierre et Jean Mesles pour 5 pièces de terre situées au fief des Touches.

— 150 —

3 mai 1553. — Aveu rendu au sgr de Bouillé-Saint-Paul pour cinq pièces de terre dépendantes du fief de la Tousche et tenue à trois mines de seigle, mesure d'Argenton et 3 deniers de cens.

Signé : F. DE PIERROTS.

— 151 —

4 mai 1553. — Aveu rendu au sgr de Bouillé-Saint-Paul par François et Jacques Landais, pour l'Ouche de la Rocherie sise près la croix de Pierre dudit Bouillé, contenant deux boisselées et tenue à deux sols six deniers, un chapon et une poule de cens.

Signé : F. DE PIERROTS.

— 152 —

4 mai 1553. — Aveu rendu au sgr de Bouillé-Saint-Paul par
Lucas et François Corpsaint pour leur terre du tenement du Colombier tenue à 2 deniers de rens.

— 153 —

20 mai 1553. — Transaction sur procès par laquelle Joachim
Giron, reconnait être sujet des chanoines du Puy Notre-Dame et
posséder en leurs fresches 5 douzaines de seigle et 4 douzaines de
froment, faisant moitié de 18 douzaines de seigle et froment.

— 154 —

8 août 1553. — Transaction sur procès par laquelle Jehan
Barangier et autres s'obligent à faire faire un fossé le long des
bois Charruaux.

Signée : F. DE PIERROYS.

— 155 —

31 décembre 1555. — Acquêt fait par Louis Reynaud et Mathurin Blanchard, de 4 boisselées de terre sises près la maison du
Ruau à la charge de relever du fief de Bouillé-Saint-Paul à 4
boisselées de seigle.

— 156 —

12 mars 1556. — Echange de diverses pièces de terre entre
N. Boisdon et le sgr de Bouillé-Saint-Paul.

— 157 —

29 juin 1556. — Don fait par Jehan Grossin, écuyer, sgr de
Bouillé-Saint-Paul à René Mesle, d'un morceau de terre de cinq
pieds de large près du bois Charruau pour faire un fossé.

Signé : F. HERVÉ.

— 158 —

29 juin 1556. — Acte semblable au précédent en faveur de Thomas Chauvin.

— 159 —

3 mars 1557. — Foy et hommage pour le Bois Charruau, rendu au sgr de la Grise, par Messire Louis Grossin, écuyer, sgr de Bouillé-Saint-Paul, fils et héritier principal et noble de feu Messire Jehan Grossin, en présence de Françoys Barbereau, juré de ladite cour de la Grise, de M. Loys de la Planche, escuyer, liceencié èsloix, de M. Estienne du Boys et M. Noël Serin.

Signé : F. BARBEREAU.

— 160 —

5 mars 1557. — « Loys, sgr de la Trémoille, chevallier, comte de Guynes, de Benon et de Taillebourg, vicomte de Thouars, prince de Thallemont, baron de Craon, de Sully, de l'Isle Bouchard, de Doué, de Verrie, de Mauléon, de Montaigu et de Sainte-Hermine, Capitaine de cinquante lances des Ordonnances du Roy, atteste que Loys Grossin, escuyer, sgr de Bouillé Saint-Paul, fils aîné et héritier principal et noble de feu Jehan Grossin, lui a rendu ce jour en son chastel de Thouars, Foy et hommage lige pour son hostel et appartenances de Bouillé Saint-Paul et en jurant sur les saincts Évangilles, lui estre bon et loyal vassal tel que un homme de foy lige doibt à son seigneur. »

Signé : DE LA TREMOILLE,

Par Monseigneur : PALAISEAU.

— 161 —

4 mai 1558. — Aveu rendu au sgr de Bouillé Saint-Paul par René Moricet et Jean Rabuan pour leurs terres et maison du village de Courlet tenu à 19 boisseaux d'avoine et 21 deniers de cens.

— 162 —

27 mai 1558. — Aveu rendu au sgr de Bouillé Saint-Paul par Jehan Barangier pour une maison et ses appartenances au bourg de Bouillé tenue à 6 deniers de cens.

— 163 —

29 mai 1558. — Aveu rendu au sgr de Bouillé Saint-Paul par André Marchelon et Joachim Giron pour une maison et ses appartenances au bourg de Bouillé tenue à 10 sols et un chapon de cens.

— 164 —

6 juillet 1558. — Aveu rendu par François Chasserat au sgr du Brossay pour ses terres sises au village de Frontault.

— 165 —

26 mars 1563. — Contrat d'acquêt fait par Jacques Gorrel et René Landais de noble homme René Grossin, écuyer, sgr de Bouillé Saint-Paul, du Pré de la Nouette contenant 3 hommées, et sis près Bouillé, moyennant la somme de 70 livres tournois et à charge de relever dudit sgr de Bouillé Saint-Paul.

— 166 —

27 mai 1563. — Acquêt par Mathurin Barangier de René Bernard d'une portion de maison o ses appartenances, sise au village du Colombier, à charge de relever de la seigneurie de Bouillé Saint-Paul.

— 167 —

2 avril 1564. — Bail au quart des fruits consenti par les doyen et chanoines des Puy-Notre-Dame, à Jehan Pasquier d'une pièce de vigne de 2 hommées au fief du Breuil, indivis avec le seigneur du Vivier.

— 168 —

13 avril 1564. — Retrait lignager fait par Jehan de Villeneufve, écuyer, sgr de Laspaye et de la Garenne sur Renée Landais, veuve de Pierre Gorrel et Jacques Gorrel, du pré de la Nouelle sis à Bouillé-Saint-Paul et acquis par eux d'écuyer René Grossin.

— 169 —

8 janvier 1565. — Bail à cens consenti par Demoiselle Gillonne Foucquet, dame de Bouillé-Saint-Paul, tutrice des enfants de feu Jehan Grossin, écuyer, à Mathurin Mesle d'un égout pour la Maison dudit Mesle, au bourg de Bouillé et la tour de l'Echelle à charge d'un chapon au terme de Noël.

— 170 —

18 mars 1565. — Contrat d'acquêt par Mathurin Moreau de Françoys Domnyn, d'une planche de vigne d'un journal 1 2 sise au clos de la Croix de Pierre près Bouillé-Saint-Paul à la charge par l'acquéreur de payer au vendeur le 1/4 des fruits et 4 deniers de cens.

— 171 —

30 avril 1565. — Bail à ferme du droit de pressoir dans les paroisses de Bouillé-Saint-Paul et Cersay, consenti par le Chapitre du Puy-Notre-Dame à François Landais et Jean Giron moyennant la somme de 30 livres et 6 chapons.

— 172 —

7 juillet 1565. — Contrat d'acquêt fait par Guillaume Giron, de noble homme René Grossin, écuyer, sgr de Bouillé-Saint-Paul du pré de la Nouhette sis audit Bouillé et contenant 3 hommées, moyennant la somme de 51 livres, à la charge audit Giron de tenir ledit pré de la seigneurie de Bouillé-Saint-Paul.

— 173 —

10 juin 1567. — Aveu rendu à la seigneurie de Bouillé-Saint-Paul, par Sébastien Hervé, Pierre Voye et Jean Rabin, pour diverses terres sises près le village de la Fraux.

— 174 —

2 août 1567. — Copie de Contrat de rente fait par écuyer Joachim Barlot, sgr des Nouhes et de Bouillé-Saint-Paul[1] et demoiselle Guillaume Foucquet, sa femme, au profit de sire Francoys Landays, marchand, de 3 septiers 1/2 de blé seigle mesure de Passavant, revenant chaque septier à 16 boisseaux, 2 chapons, 2 poules, 12 sols d'une part 4 sols 8 deniers d'autre parts, le tout de cens et devoir noble dus sur le tenement de la Fraux, ladite vente consentie pour la somme de 100 livres tournoys.

— 175 —

11 juin 1568. — Transaction entre noble homme Joachim Barlot, écuyer, sgr des Nouhes et Demoiselle Gillonne Foucquet, dame de Bouillé-Saint-Paul, d'une part et Emery Chauvin et Mathurine Reveillaud, veuve de François Chauvin par laquelle ledit François Chauvin et veuve, s'obligent à continuer de payer et servir audit sgr, 6 boisseaux de seigle, 2 poulles et 2 deniers de cens comme propriétaires d'un pré de 2 hommées sis à la queue de l'étang de Vieille-Lande.

Signé : VOLAIGE, notaire.

J. GUÉRIN, notaire.

[1] Joachim BARLOT. — Messire Joachim Barlot, écuyer, sgr du Chastellier fils de Guillaume et d'Aliette Chirryau de Montorgueil, marié à demoiselle Renée de Barazau, fille de Messire Pierre de Barazau, écuyer, sgr de la Salmondière près Niort et de Jeanne de Prahec.

— 176 —

31 mai 1571. — Bail à ferme de la saisie féodale faite à la requête de messire Joachin Barlot, écuyer, sgr des Nouhes et de Bouillé-Saint-Paul et Demoiselle Gillonne Foucquet, son épouse, d'une pièce de pré de deux journées sise au-dessous de la queue de l'Etang de la Vieille-Lande, faute de payement par les locataires tenanciers, de la rente de 6 boisseaux de seigle 2 poulles et 2 deniers.

— 177 —

1ᵉʳ janvier 1572. — Acquét fait par Mery Bodet de René Landays, d'une demie boisselée de jardin au bourg de Bouillé-Saint-Paul à la charge de relever du fief de Bouillé à un chapon, une poulle et 2 sols 6 deniers.

— 178 —

12 février 1573. — Guillaume Chiron acquiert du Chapitre du Puy Notre-Dame, quatre hommées de vigne près Bouillé-Saint-Paul.

— 179 —

2 avril 1573. — Aveu rendu par Messire Jehan Landays, prêtre, fils de Francoys Landays et ses frères, à Messire Joachim Barlot écuyer, sgr des Nouhes et de Bouillé-Saint-Paul et Demoiselle Gillonne Foucquet, son épouse, comme tuteurs et administrateurs des biens de Demoiselle Loyse Grossin, fille aînée, héritière principale et noble de feu Jehan Grossin, sgr de Bouillé-Saint-Paul, pour 10 septrées de terre à l'Humeau Johanne, autrement dit : le fief *Fleury*, arrentée jadis par Messire Guillaume Fleury, sgr de Bouillé Saint-Paul, à Hilaire Chauvin et Pierre de Pierrois sur lequel est dû 60 sols de rente annuelle à la Toussaints, un mouton à la Pentecôte et 2 chapons à Noël, lesdites choses terrues de la seigneurie de Bouillé-Saint-Paul à foy et hommage plein et 60 deniers de service annuel.

— 180 —

22 avril 1573. — Noble écuyer Joachin Barlot, sgr des Nouhes et Bouillé-Saint-Paul et dame Gillonne Foucquet, veuve en premières noces de Messire Jehan Grossin, sgr de Bouillé-Saint-Paul, vendent à Jacques Gourré, marchand, une pièce de bois et terre, nommé le bois d'*Airvault* près le lieu de la Rollandière, et contenant 24 boisselées pour la somme de 62 livres 10 sols tournois.

— 181 —

27 janvier 1574. — Hommage de l'herbergement et des terres de la Fraux, rendu par honnête femme Jacquette Guilloneau, veuve de feu Armel Hervé, rendu à noble et puissant Jehan de Villeneuve, sgr de Laspoix, Saint-Genereux et Cersay.

— 182 —

10 avril 1577. — Bail à cens consenti par noble homme Marc Vinet, écuyer, sgr de la Musse, et demoiselle Loyse Grossin, son épouse, à Jehan Parisot, de 4 boisselées de terre sises à l'Ouche de la Croix de pierre près Bouillé-Saint-Paul, moyennant 10 sols de rente noble et féodale.

— 183 —

28 mai 1577. — Saisie féodale, faite à la requête de noble homme Jeachim Barlot, époux de demoiselle Gillonne Foucquet, sgr et dame de Bouillé-Saint-Paul sur les tenements du village de la Fraux.

— 184 —

12 juin 1577. — Aveu de l'herbergement de la Fraux rendu par les tenanciers d'iceluy à M. Hilaire Richard, agissant pour noble seigneur Jehan de Villeneuve, sgr de Laspoix, Saint-Généreux et Cersay.

— 185 —

12 octobre 1577. — Noble homme Marc Vinet, écuyer, sgr de Bouillé-Saint-Paul, achète à noble homme Pierre Greslier, sgr de Jousselinière, le 1/4 par indivis d'un pré de 2 journaux, nommé : le *pré de la Nouhette.*

— 186 —

6 février 1578. — Sentence contradictoire rendue par la cour de Passavant et condamnant Emery Chauvin, à payer, servir et continuer au sgr de Bouillé Saint-Paul 6 boisseaux de seigle, deux poulles et deux deniers de cens, pour son pré d'au-dessus de l'Etang de Vieille Lande.

— 187 —

25 mars 1580. — Macé le Pierroys achète de Jehan Farchault, vigneron, une hommée de vigne en deux planches, sur clos de la Maisnardière à la charge de relever du fief de la Maisnardière au 1/4 des fruits et 1/4 de chapon.

— 188 —

5 septembre 1580. — Aveu rendu à Messire Marc Vinet, sgr de Bouillé-Saint-Paul par Blaise Voye, Pierre Mothu, René Estran et consorts pour leurs terres sises au fief de Frontault.

Signé : J. RABOUAN.

— 189 —

15 novembre 1580. — Acquêt fait par Jehan Parisault de Mathurin Mesle, époux de Marguerite Barrault, d'une maison o ses appartenances au bourg de Bouillé Saint-Paul, à la charge de relever du fief de Bouillé à un chapon et 12 deniers de cens.

— 190 —

5 mars 1581. — Acquêt fait par René Guérin de Benoist Michelin, mari de Françoise Rabu, d'une planche de vigne d'une 1/2 hommée, sise au Clos du Pâtis du Bois à la charge de relever du fief du Vivier.

— 191 —

18 mars 1581. — Noble demoiselle Marie Florie, dame de Bouillé Saint-Paul, achète diverses pièces de terre en ladite paroisse de noble homme Eustache Gaugain, escuyer.

— 192 —

6 septembre 1582. — Bail à cens du fief de Bouillé Saint-Paul consenti par le doyen et les chanoines du Puy Notre-Dame à Loys et Françoys Landays, frères germains, marchants du bourg de Bouillé, pour une durée de neuf années et moyennant la somme 15 escus de rente annuelle.

Signé : J. MAINGUENEAU, notaire,

— 193 —

13 février 1583. — Acquêt fait par Michel Blanc, de Michel Rabouan, de 12 hommées de vigne au Clos du Plantis Rabouan à la charge de relever de la seigneurie de Bouillé-Saint-Paul à 3 boisseaux de seigle et une poulle de rente annuelle.

— 194 —

12 août 1583. — Acquêt fait par Simonne Monier, veuve de René Guérin de Marie de Pierroys, d'une hommée de vigne sise aux Maisnardière, à la charge de relever de Bouillé Saint-Paul au 1/4 des fruits et les recettes ordinaires.

— 195 —

17 novembre 1583. — Vente de diverses pièces de terre sises au fief de Maumusson, consentie par Méry Barangyé et Jehanne Savarit, sa femme, à Jehan Parizone, marchand hôtellier au bourg de Bouillé Saint Paul.

— 196 —

17 janvier 1584. — Contrat d'échange de diverses pièces de terre relevant de Bouillé-Saint-Paul, entre la veuve Gilles Turpault et René Turpault d'une part et Marc Hervé de l'autre.

— 197 —

17 novembre 1584. — Contrat d'arquêt fait par Parisaul d'avec Denys Voys, mari de Martine, d'un 1/4 d'hommée de préau, pré de la Planche à la charge de relever du fief de Vieille Lande à un 1/2 tiers de boisseau de froment.

— 198 —

11 février 1585. — Acquêt fait par messire Hector de la Villeneuve, sgr de Laspoix de la Garenne et de Cersay, de noble homme Vincent de Beauvollier, écuyer, sgr de la Loge et Chauffour¹ et de demoiselle Bertrande Grossin, son épouse, 1° du fief,

---

¹ De BEAUVOLLIER. — Très ancienne famille originaire d'Aubeterre en Touraine, établie plus tard en Loudunais : *De gueules à deux fers de lance mornés et contrepointés d'argent posés en pal.*

du Petit Mureau, vulgairement nommé la *Billeterie*, sis près
le Colombier, en la paroisse de Cersay avec deux douzaines de
blé seigle, mesure de Thouars, 2 chapons et 5 sols tournoys de
rente noble et féodalle dùs sur le dit fief; 2° du fief vulgairement
appelé : la petite *Billeterie*, sis audit lieu avec 12 boisseaux de
seigle, mesure de Thouars. un chapon et 5 sols de cens, moyennant la somme de 26 escus 1/3, revenant suivant l'ordonnance
royale, à 80 livres tournoys.

Signé : J. Hervé, notaire.

18 avril 1587. — Remeré fait par les vendeurs, sur l'acquéreur,
des choses mentionnés dans l'acte ci-dessus.

Signé : H. DE VILLENEUVE.

— 199 —

24 août 1585. — Aveu rendu à Messire Marc Vinet, écuyer, sgr
de la Muce et Bouillé-Saint-Paul et demoiselle Loyse Grossin, son
épouse par Messire Jehan Landays, prêtre, pour le fief de l'Humean
Jouhanne autrefois fief Fleury, sur lequel est dù : 60 sols de
rente noble à la Toussaint, un mouton à la Pentecôte et 2 chapons
à Noël, lesdites choses tenues de la seigneurie de Bouillé-Saint-Paul
à foy et hommage plein et 10 deniers de service annuel.

— 200 —

26 août 1585. — Aveu rendu à Messire Marc Vinet, écuyer, sgr
de la Musse, époux de demoiselle Louise Grossin, dame de Bouillé-
Saint-Paul, par Hugues Berthault pour diverses pièces de terre au
Clos de la Touche tenues à 2 deniers de cens.

— 201 —

31 août 1584. — Aveu rendu à Messire Marc Vinet, écuyer,
sgr de la Musse, époux de demoiselle Louise Grossin, dame de
Bouillé-Saint-Paul, par Jean Paisneau, pour douze morceaux de
terre au fief de Frontault, tenues à 10 sols de cens.

— 202 —

25 novembre 1585. — Jehan Galerneau « texier en toilles » vend à Jehan Mestre, laboureur, un bout de maison et ses appartenences et un lopin de jardin au bourg de Bouillé-Saint-Paul, à charge d'un 1/4 de blé de rente annuelle envers le Chapitre du Puy Notre-Dame.

— 203 —

17 mars 1586. — Noël Barangier, vigneron, vend à Jehan Thonillet, laboureur, 1/4 d'hommée de vigne au Clos des Fondraulx, à la charge de relever de la seigneurie de Bouillé Saint-Paul.

— 204 —

7 novembre 1586. — Arpentage de la Fresche et terrouër du Vivier, appartenant à Messieurs les doyens et chanoines du Chapitre du Puy Notre-Dame, et tenus d'eux à 10 douzaines de seigle et 18 douzaines de froment de rente annuelle.

— 205 —

9 janvier 1587. — Echange passé entre Messire René de Vendel, écuyer, sgr de la Mesnardière[1] de la paroisse de Coullongne et Messire N. des Mares, écuyer, sgr et gouverneur de la ville et château de Ayrevaulx d'une part et Messire Marc Vinet, écuyer, sgr de la Musse et Bouillé-Saint-Paul d'autre part, de diverses pièces de terre en la paroisse de Bouillé Saint-Paul.

— 206 —

21 janvier 1587. — Acquêt par François Thibault d'une hommée de vigne au pastis du Bois près Bouillé-Saint-Paul à la charge d'1/4 de blé de redevances envers le fief des Chanoines.

---

[1] René de VASDEL. — Messire René de Vandel, écuyer, sgr de la Mesnardière et Soullèvre, fils d'écuyer Charles de Vandel, sgr de la Mesnardière et de Soullèvre et de Renée de Pugny, marié à demoiselle Marguerite Joubert.

— 207 —

18 mai 1587. - Echange d'une maison contre 3 hommées de vigne à Bouillée-Saint-Paul, passée entre Pierre et Jehan Landais.

— 208 —

22 mai 1587. — Acquêt d'une maison et ses appartenances au bourg de Bouillé-Saint-Paul, fait par Jehan Landais d'avec René Landais.

— 209 —

15 octobre 1587. — Acquêt par le seigneur de Bouillé-Saint-Paul, de Mathurin Barangier, époux de Françoise Ferchault d'une petite maison au bourg de Bouillé-Saint-Paul.

— 210 —

21 février 1588. — Acquêt fait par M° Jacques de Pierroys, notaire, de Jehan Barangier de divers hébergements sis au village de la Tousche et provenant de la succession de René Merlet, à la charge de relever de Bouillé-Saint-Paul.

— 211 —

13 avril 1588. — Acquêt fait par dame Claude de Cintray (*sic*), veuve de feu Messire René de Terves, en son vivant sgr de Beauregard[1], de Vincent de Beauvollier, écuyer, sgr de la Loge et Chauffour et de demoiselle Bertrande Grossin, son épouse, 1° du fief du Petit-Mureau, vulgairement nommé : *la Billeterie*, sis près le Colombier en la paroisse de Cersay, avec deux douzaines de blé

[1] René de TERVES. — Messire René de Terves, écuyer, sgr de Terras, fils de René de Terves, sgr de Beauregard et de Françoise de Mineray, marié à demoiselle Claude de Saintray, fille de Jean de Saintray, sgr de l'Isle.

seize mesure de Thouars 2 chapons et 5 sols tournois de rente
noble et féodale sur ledit fief; 2° du fief, vulgairement nommé :
la *Petite-Billeterie* sis audit lieu avec 12 boisseaux de seigle, mesure
de Thouars, un chapon et 5 sols de cens, moyennant la somme de
53 écus 1/3 revenant à la somme huit vingt (160) livres tournois.

Signé : R. Bidet.

15 *juillet 1594*. — Remeré fait par les vendeurs sur l'acquéreur
des choses mentionnées dans l'acte ci-dessus.

Signé : C. de Sauvré.

— 212 —

3 *mai 1588*. — Vente d'une portion de pré au village des
Landes consenti par Michel Rabouan à la veuve de René Bourgeois
et à son fils Pierre à la charge de relever de la seigneurie de
Bouillé-Saint-Paul.

— 213 —

26 *mai 1588*. — Echange de diverses pièces de terre au fief de
Frontault, consenti entre François Landais et Mathurin Amion.

— 214 —

29 *juin 1588*. — Acquêt d'une rente féodale de 12 boisseaux
de froment, mesure de Thouars, établie sur le champ des Massoteaux, contenant 6 septrées, par Guillaume Giron, d'avec écuyer
Marc Vinet, sgr de la Musse et demoiselle Louise Grossin, son
épouse, dame de Bouillé-Saint-Paul, à la charge audit Giron de
payer audit sgr, un chapon, une poulle et 2 deniers de rente
annuelle.

(Signature autographe de *Charlotte de Nasseau* (de Nassau),
princesse d'Orange, dame de la Trémoille et de Thouars, princesse
de Talmont, etc.)

— 215 —

9 décembre 1589. — Vente de diverses pièces de terre sises au
fief du Vivier, consentie par André Gillot à François Foulchier et
Pierre Lidureau, à charge de relever du Chapitre du Puy-Notre-
Dame.

— 216 —

8 janvier 1590. — Vente d'une maison o ses appartenances,
sise au village de la Touche, consentie par Laurent Marot à Claude
Villet.

— 217 —

28 décembre 1590. — Bail à ferme de la métairie des Grolles
consenti pour cinq années à André Millon et René Glemin, son
gendre, par messire Marc Vinet, écuyer, sgr de Bouillé-Saint-Paul
et demoiselle Loyse Grossin, sa femme, moyennant comme rentes
annuelles, un chevreau au terme de Pasques, vingt livres de
beurre de *Bretaigne*, *neet et empoclé* à la Pentecoste, douze poulets
bons à chappons à la mi-aoust, 3 escus 1/3 à la Magdeleine,
six oyes et six fromages à la Toussaint, cent solz pour le pourceau
à la Toussaints, six chappons et six poulles à la saison des
faulches, enfin 4 journées d'hommes faulcheurs en saison.

Signé : Marc Vinet.

Loyse Grossin.

— 219 —

26 janvier 1591. — Echange de diverses pièces de terres aux
fiefs de Foulgereux, Frontault et Bouillé-Saint-Paul, passé entre
François Landais et Pierre Blouin.

— 220 —

26 décembre 1591. — Bail au 1/4 des fruits et 4 deniers par
chaque morceau de vigne, de 12 journeaux de vigne, eu 4 mor-

ceaux au fief du Breuil, consenti par O. Giron, procureur du Chapitre du Puy-Notre Dame, et du sgr de Boisgrolleau à Jacques de Pierroys.

— 221 —

30 décembre 1591. — Echange de diverses pièces de terre consenti entre messire Jacques des Nouhes[1], vicaire de Bouillé Saint Paul et Mathurin Broment, laboureur.

— 222 —

24 février 1592. — Aveu de diverses pièces de terre sises au fief de Maumusson, consenties par Françoys Motard, demeurant à Pierrois, paroisse de Massay et Loys Reyneau, cordonnier du bourg de Bouillé Saint Paul à Jehan Parisot, hôtellier au bourg dudit Bouillé.

— 223 —

28 février 1592. — Acquêt fait par Jacques de Pierroys d'avec Louis Giron de deux hommes de vigne au fief du Breuil à charge de relever dudit fief.

— 224 —

18 mai 1592. — Aveu rendu à messire Marc Vinet, écuyer, sgr de la Musse et Bouillé Saint Paul et demoiselle Loyse Grossin, son épouse, par messire Jehan Landays prêtre pour le fief de l'Humeau Jouhanne, autrefois Fief Fleury, sur lequel est dû 60 sols de rente annuelle à la Toussaints, un mouton à la Pentecoste et 2 chapons à Noël, lesdites choses tenues à foy et hommage plein et 10 deniers de service annuel.

---

1 Jacques des Nouhes. — Messire Jacques des Nouhes, sans doute fils de messire Pierre des Nouhes, écuyer, sgr de la Tabarière et de demoiselle Claude de Turpin. — La famille des Nouhes pour armes: *De gueules à la fleur de lys d'argent.*

— 225 —

18 mai 1593. — Aveu rendu à Messire Marc Vinet, écuyer, sgr de la Musse et Bouillé Saint Paul, époux de demoiselle Louise Grossin par François Landais, pour un jardin de deux boisselées, sis à Bouillé Saint Paul et tenu à 12 sols 6 deniers de cens annuel.

— 226 —

18 mai 1593. — Aveu rendu au seigneur de Bouillé Saint Paul par Jehan Roullier, maître tailleur d'habits d'une maison o ses appartenances contenant 8 boisselées au bourg de Bouillé Saint Paul tenus a 6 sols d'une part et un écu soleil et 25 sols de rente d'autre part.

Signé : Jehan Roullier,
P. Logeats, notaire.

— 227 —

18 mai 1593. — Aveu rendu au seigneur de Bouillé-Saint-Paul par Messire Pierre Voys, Jean et Gilles Barangier pour une maison et ses appartenances sise audit bourg de Bouillé-Saint-Paul et tenue à 6 deniers de cens.

Signé : P. Logeats, notaire.
M. Mesle.

— 228 —

18 mai 1593. — Aveu rendu au seigneur de Bouillé-Saint-Paul par Emery Bodel et Pierre Landais, pour une maison et ses appartenances, sise audit bourg de Bouillé.

— 229 —

18 mai 1593. — Aveu rendu au seigneur de Bouillé-Saint-Paul, par Guillaume Giron pour une pièce de terre de 6 septrées, nommée le champ des Massoteaux, tenue à un chapon, une poule et

2 deniers de cens à Noël et le pré de la Mouchette contenant 3 journaux, tenue à 2 deniers de cens.

— 230 —

18 mai 1593. — Aveu rendu au seigneur de Bouillé-Saint-Paul,
par Louis Landays pour le pré des Loges, contenant 3 journaux et
tenus à 2 deniers de cens.

— 231 —

18 mai 1593.   Aveu rendu au seigneur de Bouillé-Saint-Paul,
par Jehan Bouillé, maitre tailleur d'habits, pour 3 pièces de vigne
sises au clos Tesseron et au Clos du Bois de Cersay.

— 232 —

25 novembre 1593. — Acquêt fait par noble et puissant Marc
Vinet, sgr de la Musse et de Bouillé-Saint-Paul, de Messire Mathurin Ogereau, prêtre, demeurant au village de Rochefou et de
Jacques Toullier, l'ainé, laboureur à bœufs du village du Colombier
d'une ouche de deux boisselées, sise à la queue de l'étang de Cersay
à la charge par ledit seigneur de relever du fief et seigneurie de la
Vieille Lande, franc et quitte de tous devoirs.

Signé : P. Logeays.

— 233 —

15 décembre 1593. — Acquêt fait par Jean Parisot et François
Landais, mari de Renée Gorgeau, d'une maison et ses appartenances au bourg de Bouillé-Saint-Paul à charge de relever de
ladite seigneurie.

— 234 —

30 juin 1594. — Aveu rendu au seigneur de Bouillé-Saint-Paul,
par Pierre Bertault et consorts, pour 7 hommées de vigne en 2
morceaux au grand clos du bois de Cersay, tenues ou 1/4 des fruits,
rendu au pressoir de Bouillé et 5 deniers de cens annuel.

— 235 —

30 juin 1594. — Aveu rendu à Messire Marc Vinet, écuyer, sgr
de la Musse et Bouillé-Saint-Paul, époux de demoiselle Loyse Grossin, par Mathurin Barangier, Jean Ogereau et consorts, pour 28
hommées de vigne sises au Clos des Cartelles du Ruau.

— 236 —

30 juin 1594. — Aveu rendu au seigneur de Bouillé-Saint-Paul,
par François Fournerie et Barthélemy Voye, pour la pièce de vigne
de Maligrette, sise au fief des Touches et contenant 10 journaux,
tenue à 6 deniers tournoys de cens.

— 237 —

30 juin 1594. — Aveu rendu à Messire Marc Vinet, écuyer, sgr
de la Musse et Bouillé-Saint-Paul, époux de demoiselle Louise
Grossin, par Guillaume Giron, pour 5 pièces de terres en la paroisse de Bouillé-Saint-Paul.

— 238 —

30 juin 1594. — Aveu rendu au seigneur de Bouillé-Saint-Paul
par Louis Hervé pour une pièce de vigne de 3 hommées, sise au
Grand Clos du bois de Cersay, tenue au 1/4 des fruits rendu au
pressoir de Bouillé et 4 deniers de cens annuel.

— 239 —

1er août 1594. — Aveu rendu au seigneur de Bouillé-Saint-Paul
par Pierre Escuyer, pour treize pièces de terre sises au fief de
Frontault et tenues à 10 sols de cens annuel.

— 240 —

6 août 1594. — Aveu rendu au seigneur de Bouillé-Saint-Paul
par François Voye, pour 9 pièces de terre sises au fief de Frontault
et tenues à 10 sols de cens.

— 241 —

6 août 1594. — Aveu rendu à Messire Marc Vinet, écuyer, sgr de Bouillé-Saint-Paul, par Pierre Bourgeois et Pierre Poitou, pour 3 boisselée de terre labourable, sise au village des Landes en la paroisse de Bouillé-Loretz, et tenues à 2 sols 6 deniers de cens.

— 242 —

12 août 1594. — Aveu rendu au seigneur de Bouillé-Saint-Paul par Mathurin Ogereau pour 3 planches de vigne contenant 6 hommées, sises au clos des Grandes Vignes du Colombier.

— 243 —

15 août 1594. — Aveu rendu par Salomon Puyguion à noble homme Marc Vinet, écuyer, sgr de Bouillé-Saul et demoiselle Louise Grossin, son épouse pour la quatrième partie par indivis du fief de Medavy, sis en la paroisse de Bouillé-Saint-Paul.

Signé : S. Puyguion,

J. Garlouet, notaire.

— 244 —

16 août 1594. — Aveu rendu au seigneur de Bouillé-Saint-Paul, par François Baugeard, François Chasserat et consorts pour 3 boisselées de vigne sises au village de Frontault et tenues à 10 sols et 2 chapons de cens.

— 245 —

16 août 1594. — Aveu rendu au sgr de Bouillé-Saint-Paul par Georges, Mathurin, Mathieu et Pierre Halbert pour 2 pièces de terre et son logis au village d'Ursay, tenus à 2 deniers de cens.

— 246 —

16 août 1594. - Aveu rendu au seigneur de Bouillé-Saint-Paul par Jacques Rougier pour 23 hommées de vigne en trois morceaux, sises au Grand Clos du bois de Cersay.

— 247 —

16 août 1594. — Aveu rendu au sgr de Bouillé-Saint-Paul par Etienne de Pierroys et consorts pour trois pièces de vigne sises au Clos des Perrières.

— 248 —

16 août 1594. — Aveu rendu au seigneur de Bouillé-Saint-Paul par Charles Blancheteau, René Merlet et consorts, pour 12 pièces de terre sises au fief de Frontault et tenues à 10 sols de cens.

— 249 —

16 août 1594. — Aveu rendu au seigneur de Bouillé-Saint-Paul par Simon Babin et Pierre Landais pour une pièce de vigne de 6 hommées sise au Clos des Perrières et tenue au 1/3 des fruits et deux chapons de rente annuelle

— 250 —

23 août 1594. — Aveu rendu par Jehan Guillot, à Messire Loys de Merveilleau, chevalier de l'ordre du roy, capitaine de 50 lances de Sa Majesté, gentilhomme de sa maison, sgr des Buards et de la Berthelotière, Jehan Valleteau et consorts, à Messire Marc Vinet, écuyer, sgr de la Muse et Bouillé-Saint-Paul, pour le tènement des Taffateries.

— 251 —

25 août 1594. — Aveu rendu au seigneur de Bouillé Saint Paul par René Voye ; Pierre Thibault et consorts pour 24 pièces de terre sises au fief de Frontault, et tenues à 10 sols de cens.

— 252 —

30 août 1594. — Aveu à messire Marc Vinet, écuyer, sgr de la Musse et Bouillé Saint Paul, par Hugues Penthecousteau, laboureur, pour 21 pièces de terre sises au fief de Frontault et tenues à 10 sols tournoys de rente annuelle.

— 253 —

30 août 1594. — Aveu rendu au seigneur de Bouillé-Saint-Paul, par Mathurin Amion, pour 19 pièces de terre sises au fief de Frontault et tenues à 10 sols de cens.

— 254 —

30 août 1594. — Aveu rendu au seigneur de Bouillé-Saint-Paul par Pierre Mathieu, le jeune, pour 24 pièces de terre sises au fief de Frontault et tenues en fresche (de compagnie) à 10 sols de cens.

— 255 —

30 août 1594. — Aveu de la moitié de l'hostel et fief de Preuil tenu à foy et hommage plein, ung cheval de service et 60 sols de rente annuelle, rendu par Marie de la Ville, dame de Preuil, à noble homme François de Gauserant, écuyer, sgr du Pressouër-Bachellier et de Serré et demoiselle N. de Vandel, son épouse, à cause du fief de Serré.

— 256 —

30 août 1594. — Aveu rendu au seigneur de Bouillé-Saint-Paul par Mathurin Feneteau pour 9 pièces de terre sises au fief de Frontault et tenues à 10 sols de cens.

— 257 —

31 août 1594. — Aveu rendu au seigneur de Bouillé Saint Paul, par François Rangeard, René Voye et consorts, pour 83 pièces de terre sises au fief de Frontault et tenues en *fresche* à 10 sols de rente noble et féodale.

— 258 —

1 septembre 1594. — Aveu rendu au sgr de Bouillé-Saint-Paul par Marie Amieu, pour 18 morceaux de terre sis au fief de Frontault, et tenus en fresche à 10 sols de rente noble et féodale.

— 259 —

3 septembre 1594. —,Aveu rendu au seigneur de Bouillé-Saint-Paul par Messire René Panneau et consorts pour 25 pièces de terre sis en la fresche (frairie) de Frontault et tenues à 10 sols de cens annuel.

— 260 —

3 septembre 1594. — Aveu rendu au seigneur de Bouillé-Saint-Paul par René et Nicolas Dellin pour 15 morceaux de terre sis au fief de Frontault et tenus en fresche à 10 sols de rente noble et féodale.

— 261 —

9 septembre 1594. — Aveu rendu à Messire Marc Vinet écuyer, sgr de la Musse et Bouillé-Saint-Paul, par Mathieu Chasserat pour 12 pièces de terre, sises au fief de Frontault et tenues à 10 sols de sens annuel.

— 262 —

22 septembre 1594. — Aveu rendu au seigneur de Bouillé-Saint-Paul par Jehan Foullard pour 21 pièces de terre sises au fief de Frontault et tenues à 10 sols de cens.

— 263 —

30 septembre 1594. — Aveu rendu au seigneur de Bouillé-Saint-Paul, par François Robert, mari de Marie Chesneau, pour 10 pièces de terres à quatre deniers tournoys de sols.

— 264 —

17 janvier 1595. — Amortissement d'une rente établie sur deux chambres au bourg de Bouillé-Saint-Paul par Antoine Tranchet envers Messire Pierre Loys, prêtre, vicaire de Bouillé-Saint-Paul.

— 265 —

6 mai 1595. — Aveu rendu au sgr de Bouillé-Saint-Paul par Guyon Gourdon pour trois pièces de terre sises au tènement de Courlet.

— 266 —

6 mai 1595. — Aveu rendu au sgr de Bouillé-Saint-Paul par Messire Jacob Foucquet, écuyer, sgr de Beaurepaire, pour une pièce de terre de 18 boisselées nommée les Trois Bastons, sise au fief de Courlet et tenue à 9 boisseaux d'avoine et 2 sols trois deniers de rente annuelle.

— 267 —

6 mai 1595. — Aveu rendu à Messire Marc Vinet, écuyer, sgr de Bouillé-Saint-Paul, par Pierre Moricet et ses frarescheurs pour deux pièces de terre sises au fief de Courlet.

— 268 —

6 mai 1595. — Aveu rendu au sgr de Bouillé-Saint-Paul par Guyon Gourdon et Pierre Moricet pour 3 pièces de terre sises au fief de Courlet.

— 269 —

7 mai 1595. — Aveu rendu par Salomon Puyguion à noble
homme Marc Vinet, écuyer, sgr de Bouillé-Saint-Paul, époux de
demoiselle Louise Grossin, pour la 4ᵉ partie par indivis du fief de
Medavy sis en la paroisse de Bouillé-Saint-Paul.

> Signé : S. Puyguion.
> J. Garlouet, notaire.
> J. Delaville, notaire.

— 270 —

9 mai 1595. — Aveu rendu par François Hacquault au sgr de
Bouillé-Saint-Paul pour une pièce de vigne de 12 journaux, nommée
Gastebourse et sise près le pont de Vrince, tenue à deux deniers de
cens.

— 271 —

9 mai 1596. — Aveu rendu au sgr de Bouillé-Saint-Paul par
Antoine et Macé Berseron pour cinq pièces de terre sises au village
des Touches.

— 272 —

5 mai 1595. — Aveu rendu à Messire Marc Vinet, écuyer, sgr.
de la Musse et de Bouillé-Saint-Paul, par Jacques Rougier, pour
quinze hommées de vigne en trois morceaux sises au Clos du petit
bois de Cersay.

— 273 —

20 juillet 1595. — Aveu rendu au sgr. de Bouillé-Saint-Paul
par Jehan Guyot François Porcheron et consorts pour diverses
pièces de terre sises au tènement des Morins.

— 274 —

2 *octobre* 1595. — Aveu rendu au sgr. de Bouillé Saint-Paul par Jean Laurans pour cinq planches de vigne au grand Clos du bois de Cersay.

— 275 —

8 *octobre* 1595. — Aveu rendu au sgr. de Bouillé-Saint-Paul par Armel Thibaut pour trois planches 1/2 de vigne contenant cinq hommées, sises au grand Clos du bois de Cersay et tenues au quart de fruits et quatre deniers de cens rendable au pressoir de Bouillé-Saint-Paul.

— 276 —

8 *octobre* 1595. — Aveu rendu au sgr. de Bouillé-Saint-Paul par René Richard pour deux planches de vignes sises au grand Clos du bois de Cersay.

— 277 —

12 *octobre* 1595. — Aveu rendu au sgr de Bouillé Saint Paul par Mathurin de Pierroys pour deux morceaux de vigne sises au grand Clos du bois de Cersay.

— 278 —

12 *octobre* 1565. — Aveu rendu par Vincent Piroulleau au sgr de Bouillé Saint Paul pour un morceau de vigne au grand Clos du bois de Cersay.

— 279 —

12 *octobre* 1595. — Aveu rendu par André Girard au sgr de Bouillé Saint Paul pour un morceau de vigne au petit Clos du bois de Cersay.

— 280 —

12 octobre 1595. — Aveu rendu par Claude Prioulleau au sgr de Bouillé Saint Paul pour un morceau de vigne au grand Clos du bois de Cersay.

— 281 —

12 octobre 1595. — Aveu rendu au sgr de Bouillé-Saint-Paul par Germain Meslo et Guyon Moreau pour trois morceaux de vigne sis au petit Clos du bois de Cersay.

— 282 —

15 octobre 1595. — Aveu rendu au sgr de Bouillé-Saint-Paul par Thomas Guesdon pour cinq planches de vignes en 2 morceaux contenant le tout douze hommées et sises au grand clos du bois de Cersay tenues au quart des fruits rendus au pressoir de Bouillé-Saint-Paul et à quatre deniers de cens annuel.

— 283 —

15 octobre 1595. — Aveu rendu au sgr de Bouillé-Saint-Paul par Mathurin Voyes pour six planches de vigne sises au grand Clos du Bois de Cersay.

— 284 —

15 octobre 1595. — Aveu rendu au sgr de Bouillé-Saint-Paul, par Mathurin Queignon pour cinq morceaux de vigne sises au grand Clos du bois de Cersay.

— 285 —

15 octobre 1595. — Aveu rendu au sgr de Bouillé-Saint-Paul, par François Voys, pour trois planches de vigne sises au grand Clos du bois de Cersay.

— 286 —

18 octobre 1595. — Aveu rendu au sgr de Bouillé Saint-Paul par Mathurin Mesle pour une pièce de vigne sise au grand Clos du bois du Cersay.

— 287 —

21 octobre 1595. — Echange de diverses pièces de terre aux fiefs de Bouillé-Saint-Paul, Serré et Vieille-Claude, passé entre maitre Jacques de Pierroys et Louis Hervé.

— 288 —

28 février 1596. — Acquêt de deux hommées de signe au fief du Breuil, fait par Maitre Jacques de Pierroys, notaire, d'avec Mathurin Guitton, à la charge de relever du fief de Vivier au quart et divise des fruits.

— 289 —

28 février 1596. — Acquêt fait par messire René Serpillon, écuyer, sgr de Boissettes, d'avec François Landais, de diverses pièces de terre relevant des fiefs du Vivier, de Bouillé-Saint-Paul, et de l'abbaye de Chambon.

Signé : A. DES NOUHES.

— 290 —

5 juin 1596. — Acquêt d'une pièce de vigne de 10 hommées sise à Maligresses, fait par René Fenetteau d'avec la veuve de Berthelot Voye.

— 291 —

15 juin 1596. — Echange par lequel Jacques de Pierroys cède à Messir Marc Vinet, écuyer, sgr de Bouillé-Saint-Paul, tout ce qui lui appartient au village des Touches (maisons, terres et jardins) et reçoit de lui à la place neuf boisselées de terre sises à Prébrault, à la charge de relever de la seigneurie de Bouillé-Saint-Paul à 3 deniers de cens annuel.

— 292 —

5 septembre 1596. — Acte de foi et hommage rendu à Messire Marc Vinet, écuyer, sgr de Bouillé-Saint-Paul et demoiselle Louise Grossin, son épouse, par dame Radegonde de Lesperonnière, épouse à ce autorisée de Messire François de la Trigonnière, chevalier de l'ordre du roi, gentilhomme d'honneur de la reine douairière de France, sgr des Marchays et de la Vieille-Lande, pour la terre et seigneurie de la Vieille-Lande, tenue de Bouillé-Saint-Paul à 3 sols de service annuel.

— 293 —

12 septembre 1596. — Partage en deux lots des Bois de Cersay entre Messire Françoys de la Trigonière, chevalier de l'ordre du Roi, sgr des Marchays, de la Trigonière et de Vieille-Lande, gentilhomme d'honneur de la Reyne douairière de France et dame Radegonde de l'Esperonnière son épouse, d'une part et messire Marc Vinet, chevalier, maréchal-des-logis de la Compagnie de Monseigneur le prince et premier Maistre d'Hostel de sa Maison, sgr de la Musse et de Bouillé-Saint-Paul à la charge au 1ᵉʳ lot de payer les rentes dues aux Chanoines du Puy-Notre-Dame.

— 294 —

22 janvier 1597. — Acquêt fait par Mathurin Barangier de René Tonillet, d'une portion de maion et ses appartenances au village du Colombier à la charge de relever de Bouillé-Saint-Paul.

— 295 —

4 février 1597. — Acquêt fait par Jacques Rougier d'avec
(150)   6

François Landais, d'une maison et ses appartenances à Bouillé-Saint-Paul.

— 296 —

8 mars 1597. — Acquêt fait par Jean Parisolot, marchand au bourg de Bouillé-Saint-Paul à Pierre Barault de plusieurs vignes sujettes au 1/4 et dixme sise au fief de Piedfereux.

— 297 —

25 mars 1597. — Vente consentie par Jacquet Estran à Maître Jacques Pierroys, d'une planche de vigne d'une hommée au clos du fief des chanoines du Puy-Notre-Dame, et du seigneur du Vier au 1/4 et dixme des fruits.

— 298 —

25 mars 1597. — Echange passé entre François Beaugeard et René Voye de diverses terres sises au fief de Frontault.

— 299 —

8 avril 1597. — François de la Trémoille, chevalier de l'ordre du Roy, gentilhomme ordinaire de sa Chambre, seigneur de Moulin-Irou (?), baron de Bournezeau, procureur général et spécial de haut et puissant seigneur Claude de la Trémoille, duc de Thouars, pair de France, prince de Talmond, comte de Guynes, Benon et Taillebourg baron de Craon, Sully, Mauléon, Doué, Lisle-Bouchard, Montaigu, Mareuil, La Cheze, etc., et agissant pour lui, atteste avoir reçu ce jour au Chastel de Thouars, la foy et hommage lige de Marc Vinet, chevalier, sgr de la Musse, conseiller et Maistre d'hostel ordinaire de Monseigneur le prince, premier prince du sang, premier pair de France, gouverneur et lieutenant, général pour le Roy en Guyenne « lequel à cause de demoiselle Louise Grossin, son épouse, a offert audit nom faire les foy et hommage lige, baiser et serment de fidélité qu'il doibt et est tenu faire à son dit seigneur pour son joyeux advénement à son duché de Thouars, en raison de son hostel fief et appartenances de Bouillé-Saint-Paul.

(Le sceau manque)   Signé : FRANÇOIS DE LA TRÉMOILLE.

DE NORMANDIE.

— 300 —

6 mai 1597. — Vente consentie par demoiselle Bertrande Grossin, veuve de messire Bertrand de Beauvollier, écuyer, sgr de Chauflour, à M⁰ Jacques Rougier, 1° d'une rente de 24 boisseaux de seigle, mesure de Thouars, 2 chapons et 5 sols de cens, dûs sur le tenement du Mureau, vulgairemens appelé : *la Billeterie* ; 2° de la rente de 12 boisseaux de seigle et un chapon sur le *Petit Mureau de Billeterie* avec tous les droits de fiefs, (retirés le 1ᵉʳ juin 1599 par ladite venderesse), le tout pour la somme de huit vingt livres (160) tournois.

— 301 —

8 mai 1597. — Bail à cens consenti par messire Marc Vinet, chevalier, conseiller, maistre d'hostel ordinaire de Monseigneur le Prince, sgr de la Musse et Bouillé-Saint-Paul, mari de demoiselle Louise Grossin, à Jean Chauvin, de 4 septrées de terre sises au Bois-Charruau, à la charge de payer audit seigneur seize boisseaux de seigle, mesure de Thouars, un chapon et 6 deniers de cens.

Signé : MESLE, notaire.

GUILLOT, notaire.

— 302 —

8 mai 1597. — Copie d'un contrat de vente fait par François Landais à Jacques Gobron de diverses pièces de terres au fief de Frontault.

— 303 —

17 juin 1597. — Saisie féodale faite à la requête de messire Marc Vinet, sgr de Bouillé-Saint-Paul, sur les tenaciers de la Fraux.

— 304 —

15 juillet 1597. — Aveu rendu à très haut et très puissant seigneur Claude de la Tremoille, duc de Thouars, pair de France, prince de Talmond, comte de Guynes, baron de Taillebourg, Serilly, Mauléon, Doué, Lisle-Bouchard, Montaigu, Rochefort, la Possonnière, etc., par Marc Vinet, écuyer, sgr de la Musse et Bouillé-Saint-Paul, à cause de demoiselle Louise Grossin, son épouse, pour son hostel de Bouillé-Saint-Paul auquel sont attachés les droits de Pont-Levis, forteresse, douves, fuyes et garennes avec droit de moyenne et basse de justice, et toutes ses appartenances et dépendances, contenant environ dix septrés de terre.

Et sont tenaciers de terres nobles de mondit seigneur de Bouillé-Saint-Paul. Le curé dudit lieu de Bouillé pour son église et maison presbyteralle dont nosseigneurs sont fondateurs et auteurs et au dedans de laquelle église sont les armoyries et tombes desdits seigneurs.

Missire Anthoine Leblanc, prieur de Saint-Michel près Thouars.

Messire René de Terves, écuyer, sgr de Rochefort pour sadite maison et hostel de Rochefort.

N. de Carrion, sgr de Noirlieu pour sa moitié par indivis de la métairie des Taffateries.

Jehan de Linières, écuyer, sgr d'Amaillou et de la Garenne, héritier de feu Hector de Villeneufve, vivant, escuyer, sgr de Laspoix et la Garenne, pour les terres qu'il possède en lieu des Tousches. Noble homme Louis Marveilleau, chevalier, sgr de Bicard et de la Boisselotière pour son tenement de Labertin près la Fouzillière.

Le sieur de la Roche-Bardoul pour ses terres près de la Grande-Rivière et la Relandière.

Salomon Peignon pour le fief de Medavy près Chauflour.

René Serpillon, écuyer, sgr de Boissette pour 12 septrées de terre à l'Houmeau Jouhanne.

Demoiselle Bertrande Grossin, sœur de Madame d'Espous, pour 4 boisselées de terre à la Croix de Pierre, près Bouillé-Saint-Paul.

Le sgr de la Durbelière pour le Bois-Châtelain.

Anthoine de Lesperonnière, sgr de la Roche-Bardoul pour ses terres de la Moisnie.

— 3o5 —

17 février 1598. — Vente par Guillaume Giron à Jean Parisot d'une maison et ses appartenances au bourg de Bouillé-Saint-Paul à la charge de relever de la seigneurie de Bouillé.

Signé : **J.** DE PIERROYS.

— 3o6 —

7 juillet 1598. — Aveu des terres du fief de Maumusson tenu à foy et hommage et rapchat, rendu par messire Françoys Marcheton, prêtre, demeurant au bourg de Bouillé-Saint-Paul à messire François de Gauzerand écuyer, sgr du Rouzet, le Pressonër Bachellier et Serre.

Signé : A. DES NOUHES.
J. BENGES.
F. MARCHETON.

— 3o7 —

3 mai 1599. — Bail à ferme consentie par les chanoine et doyen du Puy-Notre-Dame à Guillaume Giron, des cens et rentes qui leur sont dûs au fief de Bouillé-Saint-Paul.

— 3o8 —

1ᵉʳ juin 1599. — Retrait lignacer fait par demoiselle Bertrande Grossin, veuve de messire Vincent de Beauvollier, écuyer, sgr de la Loge, au nom et comme tutrice de François de Beauvollier, écuyer, son fils, sur M. Jacques Rougier, des héritages qu'il lui avait vendus le 9 mai 1597 (Voir cet acte); ledit retrait fait par devant la juridiction de Passavant.

— 309 —

16 juin 1599. — Aveu rendu par N. Egreteau à messire Marc Vinet, chevalier, sgr de la Musse et Bouillé-Saint-Paul, pour deux pièces de vignes sises au fief de Preuil et tenues en fresche (de consortise) à 6 boisseaux de seigle, mesure de Thouars, et 2 deniers de rente noble et féodale.

— 310 —

16 juin 1599. — Aveu rendu au sgr de Bouillé-Saint-Paul par Jeanne Riveau, veuve de François Thibauld pour une planche de vignes de deux hommées sise au grand Clos du bois de Cersay.

— 311 —

4 août 1599. — Echange de diverses pièces de terre en la paroisse de Bouillé-Saint-Paul, passé entre M. Jacques de Pierroys et Vincent Merlet.

— 312 —

38 août 1599. — Aveu rendu au seigneur de Bouillé-Saint-Paul, par François Gay pour diveres pièces de terre sises au fief de Frontault et tenues à 10 sols de rente.

— 313 —

31 août 1599. — Aveu rendu au seigneur de Bouillé-Saint-Paul, par René Bruneau et consorts pour une pièce de vigne sise au lieu de Lessert, tenue à 6 deniers de rente.

— 314 —

4 septembre 1599. — Aveu rendu au seigneur de Bouillé-Saint-Paul par Jacques Gobron pour diverses pièces de terre sise au fief de Erontault et tenues à 10 sols de cens.

Signé : J. GOBRON.

— 315 —

Mai 1600. — Aveu à Messire Louis de Lestoille, sgr de Valampuy et Bouillé-Saint-Paul, par Jacques et Louis Quetineau et consorts pour une maison et ses appartenances en la paroisse de Bouillé-Saint-Paul tenue à 2 sols 6 deniers de cens, une poulle et un chapon.

Signé . A. DES NOCHES.

J. QUETINEAU.

L. QUETINEAU.

— 316 —

30 juin 1600. — Bail à cens consenti par demoiselle Bertrande Grossin, dame de Bouillé-Saint-Paul, veuve de Messire Vincent de Beauvollier, vivant écuyer, sgr de la Loge, à Pierre Mothes, d'une pièce de terre en bois et landes sise au *Bois Charruau*, contenant 3 septrées, tenue à 12 boisseaux de seigle, mesure de Thouars, une poulle et 12 deniers de cens.

Signé : BERTRANDE GROSSIN.

J. DE PIERROIS.

— 317 —

Juin 1600. — Claude de la Trémoille, duc de Thouars, pair de France, prince de Talmond, comte de Guynes, Benon et Taillebourg, baron de Sully, Mauléon, etc., atteste avoir reçu en son chastel de Thouars, foy et hommage lige, baiser et serment de fidellité selon la coutume de demoiselle Bertrande Grossin, veuve de feu Messire Vincent de Beauvollier, écuyer, sgr de la Loge, héritière de feu demoiselle Loyse Grossin, vivant, épouse de feu Messire Marc Vinet, écuyer, sgr de la Musse, pour raison de son hostel, fief et appartenances de Bouillé-Saint-Paul.

Signé : CLAUDE DE LA TRÉMOILLE.

Par mon dit seigneur duc et pair.

DU MONCEAU.

Le sceau manque).

— 318 —

6 octobre 1600. — Aveu rendu à demoiselle Bertrande Grossin, dame de Bouillé-Saint-Paul, veuve de Messire Vincent de Beauvollier, écuyer, sgr de la Loge par Jehan Parisotot pour une maison et trois pièces de terre sises au bourg de Bouillé-Saint-Paul.

— 319 —

12 octobre 1600. — Aveu rendu à demoiselle Bertrande Grossin, dame de Bouillé-Saint-Paul, veuve de messire Vincent de Beauvollier, écuyer, sgr de la Loge, par Hugues Penthecousteau pour dix-sept pièces de terre sises au fief de Frontault et tenues à dix sols de cens.

— 320 —

9 janvier 1601. — Aveu rendu à demoiselle Bertrande Grossin, dame de Bouillé-Saint-Paul, veuve de messire Vincent de Beauvollier, écuyer, sgr de la Loge. par Françoise Thiffault, veuve de Jehan Bouillé, du village du Colombier. pour cinquante-deux morceaux de terre, sis aux fiefs du Colombier et des Tousches, dont trente-neuf morceaux relevant du fief du Colombier, et tenus à douze doubles de rente annuelle et treize relevant des Tousches à trente sols de cens.

Signé : A. des Noues.

— 321 —

10 janvier 1601. — Bail à cens consenti par demoiselle Bertrande Grossin, dame de Bouillé-Saint-Paul, veuve de messire Vincent de Beauvollier, écuyer, sgr de la Loge à Jacques de Pierroys, du 1/3 des fruits de trois planches de vignes, contenant quatre journaux, sises au Clos des Perrières à la charge de payer à la dite dame douze sols de cens.

Signé : Parisotot, Nre.

— 322 —

13 avril 1601. — Jean, René et Michel Parisotot vendent à Jacques de Pierroys, un jardin de 2 boisselées, appelé : le jardin du *Perré* ou des *Merletières*, sis au bourg de Bouillé-Saint-Paul, pour la somme de seize escuz soleils.

— 323 —

19 juillet 1601. — Aveu rendu à messire Claude de la Tremoille, duc de Thouars, pair de France, prince de Talmond comte de Guynes, baron de Taillebourg, Sully Mauléon, etc., par demoiselle Bertrande Grossin, veuve de feu écuyer Vincent de Beauvollier, vivant, écuyer, sgr de la Loge, pour ses terres et seigneuries de Bouillé-Saint-Paul, leurs appartenances et dépendances.

— 324 —

28 juillet 1601. — Bail à ferme de la saisie de la terre, fief et seigneurie de Bouillé-Saint-Paul, faite à la requête de Michel Frogier, conseiller en l'élection de Thouars, sur écuyer Marc Vinet, sgr de Bouillé-Saint-Paul, veuf de dame Louise Grossin, sa femme et du consentement de ses droits de demoiselle Bertrande Grossin, sœur de ladite Louise, et veuve d'écuyer Vincent de Beauvollier, sgr de la Musse.

— 325 —

12 août 1602. — Acquêt fait par Jacques Rougier, chevalier, sgr de la Garenne, de Vincent de Beauvollier, écuyer, sgr de la Loge et Chauffour, et de demoiselle Bertrande Grossin, son épouse : 1° du fief du Petit Mureau, vulgairement nommé *la Billeterie*, sis en la paroisse de Cersay avec deux douzaines de blé seigle, mesure de Thouars, 2 chapons et 5 sols tournois de rente noble et féodale, sur le dit fief; 2° du fief, vulgairement nommé *la petite Billeterie*, sis audit lieu, avec 12 boisseaux de seigle, mesure de Thouars.

un chapon et 5 sols de cens, moyennant la somme de 5o escuz soleils et 1/3, revenant à la somme de huit vingt livres tournois (1601).

Signé : J. Rougier.

Bertrande Grossin.

Vincent de Beauvollier.

J. Beugnon, notaire.

— 326 —

30 décembre 1602. — Echange par lequel Mathurin Paindessoubz, cède à Mathurin Queignon 5 boisselées de terre sises à *l'Ousche à l'aille* au fief de Bouillé-Saint-Paul et reçoit par contre 5 boisselées de terre au Champ des Taffateries dans ledit fief.

— 327 —

21 mars 1603. — Vente consentie par Guillaume Giron, marchand au village du Colombier à messire François de Gauzerand, écuyer, sgr du Rouzet, de diverses pièces de terre au fief de Bouillé Saint-Paul.

Signé : J. Delaville.

— 328 —

8 mai 1603. — Vente consentie par Louis Michelin à Marc Michelin, de tout ce qui peut lui appartenir aux villages de Courlet et de Vieux pont, paroisse de Massay, à la charge de relever de Bouillé-Saint-Paul.

— 329 —

12 juillet 1603. · Vente consentie par Nicolas Rousseau à René Parisotot, de diverses pièces de terre au fief du Vivier.

— 330 —

12 juin 1603. — Vente de diverses pièces de terre au fief du Vivier, consentie par Anne Gorré, épouse séparée de biens de sire Nicolas Rousseau à Jacques de Pierroys et René Parizotot, notaires à Bouillé-Saint-Paul.

— 331 —

8 octobre 1604. — Rôle des tenanciers du fief du Vivier, au nombre de 280, tenu en fresche envers Bouillé-Saint-Paul à 18 douzaines de bled.

— 332 —

12 décembre 1605. — Adjudication à noble écuyer Loys de l'Estoile, sgr de Valempuy, de la terre et seigneurie de Bouillé-Saint-Paul, saisie à la requête d'écuyer Laurans Chappeau, sgr de la Bourdellière et de demoiselle Gabrielle de Manlay, son épouse, sur noble dame Bertrande Grossin, veuve d'écuyer Vincent de Beauvollier, héritière de feue demoiselle Louise Grossin, en son vivant épouse d'écuyer Marc Vinet, jadis sgr de Bouillé-Saint-Paul, pour la somme de 19 100 livres de préférence à Messire Loys Jousseaulme, écuyer, sgr du Coubourreau[1], qui n'en offrait que la somme de 19 000 livres.

— 333 —

28 février 1606. — Vente par Georges Mignen à Michel Thonillet, d'une loge avec trois forges au village du Colombier à la charge de relever de la seigneurie de Bouillé-Saint-Paul.

— 334 —

22 mars 1606. — Vente consentie par Mathurin Paindesoubs à François Valleteau d'une pièce de terre de douze boisselées sise au fief Michaux, à la charge de relever de Bouillé-Saint-Paul.

— 335 —

16 novembre 1606. — Quittance d'une somme de deux cents soixante-seize livres, consentie par messire Gilles de Chastillon,

1 L. JOUSSEAULME. — Messire Louis Jousseaulme, chevalier, sgr du Coubourreau, fils d'Antoine Jousseaulme, sgr de Launay et du Coubourreau et de Jeanne Prevost, marié : 1° le 3 février 1575 à demoiselle Gabrielle du Puy du Fou, 2° à demoiselle Jeanne Tourtereau, décédé en 1616.

chevalier, sgr baron d'Argenton[1], à Messire Loys de Lestoille, écuyer, sgr de Valampuy et de Bouillé-Saint-Paul, pour la Métairie du Bas-Piedfereux, autrement dit, *Les Grolles* et *l'herbergement* de *Château Gaillard*, que ledit sieur de Lestoille avait récemment acheté.

Signé : GILLES DE CHASTILLON.

— 336 —

4 janvier 1607. — Vente consentie par Mathurin Moreau à René Voye, de deux boisselées de pré planté en bois taillis sis au fief de Frontault.

— 337 —

25 janvier 1607. — Vente par Guillaume Giron et Nicole Nicolas, veuve de Jean Giron à Mathurin Gastault de 3 planches de vigne sises aux grandes vignes du Colombier.

— 338 —

30 mars 1607. — Sentence rendue par la court de Thouars qui condamne Guillaume Giron « et ce de son consentement » à restituer à Mᵉ Jean Thibault les fruits d'une pièce de terre et d'un pré dépendant du domaine et de la seigneurie de Bouillé-Saint-Paul.

Signé : MARILLET.

— 339 —

30 avril 1607. — Vente par Françoise Voye à Jacques de Pierroys d'une pièce de terre de sept boisselées sise à la Bouëre à la charge de relever du fief du Vivier.

---

[1] G. DE CHASTILLON. — Messire Gilles de Chastillon, sgr baron d'Argenton, Boisrogues, la Rambaudière, etc., né le 4 août 1574, conseiller du roi en ses conseils d'État et privé, gentilhomme ordinaire de sa chambre, marié à Marie de Vivonne, fille de Charles, sgr de la Chasteigneraye, chevalier des ordres du roi et sénéchal de Saintonge et de Marie de Vivonne, héritière d'Oulmes. Il était fils de Claude de Chastillon, seigneur baron d'Argenton et de Renée Sanglier, dame de Boisrogues.

— 340 —

12 novembre 1607. — Vente consentie par René Feneteau à Jean Meignen de dix journaux de vigne en deux morceaux sis au petit fief de Maligrettes près le village des Touches à la charge de relever de Bouillé-Saint-Paul.

— 341 —

16 novembre 1607. — Vente par Mathurin Meignen et consorts à Pierre Mothes d'une maison avec ses appartenances au village du Colombier.

— 342 —

24 novembre 1607. — Vente consentie par Jeanne Robereau à Mathurin Hervé, mari de Renée Robereau de tout ce qui lui appartenait au village de Relandières.

— 343 —

12 novembre 1608. — Vente par André Chauvin à Pierre Mothe d'une hommée de vigne au clos de Frontault.

— 344 —

8 mai 1609. — Vente par Eustache Gaillard à Hilaire Tonillet et Abel Meignen d'une maison avec ses appartenances située au village du Colombier.

— 345 —

1ᵉʳ août 1609. — Sentence de la cour des requêtes du Palais à Paris, ordonnant que Guillaume Giron, laissera jouir désormais messire Loys de Lestoille. écuyer, sgr, de Bouillé-Saint-Paul, d'une pièce de terre nommée l'*Étang des Touches*, et contenant de 4 à 5 septrées de terre, comme étant des appartenances du dit Bouillé-Saint-Paul.

— 316 —

5 novembre 1609. — Vente consentie par Pierre Voye à maître Jacques de Pierroys, notaire à Thouars d'une portion de maison avec ses appartenances sise au bourg de Bouillé-Saint-Paul en *l'Ouche des Gallerneaux.*

— 317 —

14 janvier 1610. — Vente par Lancelot Courinault à Pierre Mothe d'un pré sis au fief du Ruault à la charge de relever de Bouillé-Saint-Paul.

— 318 —

14 janvier 1610. — Vente par René Parisotot à Valentin Richard de deux chambres basses avec leurs entrées et issus au bourg de Bouillé-Saint-Paul.

— 319 —

3 avril 1610. — Vente par Pierre et Simon Babin à Jean Grabot de 4 planches de vignes sises au clos des Ferrières à la charge de relever de Bouillé-Saint-Paul.

— 350 —

3 avril 1610. — Transaction par laquelle Guillaume Giron et la veuve de Jehan Giron, se désistent de l'appel interjeté de la sentence de la cour des requêtes du palais à Paris, rendue au profit du seigneur de Bouillé-Saint-Paul et par laquelle ledit seigneur est maintenu en possession et jouissance de la pièce de *l'Etang des Touches,* dépendance de Bouillé-Saint-Paul.

— 351-352 —

4 mai 1610-1er juillet 1610. — Deux procédures de messire Louis de l'Estoile, écuyer, sgr de Bouillé-Saint-Paul, contre Eustache Gaillard, sgr du fief de la Guillotière, au sujet du *Palis des Noukes.*

— 353 —

5 janvier 1611. — Vente consentie par Guillaume Giron, au sgr de Bouillé-Saint Paul, d'une pièce de terre de trois septrées au champ des Massoteaux et d'une rente noble de deux boisseaux de froment, un chapon et deux deniers de cens, établie sur deux pièces de terre nommés : *Le Palis-Bilon.*

— 354 —

15 avril 1611. — Vente consentie par Guillaume Giron à messire Reué Amoureux, écuyer, sgr de la Fuye et du Mureau, paroisse de Cersay, d'une pièce de terre de dix-huit boisselées nommée : *la Varanne du pré Brault*, à la charge de relever du fief du Vivier.

— 355 —

7 juin 1611. — Requête présentée à la seigneurie de Bouillé-Saint-Paul, pour être reçu à l'hommage du fief et seigneurie de Labertin, présentée par honorable homme Estienne Haudiau, sgr des Fousses au nom et comme procureur de haute et puissante dame Radegonde de Merveilleau, épouse de haut et puissant seigneur messire Jacques du Bellay, sgr de la Pallue, chevalier de l'Ordre du Roi, lieutenant des 100 gentilshommes de l'ancienne bande de Sa Majesté, séparée de biens d'avec son mari et autorisée par justice à la poursuite de ses droits, et héritière administrateur de ses biens à elle échus à la mort de feu haut et puissant seigneur messire Louis de Merveilleau, vivant, chevalier de l'Ordre du Roy, sgr des Buards, son père, et de feue dame Louise Fresneau, sa mère demeurant à sa maison seigneuriale des Buards, paroisse de la Jumellière, où elle est à présent malade.

— 356 —

16 août 1611. — Bail à cens consenti par messire Louis de l'Estoile, écuyer, sgr de Bouillé-Saint-Paul, à Claude Chauvin, de cinq septrées et quatre boisselées de bois sises au Bois Charuau moyennant une rente annuelle de 18 boisseaux de sel, une poule et un denier.

— 357 —

2 janvier 1612. — Procuration donnée par messire René Serpillon, écuyer, sgr de la Boissette à messire Jacques Serpillon, écuyer son fils, pour se transporter en son nom au chastel de Bouillé-Saint-Paul et rendre aveu en son nom pour le fief Fleury ou de l'Humeau-Johanne, sis en la paroisse de Saint-Hillaire de Cersay.

— 358 —

20 janvier 1612. — Vente consentie par François Thonillet à André Chauvin, de huit morceaux de terre sis au fief du Colombier.

— 359 —

20 février 1612. — Aveu rendu à messire Louis de l'Estoile, écuyer, sgr de Bouillé-Saint-Paul par Claude et Phillipe Chauvin, pour neuf septrées et quatre boisselées de terre sise au sois Charuau tenue à 34 boisseaux de seigle un chapon une poule et huit deniers de cens et pour 12 autres boisselées de terre sises au champ de la Coudray tenues à 10 deniers de cens.

Signé : Delavau, notaire.

Parisotut, notaire.

360 —

23 février 1612. — Aveu rendu au sgr de Bouillé-Saint-Paul par Eustache Gaillard et François Valleteau pour vingt journaux de vigne sis près de l'étang de Bouillé-Saint-Paul et tenu à six deniers de cens à Noël.

— 361 —

23 février 1612 — Aveu rendu au sgr de Bouillé-Saint-Paul par Eustache Gaillard, Jacques Jahan et François Valleteau pour vingt

hommées de vigne sis sur le petit estang de Bouillé Saint-Paul près le haut du bourg de Cersay et terre en fraiche à 6 deniers de cens.

— 362 —

24 février 1612. — Procuration donnée par dame Radegonde de Merveilleau, épouse séparée de biens de messire Jacques du Bellay, sgr de la Pallu, chevalier de l'ordre du Roy, lieutenant des cent gentilshommes de l'ancienne bande de sa Majesté à messire Jacques Serpillon, sgr de la Broue, écuyer, pour rendre aveu en son nom à messire Jacques Serpillon, sgr de la Broue, écuyer, pour rendre aveu en son nom à Messire Louis de Lestoille, écuyer, sgr de Bouillé Saint-Paul, pour son fief et seigneurie de Labertin en la paroisse de Cersay.

Signé : R. Barteau.

— 363 —

25 février 1612. — Aveu rendu au sgr de Bouillé Saint-Paul par René Marot, René Millault et consorts pour leur maison et terre du village de la Tousche en la paroisse de Bouillé-Loretz.

— 364 —

27 février 1612. — Aveu rendu au sgr de Bouillé Saint-Paul par Jean Rouillé pour une maison et diverses pièces de terre en la paroisse de Bouillé-Saint-Paul.

— 365 —

27 février 1612. — Aveu rendu au sgr de Bouillé-Saint-Paul par Eustache Gaillard pour quarante-huit pièces de terre et maisons sises dans les paroisses de Cersay et de Bouillé-Saint-Paul.

— 366 —

1er mars 1612. — Cession faite par Louis et Pierre Landays, au profit de messire Loys de Lestoille, écuyer sgr de Bouillé-Saint-Paul, des rentes qui peuvent leur être dues sur le fief de la Fraux.

Signé : A. des Noches.

— 367 —

7 mars 1612. — Aveu rendu au sgr de Bouillé-Saint-Paul par Mathurin Paindessoubs, Pierre Lidureau, Jean Digault et consorts pour leurs terres du tenement de Saint-Michel en la paroisse de Cersay tenues à 3 sols de rente.

— 368 —

7 mars 1612. — Aveu rendu à messire Louis de l'Estoile, écuyer, sgr de Bouillé-Saint-Paul par Jean Digault pour trois pièces de vignes sis et au grand clos du bois de Cersay.

— 369 —

7 mars 1612. — Aveu rendu au sgr de Bouillé-Saint-Paul par Louis Landais et consorts pour la fresche du Plantis-Rabouan tenue à neuf boisseaux de seigle, mesure de Thouars, deux poules et six deniers de cens.

— 370 —

8 mars 1612. — Hommage du fief de la Moynie en la paroisse de Massay, rendu à messire Louis de Lestoille, sgr de Bouillé-Saint-Paul par dame Louise Richer, veuve de Messire François de l'Esperonnière, sgr de la Roche-Bardoul et de la Bremillerye.

Signé : BUFFEREAU, notaire.

— 371 —

15 mars 1612. — Aveu rendu au sgr de Bouillé-Saint-Paul par Thomas Guesdon pour 7 hommées de vigne en 4 planches sises au clos du bois de Cersay et tenues au quart des fruits rendables au pressoir de Bouillé-Saint-Paul et à quatre deniers de cens.

— 372 —

15 mars 1612. — Aveu rendu au sgr de Bouillé-Saint-Paul, par Jean Laurens et Mathurin Quégnon, pour huit morceaux de vigne sis au Clos du Bois de Cersay tenus au quart des fruits rendables au pressoir de Bouillé-Saint-Paul et à seize deniers de cens.

— 373 —

20 mars 1612. — Acquêt fait par messire Loys de l'Estoile, chevalier, sgr de Bouillé-Saint-Paul, de Guillaume Giron et autres, d'une pièce de terre nommé : *Le Grand champ des Carois* près le petit Moulin à vent de Bouillé, contenant trois septerées ; 2° du Paty du pré Braud contenant 2 septerées ; du champ du Paty du Bois, contenant 30 septerées ; de 40 journaux de vigne dans le Clos du Paty du Bois. à la charge de relever pour lesdites terres du fief du Vivier auquel il est dû pour ces huit douzaines de froment et dix douzaines de seigle.

— 374 —

16 avril 1812. — Prise de possession desdites terres par messire Loys de l'Estoile.

Signé : A. DES NOCHES, notaire.

— 375 —

27 mars 1612. — Bail à cens consenti par messire Louis de l'Estoile chevalier, sgr de Bouillé-Saint-Paul, et de Valampuy à messire René Amoureuse, écuyer, sgr du Mureau, d'une pièce de bois de quinze septrées nommé le bois de Bouillé-Saint-Paul, à la charge de payer audit sgr 4 douzaines de froment mesure de Thouars, deux chapons et 6 deniers de cens de rente noble et féodale.

— 376 —

21 mai 1612. — Aveu rendu au sgr de Bouillé-Saint-Paul par Mathurin Baranger et consorts pour 15 boisselées de terre labourable sise à Rouillard sujette à 12 boisseaux d'avoine une poule et un denier de cens.

Signé : PARIZOTOT, notaire.

— 377 —

21 mai 1612. — Aveu rendu au seigneur de Bouillé-Saint-Paul par messire Jean Baranger, curé de Saint-Hilaire de Cersay Mathurin Baranger et consorts pour une vigne close sise près du village du Ruau et tenue au quart et dime des fruits et à quatre deniers de cens.

— 378 —

25 mai 1612. — Aveu rendu au sgr de Bouillé-Saint-Paul par Pierre Poupard pour huit journaux de vigne au Grand clos du Bois de Cersay et aux Grolles et deux boisselées de terre au ténement des Touches.

— 379 —

2 juin 1612. — Aveu rendu au sgr de Bouillé-Saint-Paul par Georges, Mathieu, Pierre et Briaud, Halbert, Louis Gendron, Pierre Courtiller et consorts pour diverses pièces de terre sises au village d'Ursay et près le bourg de Chartraigné.

— 380 —

7 juin 1612. Aveu rendu au sgr de Bouillé Saint-Paul par Jean Mignen et François Fabvreryo pour une pièce de vigne de 6 boisselées 1/2 nommée la Maligrette près le village des Tousches et tenue à 8 deniers de cens.

— 381 —

7 juillet 1612. — Aveu rendu au sgr de Bouillé-Saint-Paul par messire René Boureau, prêtre, chapelain de la chapelenie du Mureau pour 7 pièces de terre au fief des Tousches tenues à trente sols de cens.

— 382 —

24 septembre 1612. — Aveu rendu au sgr de Bouillé-Saint-Paul, par Hugues Savary, René Voye et consorts pour 70 septrées de terre sises au fief de Frontault.

— 383 —

27 septembre 1612. — Aveu rendu au sgr de Bouillé-Saint-Paul, par Georges Porcheron, Pierre Baranger, Michel Thonillet et consorts pour vingt-cinq morceaux de terre composant le tenement de la Trahanderie contenant 9 septrées et tenu à 32 sols six deniers de cens.

Signé : GASCHIGNARD.

A. DES NOUES.

— 384 —

7 juin 1613. — Quittance donnée par noble homme Nicolas du Monceau, conseiller et secrétaire de Madame la duchesse de Thouars et intendant de ses affaires, au nom de ladite dame, à noble écuyer Louis de L'Estoile, sgr de Bouillé-Saint-Paul, le son prix d'acquisition de la terre et seigneurie de Bouillé-Saint-Paul.

— 385 —

13 juin 1613. — Aveu rendu à Christophe Querraud, écuyer, sgr de la Gandière et du Vivier et Messieurs les doyens, chanoines, et chapitre du Puy-Notre-Dame pour moitié par indivis du fief d'Airvault sis à Bouillé-Saint-Paul et environs par René et Mathurin Perrotau.

— 386 —

17 juin 1613. Aveu rendu à Christophe Querro, écuyer, sgr de la Glandière et au doyen et chanoines du Chapitre du Puy-Notre-Dame par René Billouin pour trois journaux 1/2 de vigne sis au fief du Breuil tenue au quart et dime des fruits et à quatre deniers de cents par journal.

— 387 —

17 juin 1613. — Aveu rendu au fief du Vivier par messire Firmin Meslé, prêtre, pour diverses terres sises audit fief.

— 388 —

17 juin 1613. — Aveu rendu au fief du Vivier par Mathurin Gauvain pour diverses terres sises audit fief.

— 389 —

17 juin 1613. — Aveu rendu aux doyen et chanoines du chapitre du Puy Notre-Dame par Georges Bromand, pour cinq journaux de vigne au *Clos du Breil,* tenue à la dîme et un quart des fruits rendables à la *Guische* dudit Clos.

— 390 —

17 juin 1613. — Aveu rendu au fief du Vivier par Julien Meslé pour cinq pièces de vignes sises au clos du Breil.

— 391 —

17 juin 1613. — Aveu rendu au fief du Vivier par Louis Quetineau pour trois pièces de terre sises au fief du Breil.

— 392-396 —

17 juin 1613. — Cinq aveux rendus au fief du Vivier par Jean Digault, François Bault, Antoine Pairault, Laurent Berthelot, Mathurin Mesles pour diverses pièces de terre sises audit fief.

— 397-398 —

4 juillet 1613. — Deux aveux rendus au fief du Vivier par Renée Blancheteau, veuve de François Guignard et Mathurin Voye pour diverses pièces de terre sises audit fief.

— 399-411 —

5 juillet 1613. — Treize aveux rendus au fief du Vivier par René Courtin, Pierre Landais, prêtre, Pierre Cornuau, Claude Moreau,

René Priouleau, missire François Marchetau, prêtre, Jean Parizoteau, Pierre Voye, Jean Garsuan, Hugues Savary, François Girard, Vincent Prioleau et Jean Guilbaud pour diverses pièces de terre sises audit fief.

— 412 —

19 juillet 1613. — Aveu rendu au fief du Vivier par messire René Amoureuse, écuyer, sgr de la Fuye pour une pièce de terre nommée *la Varanne,* contenant dix huit boisselées et sujette à la rente en Fresches de dix-huit douzaines de blés.

— 413 —

2 août 1624. — Aveu rendu au fief du Vivier par Mathurin Hervé pour diverses pièces de terre, sujettes à 18 boisseaux de seigle.

— 414 —

8 février 1614. — Aveu de la métairie du Bas-Piedlereux, *alias : Les Grolles* et de l'hébergement de *Château Gaillard,* tenu à foy et hommage plein et 2 sols de service annuel rendu par Messire Loys de Lestoille escuyer, sgr de Bouillé-Saint-Paul à Messire Gilles de Chastillon, chevalier de l'Ordre du Roy, sgr baron d'Argenton, la Grée de Chantemerle, la Rambaudière, Bonville, Farcheville, le Boisrogues, la Carrie et Massay, à cause de son fief de la Carrie.

Signé : LOUYS DE LESTOILLE,
A. DES NOUHES, notaire
T. SAVART, notaire.

— 415 —

3 mai 1615. — Aveu rendu à messire Louis de Lestoille, chevalier, sgr de Bouillé-Saint-Paul et Lespinay par René Amoureuse, écuyer, sgr de la Fuye, et du Mureau, pour le Bois de Bouillé-Saint-Paul contenant 15 septrées, sujet à 4 douzaines de froment 2 chapons, et 6 deniers de rente noble et féodale.

Signé : R. AMOUREUSE
HERVÉ, notaire.

— 416 —

4 mai 1615. — Aveu rendu à messire Loys de Lestoile, chevalier, sgr de Bouillé-Saint-Paul et de Lespinay, par Pierre Urbain, Jean Baranger et consorts, pour le tenement du Colombier sis en la paroisse de Cersay, tenu à douze marnays, valant deux sols de rente noble et féodalle.

Signé : A. DES NOUUES, notaire.
P. GASCHIGNARD, notaire.

— 417 —

4 mai 1615. — Aveu rendu à messire Loys de Lestoile, chevalier, sgr de Bouillé-Saint-Paul et Lespinay, par les divers tenanciers du fief des Touches en la paroisse de Cersay pour leurs terres de ce fief.

Signé : A. DES NOUUES, notaire.
P. GASCHIGNARD, notaire.

— 418 —

15 mai 1615. — Aveu rendu au seigneur de Bouillé-Saint-Paul par Jean Gendron pour diverses pièces de terre sises, aux lieux nommés : *La Tasse et la Herse* en la paroisse de Bouillé-Loretz.

— 419 —

4 juin 1615. — Aveu rendu au seigneur de Bouillé-Saint-Paul et tenu à 12 sols 6 deniers de rente féodalle.

— 420 —

4 juin 1615. — Aveu rendu au seigneur de Bouillé-Saint-Paul par Mathurin Voye pour huit journaux de vignes, sis au Grand-Clos du bois de Cersay, tenus au 1/4 des fruits et à 4 deniers de cens.

— 421 —

4 *juin 1615.* — Aveu rendu au seigneur de Bouillé-Saint-Paul par Jean Voys pour 3 planches de vigne sises aux Grand-Clos du bois de Cersay, et au Grand-Clos de Frontault et tenus au quart des fruits et à deux deniers de cens.

— 422 —

8 *juin 1615.* — Aveu rendu au seigneur de Bouillé-Saint-Paul par Macé Berceron, pour une chambre sise au bourg de Bouillé-Saint-Paul et une 1/2 hommée de vigne au *Clos des Perrières.*

— 423 —

30 juin 1615. — Aveu rendu au seigneur de Bouillé-Saint-Paul par Marie Bougier, veuve d'Antoine Bertault, pour une maison o ses appartenances sise au bourg de Bouillé-Saint-Paul, tenue à 2 deniers de cens et 16 hommées de vigne au Petit-Clos du bois de Cersay, tenues au 1/4 des fruits et 4 deniers de cens.

Signé : Panizorot, notaire.

— 424 —

14 décembre 1615. — Bail à cens de 4 septrées de brandes et bruères à prendre és bois de Cersay, consenti par messire Loys de Lestoille, chevalier, seigneur de Bouillé-Saint-Paul, à Pierre Chasseral, moyennant 16 boisseaux de seigle, mesure de Thouars, un chapon, et 3 deniers de cens.

7·

— 425 —

25 *novembre 1617*. — Vente consentie par Bastien Garnier à Pierre Landais d'un lopin de jardin de 1/3 de boisselée sis aux jardins du cimetière de Bouillé-Saint-Paul moyennant la somme de 20 livres et à la charge de relever du fief du Vivier.

— 426 —

2 *décembre 1617*. — Foy et hommage rendu par messire Louis de Lestoille, écuyer, sgr de Bouillé-Saint-Paul à messire René de Gausserant, écuyer, sgr de la Garenne et Serré, pour un bois de 2 septrées dans lequel se trouve la *Garenne* dudit sgr de Bouillé-Saint-Paul, et tenu à 2 sols 6 deniers de services annuels.

— 427 —

16 *avril 1618*. — Bail à ferme des debvoirs, rentes et biens du fief du Vivier en la paroisse de Bouillé-Saint-Paul, consenti par le doyen et les chanoines du Puy-Notre-Dame à Mathurin Faideau et Jehan Mesle.

— 428 —

6 *juillet 1618*. — Aveu rendu au sgr de Bouillé-Saint-Paul par Jacques Landais pour une maison o ses appartenances au bourg de Bouillé-Saint-Paul, nommée *la Frairie*, et un jardin de 2 boisselées avec un puits, le tout tenu à un denier de cens.

— 429 —

3 *avril 1619*. — Vente de diverses pièces de terre sises au fief de Bouillé-Saint-Paul consentie par M⁰ Jean Boylesve et Antoinette Robreau, sa femme, à Thomas Mestre et Jeanne Robreau, sa femme.

— 430 —

6 mai 1619. — Bail à ferme de la maison, terre et seigneurie de Bouillé-Saint-Paul consenti pour neuf années par écuyer Loys de l'Estoile, écuyer, sgr de Bouillé-Saint-Paul, et demoiselle Renée Dubois, son épouse, à noble homme Philippe Morin, sieur de la Mothe[1], et Nicolle Carré[2], son épouse, moyennant la somme de 1800 livres tournois payable moitié à Noël et moitié à la Saint-Jean-Baptiste.

— 431 —

29 juillet 1619. — Aveu rendu au seigneur de Bouillé-Saint-Paul par Mathurin Meignen pour diverses pièces de terre au fief de Bouillé-Saint-Paul.

— 432

5 novembre 1619. — Aveu rendu au seigneur de Bouillé-Saint-Paul par René Dugast, Jacques Barot et René Charton, pour diverses pièces de terre au fief des Touches tenues à 3 minées de seigle, mesure d'Argenton, et 3 deniers de cens.

— 433 —

25 novembre 1619. — Bail au 1/4 des fruits consenti par messire Loys de Lestoille, écuyer seigneur de Bouillé-Saint-Paul, à Pierre

---

[1] P. DE MORIN. — Famille originaire du Thouarçais, dont on retrouve des traces dès le XIII⁰ siècle et qui fut confirmée dans sa noblesse par l'Intendant de Touraine en 1769. — Messire Philippe de Morin, sgr de la Mothe et la Maison-Neuve, habitait alors la paroisse de Mauzé.

[2] N. CARRÉ. — Demoiselle Nicolle Carré appartenait à une famille distinguée du pays de Châtellerault qui fournit un maire à la ville de Poitiers.

Voye, Jean Garsuau et Jean Tramelot, d'une pièce de vigne de 3o journaux sise au Clos des Grolles en la paroisse de Cersay, à la charge de relever de Bouillé-Saint-Paul et de payer le 1/4 des fruits, 3 chapons et 6 deniers de cens.

— 434 —

20 décembre 1619. — Vente consentie par Pierre Fichet et Pierre Guilbaud à messire Loys de Lestoille, écuyer, sgr de Bouillé-Saint-Paul, de diverses pièces de terre aux fiefs de Bouillé-Saint-Paul et Serré.

— 435 —

8 janvier 1620. — Transaction par laquelle Jacques de Pierroys se désiste au profit de Jehan Gornau d'une portion de *Mezérel* au bourg de Bouillé-Saint Paul, à la charge de relever dudit fief.

— 536 —

4 novembre 1620. — Vente consentie par Jehan Cado à Jehan Gourin d'une 1/2 boissellée de jardin au village du Colombier à la charge de relever du fief de Bouillé-Saint-Paul.

— 437 —

21 novembre 1620. — Vente consentie par M. Jacques Coutin, notaire, à Hugues Boullord, de 5 planches de vigne au Petit-Clos du Bois de Cersay, tenues au 1/4 des fruits envers le sgr de Bouillé-Saint-Paul et à la dixme envers le curé dudit lieu.

— 438 —

10 septembre 1623. — Vente consentie par Gervais Ayrault à Antoine Moynie d'une maison o ses appartenances, et d'une boissellée de jardin au bourg de Bouillé-Saint-Paul.

— 439 —

25 novembre 1624. — Acquêt fait par Christophe Garnier, de Louis Hervé, mari d'Andrée-Merceron, Jacques et René des

Nouhes, 1° d'une portion de maison au bourg de Bouillé-Saint-Paul, 2° d'une demie hommée de vigne sise aux Perrières tenue au 1/4 des fruits à la charge de relever de Bouillé-Saint-Paul.

— 440 —

3 février 1625. — Echange de deux pièces de terre relevant de Bouillé-Saint-Paul entre Pierre Drouineau et Mathurin Bonneau.

— 441 —

9 mars 1625. — Contrat de vente de diverses pièces de vignes sises aux Herses de Frontau', consenti par Mathurin à Mothu, à Antoine Perrault.

— 442 —

28 décembre 1615. — Vente d'une portion de maison et d'un petit jardin au bourg de Bouillé-Saint-Paul consentie par Pierre Charton, époux de Jeanne Bertault, à Nicolas Bernard.

— 443 —

29 janvier 1626. — Jean Rouger et sa femme vendent à Nicolas Bernard, la 24° partie d'une maison sise au bourg de Bouillé-Saint-Paul, à la charge de relever des chanoines du Puy-Notre-Dame.

— 444 —

2 mars 1626. — Nicolas Bernard acquiert de Gabriel Mollard une maison au bourg de Bouillé-Saint-Paul.

— 445 —

8 juillet 1626. — Acquêt fait par messire Loys de Lestoille, écuyer, sgr de Bouillé-Saint-Paul et Lespinay, de Jean Mesle, mari de Louise Rabier, d'une planche de vigne contenant 14 journaux sise au *Clos de Champroudeau*, à la charge de relever du fief du Vivier. (Sans expression de Devoir.)

Signé : P. PLESSIS, notaire.

G. PARIZOT, notaire.

— 416 —

3 novembre 1624. — François Gourdon acquiert de Louis Oue-
lineau 3/4 de journal de vigne sis au *Clos-Geinchereau* à la charge
de relever du fief des doyen et chanoines du Puy-Notre-Dame et
du Boisgrolleau.

— 417 —

7 novembre 1626. — Henry, duc de la Trémoille et de Thouars,
pair de France, prince de Talmond, comte de Laval, de Montfort
de Quintin, Benon, Taillebourg, vicomte de Rennes, baron de
Vitré, l'Isle-Bouchard, Mauléon, Montaigu, Bournezeau[1], etc.,
atteste avoir reçu ce jour au chastel de Thouars l'hommage lige,
baiser et serment de fidélité de Louys de l'Estoille, escuyer, sgr de
Bouillé-Saint-Paul.

Signé : HENRI DE LA TRÉMOILLE.

— 448 —

25 septembre 1627. — Réquisition pour être reçu à hommage du
fief de Piedfereux en la paroisse de Cersay faite par écuyer Mathurin
de Jarzé, sgr de Piedfereux[2], et demoiselle Anthoinette de Lesperonnière, son épouse, en l'absence de messire Louis de Lestoille, écuyer,
sgr de Bouillé-Saint-Paul et de ses officiers.

[1] Henry, duc de la TRÉMOILLE et de THOUARS. Il était fils aîné de Claude de la
Trémoille, duc de Thouars, pair de France, prince de Talmont, conseiller du
Roi, capitaine de 100 hommes d'armes et de Charlotte-Barbantine de Nassau,
princesse d'Orange, et avait épousé lui-même le 19 janvier 1619 demoiselle Marie
de la Tour, fille d'Henri, duc de Bouillon, prince de Sedan, vicomte de Turenne.
et d'Elizabeth de Nassau. Il mourut le 21 janvier 1674. C'est à sa femme Marie
de la Tour, que l'on doit la construction du magnifique château de Thouars,
qui coûta 1,220,000 livres.

[2] M. DE JARZÉ. — N. E. Mathurin de Jarzé, sgr de Millé-les-Loges et Piedfereux, fils de Jean et d'Anne de Bousseiron, marié par contrat du 13 novembre
1616, à demoiselle Antoinette de LESPERONNIÈRE, fille aînée d'Antoine II de Lesperonnière, sgr de la Roche-Barjoul, du Pineau et de la Chaperonnière, et de
demoiselle Perrine d'Ampoigné, dame de Pacience, sa seconde femme. — La
maison de Jarzé, originaire d'Anjou, portait pour armes : *D'azur à trois jars d'or·*

— 449 —

28 février 1628. — Contrat d'acquêt, sur adjudication passée
par devant Anthoine Chabert, licentyé ès loix, escuyer, sieur de la
Maison-Neuve, advocat en Parlement, seneschal et juge ordinaire
du duché-pairie de Thouars, de la terre et seigneurie de Serré,
appelée *Le Roupy*, qui en partie estoit de la seigneurie de la Brosse,
appartenant à Monsieur d'Argenton-le-Chasteau, acquise par écuyer
Loys de Lestoille, sgr de Valampuy et Bouillé-Saint-Paul pour la
somme de 8200 livres.

— 450 —

1er mars 1628. — L. G. de Boisy, marquis de Caranas, seigneur,
comte de Passavant, atteste avoir reçu de Loys de Lestoille, sgr de
Vallampuy et Bouillé-Saint-Paul, la somme de 300 livres pour les
lads et ventes qu'il lui devoient en raison de l'acquisition par lui
faite de la maison et terre noble de Serré.

Signé : L. G. DE BOISY.

— 451 —

8 mai 1628. — Contrat d'acquêt fait par Perrine Chesneau, femme
séparée de biens de François Richard, de la veuve de Pierre Guilbaud et ses enfants, de 6 hommées de vigne au clos de la Menar-
dière, à charge de relever du fief de Cerré au quart des fruits rendables au pressoir et autres devoirs.

— 452 —

12 octobre 1628. — Echange par lequel le doyen et les chanoines
du Puy-Notre-Dame donnent à Louis de Lestoille, écuyer, sgr de
Bouillé-Saint-Paul, leur fief du *Vivier*, sis en ladite paroisse et ès
environs, avec les cens, rentes, devoirs et vigne au quart et comptant, dépendant dudit fief, le tout se partageant par moitié et par
indivis avec le sgr du Vivier, sans que lesdits doyen et chanoines

s'en réservent rien, en échange d'une portion de la grande dixme du *Vaudelenay*, du moulin à eau et des appartenances dudit lieu, à charge de relever du fief et seigneurie de la Porte.

Signé : BAILLERGEAU.

— 453 —

26 mai 1629. — Echange par lequel Gabriel Grossard, Etienne Giron et les enfants de François Girard et de Marie Giron donnent à noble homme Jacques Nollin, seigneur du Vivier, conseiller du roy, receveur héréditaire des dixmes du diocèse de Maillezais, demeurant au château de Lesbeaupinaye, paroisse de Brueil : 1° une maison et ses appartenances sises au bourg de Bouillé-Saint-Paul ; 2° une autre maison avec jardins et appartenances audit lieu ; 3° un pré d'un 1/2 journal sis au grand pré de Bouillé ; 4° 2/3 de journal de pré audit lieu ; 5° une pièce de terre de 9 boisselées à la Nouelle ; 6° une pièce de terre de 4 boisselées sise à Prebuault près le Mureau ; 7° Le Patis-Bitton, contenant 4 septiers de terre ; 8° une pièce de terre de 10 boisselées sise aux Loges ; 9° une pièce de vigne de 60 journaux à la Clavellerie ; 10° une maison o ses appartenances au village du Combour ; 11° trois boisselées de terre à l'Etang Dillet près le Colombier ; 12° douze boisselées de terre à Maugaigné ; 13° 2 boisselées 1/2 de terre au même lieu ; 14° 5 boisselées de terre à la Rochette ; 15° une ouche de 2 boisselées à Treslesbois ; 16° douze boisselées de terre à Tres les bois ; 17° trois boisselées de terre au Chesne-Tort ; 18° une boisselée 1/2 de jardin ; 19° un pré sis aux Rivières du Colombier ; 20° un 1/4 de journal de pré au même lieu ; 21° 2 petites pièces de pré d'un 1/4 de journal ; 22° le pré du Claudy contenant un journal ; 23° 8 boisselées au bois des Buissons ; 24° le bois du Colombier ; 25° douze boisselées au Champ Collas ; 26° la pièce de la Saulaye contenant 18 boisselées et reçoit en échange une rente annuelle de 126 livres tournois.

— 454 —

10 septembre 1629. — Acte par lequel il appert que les chanoines du Puy-Notre-Dame ont donné à messire Loys de l'Estoile,

seigneur de Bouillé-Saint-Paul, les titres au soutien de la mouvance du fief du Vivier et entre autres la copie collationnée d'un
contrat d'acquêt dudit fief par le roi Louis XI en date du 10 décembre 1479.

— 455 —

26 juin 1630. — Aveu rendu à messire Loys de Lestoi'le, écuyer,
sgr de Bouillé-Saint-Paul, par écuyer, Bertrand Paillard, sgr des
Taffateries, pour la moitié par indivis de la maison noble des *Taffateries* et ses dépendances, tenues de la seigneurie de Bouillé-Saint-
Paul à foy et hommage plein, baiser et serment de fidélité et 12
deniers de services annuels.

Signé : B. PAILLARD,

J. COURTIN, notaire.

— 456 —

14 juillet 1630. — Aveu rendu à messire Loys de Lestoille, che-
valier, sgr de Bouillé Saint-Paul, Valampuy, Lespinay, etc., par
François Voye, Mathurin Bourdault, François Clemanceau et
Pierre Rigalleau pour divers quartiers de vigne au terrouër du
Ruau. relevant de la seigneurie de Bouillé-Saint-Paul à debvoir du
tiers des fruits et 4 deniers de cens annuel.

— 457 —

27 juillet 1630. — Aveu rendu à la seigneurie de Bouillé-Saint-
Paul par René Guillard pour 20 journaux de vigne, sis sur l'étang
de Bouillé-Saint-Paul et tenus de la dite seigneurie à 6 deniers de
cens annuel au terme de Noël.

— 458 —

27 juillet 1630. — Aveu rendu à la seigneurie de Bouillé-Saint-
Paul, par François Voye, pour six hommées de vigne au quartier
du Ruau, tenues de la dite seigneurie au quart des fruits et 4 deniers

de cens et cinq boisselées de terre sises au fief Arouillart, sujettes à 4 boisseaux d'avoine en fresche (consortise) de 12 boisseaux, une poule et un denier de rente.

— 459 —

27 juillet 1630. — Aveu rendu à la seigneurie de Bouillé-Saint-Paul, par Jean Digaud, Magdelon et Antoine Laurans, Jean Brenezay pour le grand clos de vigne du Bois de Cersay contenant 80 journaux et relevant de la dite seigneurie à devoir du quart des fruits et 4 deniers de cens.

— 460 —

27 juillet 1630. — Aveu rendu à la seigneurie de Bouillé-Saint-Paul par Guillaume et Antoine Berthelot, René Thibaut, Jean Docq et consorts pour le petit clos de vigne du Bois de Cersay, contenant 40 journaux et tenu envers la dite seigneurie au 1/4 des fruits et 4 deniers de cens annuel.

— 461 —

27 juillet 1630. — Aveu rendu à la seigneurie de Bouillé-Saint-Paul par Jean Tranchet pour deux petites chambres de maison, cour, rues et issus au bourg de Bouillé, tenues en fresche (consortise) à 6 deniers de cens, un journal de vigne, au clos du Ruau, tenu au 1/4 des fruits et à la dixme ; sept journaux de vigne, moins 1/3 de journal, sis au clos des Grolles et tenu au 1/4 des fruits, rendable au pressoir de Bouillé-Saint-Paul un chapon et deux deniers de cens.

— 462 —

28 juillet 1630. — Aveu rendu à la seigneurie de Bouillé-Saint-Paul par Magdelon Laurans, Mathurin Cassin et consorts pour le grand tenement du Colombier, contenant 25 septrées, tant en bois pastys que maisons, terres et prés, et tenu envers ladite seigneurie à 12 *mansçayes*, vallant 2 solz de cens de rente annuelle au terme de Noël.

— 463 —

28 juillet 1630. — Aveu rendu à la seigneurie de Bouillé-Saint-
Paul, par Michel Sauvaget, François Grelet, Jean Prudhomme
et consorts, pour le lieu et tenement de la *Trahanderie*, en la paroisse de Cersay, contenant 9 septrées et tenu envers la dite seigneurie à 32 solz 6 deniers de rente annuelle.

— 464 —

28 juillet 1630. — Aveu rendu à la seigneurie de Bouillé-Saint-
Paul, par Mathurin Michel Metayer, pour divers héritages près le
village de la Souzillère et notamment le tenement du pastys du Bois-
Charruau, tenus envers la dite seigneurie à 12 boisseaux de seigle,
mesure de Thouars et 2 deniers de cens de rente annuelle.

— 465 —

29 juillet 1630. — Aveu rendu à messire Louis de Lestoille, chevalier, sgr de Bouillé-Saint-Paul, Valampuy, etc., par messire Jehan
Landays, chapelain de la chapellenie des *Mureaux*, desservie en
l'église paroissiale de Saint-Hilaire de Cersay, Michel Sauvageau,
François Grellet, Pierre Gauffreleau, Michel Thonillet et consorts,
les tous détenteurs du tenement et village des Touches en la
paroisse de Cersay, consistant en maisons, loges, cour, ayraux, jardins, rues, issues, vivier, ouches, clos de vigne, terre, prés et
pastys, brandes, landes et bois taillis, contenant 30 septrées de
terre et tenus envers ladite seigneurie à 30 sols de rente annelle,
noble et féodalle.

— 466 —

29 juillet 1630. — Aveu rendu à la seigneurie de Bouillé-Saint-
Paul par Antoine Poyrault pour un corps de logis o ses appartenances au bourg de Bouillé-Saint-Paul et une littre de jardin d'une
boisselée 1/2 au dit bourg, tenus à 2 deniers de cens annuel.

— 467 —

29 juillet 1630. — Aveu rendu à la seigneurie de Bouillé-Saint-Paul pour le fresche des Taffateries, tenu à 12 deniers de cens annuel.

Signé : SERPILLON.
PARIZOTOT.

— 468 —

29 juillet 1630. — Aveu rendu à la seigneurie de Bouillé-Saint-Paul par René Macquaire, Jean Marot et consorts, pour 20 boissellées de terre et 15 journaux de vignes, nommées le *Plantis Rabouan,* tenus à 9 boisseaux de seigle, 2 poules et 6 deniers de rente annuelle, noble et féodale.

Signé : DES NOUHES.

— 469 —

29 juillet 1630. — Aveu rendu à la seigneurie de Bouillé-Saint-Paul, par François Gallerneau, Jacques Garnier et René Barangier, à cause de Jehanne Garnier, sa femme, pour une maison et un jardin sis au bourg de Bouillé-Saint-Paul, et tenus à 6 deniers de rente annuelle, noble et féodale.

Signé : DES NOUHES.
PARIZOTOT.

— 470 —

12 octobre 1630. — Aveu rendu à la seigneurie de Bouillé-Saint-Paul par Pierre Egreteau pour deux boisselées de terre sises, à Chartaigné et tenues à 3 deniers de cens annuel.

— 471 —

15 octobre 1630. — Aveu rendu à la seigneurie de Bouillé-Saint-Paul par Pierre Clerc, pour 10 journaux de vigne nommés *Gaste-*

bourse, situés près le pont de *Verrine* et les terres de noble homme François Ogeron, avocat fiscal de Thouars, et tenu à 2 deniers de cens annuel.

Signé : J. BERRIER

— 472 —

16 novembre 1630. — Aveu rendu à la seigneurie de Bouillé-Saint-Paul par Magdelon Laurans, pour le pré nommé le pré *Rongnoux*, tenu à 2 deniers ce cens annuel en fresche (consortise) du tenement du *Colombier*.

— 473 —

18 août 1631. — Vente consentie par René Parizotot, notaire veuf de Françoise de Pierroys, à messire Loys de Lestoille, écuyer seigneur de Bouillé-Saint-Paul, d'une pièce de terre de 7 boisselées 2/3, sise au terrouër nommé *les Nouelles*, à la charge de relever du fief du Vivier, sans expression de devoir, moyennant la somme de 80 livres.

— 474 —

1er septembre 1631. — Procès-verbal de visite et d'examen des armes, prééminences et droits honorifiques des sgrs de Bouillé-Saint-Paul dans l'église dudit lieu. — D'après cette pièce les seuls écussons marquants et encore visibles dans l'église de Bouillé, bien qu'il y en ait un grand nombre d'indiqués sur les litres, arceaux et vitraux du monument, sont les deux suivants qui se trouvaient dans la chapelle du sgr de Bouillé et sont reproduits en couleur sur ladite pièce : *d'or au lion passant de sinople*, et : « *Mi-parti : d'ung demy lion de sinople en champ d'or et de l'autre moietié d'une demie croix de gueulles sur champ d'argent de la quelle sortent des têtes de serpents de sinople couronnés.* »

— 475 —

26 avril 1632. — Vente de diverses pièces de terre à Bouillé-Saint Paul, consentie par Jean et Pierre Barangier à Jacques Journault.

— 476 —

17 décembre 1633. — Vente de diverses pièces de terre au fief de la *Mesnardière*, consentie par Marie Landais, veuve de Mᵉ Jean Dougron, à Mᵉ Jacques Landais.

— 477 —

19 juillet 1634. — Aveu rendu à messire Louis de Lestoille, écuyer, sgr de Bouillé-Saint-Paul, Lespinay et Serré, par messire Jacques Serpillon, écuyer, sgr de Boëssettes, et la Brosse Guyon[1], pour le fief Fleury, sur lequel est dû 60 sols de rente annuel à la Toussaint, un mouton à la Pentecoste, et 2 chapons à Noël, lesdites choses tenues de la seigneurie de Bouillé-Saint-Paul à foy et hommage plein et 10 deniers de services annuels.

Signé : J. SERPILLON.

— 478 —

Aveu rendu à la seigneurie de Bouillé-Saint-Paul par Abel Levrault pour ung journal de vigne sis au fief du bois de Cersay et tenu au 1/4 des fruits et 4 deniers de rente annuelle, noble et féodale.

— 479 —

24 juillet 1634 — Aveu rendu à la seigneurie de Bouillé-Saint-Paul par Jacques Journault pour 10 pièces de terre sise à la Nouhe de la Fosse, la Varanne du Chéne-Billet, Maligresse, le Bois de la Touche, le Clos du Carrefour, la Cordouinière, l'ouche des Houmeaux et le Vigneau et tenues à 32 deniers de Cens en la fresche des Touches, de rente annuelle.

[1] J. SERPILLON. — Famille confirmée dans sa noblesse en 1667 aux Intendances du Poitou et de Tourraine, en la personne de René Serpillon, éc., sgr de Boëssettes.

— 480 —

29 juillet 1634. — Aveu rendu à la seigneurie de Bouillé-Saint-Paul par Jean Garsuau, Jean Voye et les enfants mineurs de Jean Tranchet, pour 30 journaux de vigne au *Grand Clos des Grolles* tenus au 1/4 des fruits, rendu au pressoir de Bouillé, 3 chapons et 6 deniers de cens ; deux *chambres* de maison au dit Bouillé tenues à 2 deniers de cens ; 3 journaux de vignes sis aux Vignes noires tenues au 1/4 des fruits, rendu au pressoir de Bouillé, 4 deniers de cens et encore le curé de Bouillé à la dixme ; deux journaux de vigne sis aux Perrières, tenues au 1/3 des fruits, rendu au pressoir de Bouillé.

— 481 —

12 Aout 1634. — Aveu rendu à la seigneurie de Bouillé Saint-Paul par Mathurin Quetineau, enfant de feu Louis Quetineau et erre Quetineau, leur oncle, pour une maison o ses appartenances contenant une boisselée 1/2 sise au bourg de Bouillé-Saint-Paul et tenue à 2 denier de cens, un chapon et une poule et huit journaux de vignes dans les pineaux des Perrières tenus au 1/3 des fruits rendables au pressoir de Bouillé et 4 deniers de cens par quartier.

— 482 —

14 aout 1634. — Aveu rendu à la seigneurie de Bouillé-Saint-Paul par Pierre Clerc pour une pièce de vigne de 20 journaux nommée *Gasebourse* et tenue à 2 deniers de cens annuel.

— 483 —

15 aout 1634. — Aveu rendu à la seigneurie de Bouillé-Saint-Paul par Daniel Guerineau, Antoine Perrault, Pierre Chasseral, Hugues Pentecousteau, Jean Pindesoubz et consorts, pour les lieux tenement et village de Frontault contenant 10 septiers et tenus envers Bouillé-Saint-Paul à 10 deniers de cens annuel.

— 484 —

16 aout 1634. — Aveu rendu à la seigneurie de Bouillé-Sain'
Paul par messire René Amoureux, écuyer, sgr de la Fuye et au
Mureau, pour une pièce de terre et un bois de 15 septiers nommé
le bois de Bouillé-Saint-Paul, près les *Bois verts*, et tenus à quatre
douzaines de froment, 2 chapons et 6 deniers de rente noble et
féodale.

— 485 —

17 aout 1634. — Aveu rendu à la seigneurie de Bouillé-Saint-
Paul par la veuve de Jean Carré, Jean Turpault et consorts, pour
deux corps de logis et leurs appartenances sis au village de la
Tousche, paroisse de Bouillé-Loretz, 9 boisselées de terres sises
au dit lieu, et un usage de carrefour commun audit lieu, tenus en
fresche (consortise) de 10 solz de cens annuel.

— 486 —

17 août 1634. — Aveu rendu par Salomon de Puyguion, sieur de
Chauffour et des Blanchardières[1], à messire Loys de Lestoille,
écuyer, sgr de Bouillé-Saint-Paul, pour la 4ᵉ partie par indivis du
fief de Medavy, sis en la paroisse de Bouillé-Saint-Paul.

Audit aveu est demeurée attachée l'empreinte d'un sceau
rond : avec au centre. Aux 1 et 4 : *à un chevron cantonné en chef
de 2 fers d'épieu, la pointe en bas ; en pointe, d'une aiglette esso-
rante à dextre ; au 2, losangé ; au 3 : à 5 fers d'épieu, la pointe
en bas.* — Légende illisible.

— 487 —

20 août 1634. — Aveu rendu à la seigneurie de Bouillé-Saint-
Paul par Mathurin Pinault, René Veuillot et consorts, pour dix

---

[1] S. DE PUYGUYON. — Famille très ancienne du Poitou qui portait pour
armes : *D'or à une tête de cheval effarouchée et contournée de sable.*

journaux de vignes en deux pièces sis à l'Etang de Bouillé-Saint-
Paul et tenus à 3 deniers de cens au terme de Noël, en fresche de
6 deniers.

— 488 —

1er septembre 1634. — Aveu rendu à la seigneurie de Bouillé-
Saint-Paul par Me Guy Cathelin, écuyer, sgr des Aubiers pour le
pré Ferré, situé près le *Moulin de la Davière,* contenant une hommée
1/2 et une pièce de terre de 12 boissellées sises au Gué-Rasgon et
tenue à 1 denier de cens.

Signé : CATHELIN.
GEAY, notaire royal.
TURPAULT, notaire.

— 489 —

3 septembre 1634. — Aveu rendu à la seigneurie de Bouillé-
Saint-Paul par Thomas Mesle et Perrine Mesle, veuve de Pierre
Ragueneau, pour 2 petites chambres sises au bourg de Bouillé-Saint-
Paul et tenues à 6 deniers de cens.

— 490 —

5 septembre 1534. — Aveu rendu à messire Louis de Lestoille,
chevalier, sgr de Bouillé-Saint-Paul, Lespinay et Hardancourt, par
missire Morice Hervé, chapelain de la chapellainie des *Touches,* desservie en l'église Saint-Hilaire de Cersay et fondée par feu Jehan
Grossin, vivant escuyer, sgr dudit lieu pour 18 pièces de terre cons-
tituant les rentes de ladite chapelle et relevant de la seigneurie
de Bouillé-Saint-Paul, pour raison desquelles il doit audit seigneur,
la somme de 30 sols de rente annuelle, noble et féodalle.

— 491 —

6 septembre 1634. — Aveu rendu à la seigneurie de Bouillé-
Saint-Paul par Pierre, Louis et Jacques Drouineau de 30 journaux

de vigne en une pièce de terre, nommée *le Mothaye*, alias : *le Foultreau* et de deux boisselées de terre et pré audit lieu, tenues à 3 deniers de cens et à 6 boisseaux de seigle rendus à Bouillée envers le chapelain de Pierrois et à la demi-dixme.

— 492 —

27 juin 1636. — Aveu rendu à très haut et puissant seigneur Monseigneur Henry de la Tremoille, duc de Thouars, pair de France, etc., par escuyer Louis de l'Estoille, sgr de Bouillé-Saint-Paul, Hardancourt, l'Espinay, Cersay, etc., pour son hostel de Bouillé-Saint-Paul avec toutes ses appartenances et dépendances.

(Cet aveu donne une longue description des terres dépendant de Bouillé-Saint-Paul).

Et sont tenanciers de terre nobles relevant à foy et hommage de mondit sgr de Bouillé-Saint-Paul.

Le curé de Bouillé-Saint-Paul pour son église et maison presbytérale.

Le prieur de Saint-Michel de Thouars.

Charles Joubert, écuyer, sgr du Plessis-Tesselin, garde noble de N. Joubert, son fils, héritier principal et noble de demoiselle Renée de Laspoix, sa femme, pour son hostel de *Rochefou*.

Bertrand Paillard, écuyer, sgr de Bellefonds à cause de demoiselle Jeanne de Manlay, son épouse, pour leur métairie des Touches en la paroisse de Cersay, leur tenement du Colombier et plusieurs autres terres

Jacques du Bellay, chevalier, garde son fils N. du Bellay, héritier principal et noble de feue dame Radegonde de Merveilleau, son épouse, pour le tenement de la Fouzillère et Labertin en la paroisse de Cersay.

Le sieur de la Roche-Bardoul pour la métairie du Haut-Piedfereux.

Pierre et André Augereau et Thomas Corsainct pour leurs terres du village des Touches.

Salomon Peignon, sieur de la Blanchardière pour le fief de Médavy.

Jacques Serpillon, écuyer, fils et héritier de René, sgr de la Boisette pour ses terres de l'Humeau Joubanne.

Demoiselle Renée de Lesperonnière, veuve de feu Charles de Lesperonnière, écuyer, sgr de la Sansonnière, pour sa maison noble et métairie de la Moisnie.

Le sieur de la Vieille-Lande pour ses bois de la Brusletière. Les héritiers de messire Jacques de Pierrois au lieu de deffuncte Bertran le Grossin pour 4 boisselées de terre à la Croix de Pierre de Bouillé-Saint-Paul.

— 193 —

13 novembre 1638. — Aveu de la moitié de l'hostel et fief de Previl et antérieurement à Jehan de Beaumont, autrefois à Maroc de la Ville, tenu à foy et hommage plein, ung cheval de service et 60 solz de rente annuelle, rendu par Jean du Tertre, sgr de Bagé, héritier de feu noble homme Yves du Tertre, son père, sgr de Baugé, à messire Louis de Lestoille, écuyer, sgr de Bouillé-Saint-Paul, à cause de son fief de Serré.

— 194 —

27 mai 1630. — Aveu de la terre et seigneurie de Serré, sise au bourg de Bouillé-Saint-Paul, rendu par messire Louis de Lestoille, écuyer, sgr de Bouillé-Saint-Paul, Lespinay et Cerré, à messire Louis de Gouffier, marquis de Caranas, comte de Passavant, baron de Saint-Loup sgr de Creville et de Boussay[1].

Signé : LOUIS DE LESTOILLE.
DE PIERROIS, notaire.
SAVARIT, notaire.

---

[1] L. DE GOUFFIER. — Messire Louis de Gouffier, comte de Caranas, était fils de Claude, comte de Caranas, sgr de Passavant et Saint Loup, et de demoiselle Marie Mynon, fille de François, général des Finances en Bretagne et de Marie-Renée de Chefdebien. Il épousa : 1° demoiselle Magdeleine de Gaucourt, fille de Charles, sgr de Boisse, et de Catherine de Rochefort ; 2° Eléonore-Angélique de Brouillart fille de Jean, baron de Courvant et de Charlotte de Damas.

— 495 —

12 avril 1640. — Vente consentie par N. homme Jehan Odiau, le jeune, sgr de la Vallée, demeurant à la Flèche, tant en son privé nom que comme procureur spécial de demoiselle Renée de Lesperonnière, sa belle-mère, de messire Charles de Lesperonnière, vivant écuyer, sgr de la Sansonnière[1], à messire Jonas de Baranger, chevalier, sgr de la Guitrie et du Lys, demeurant d'ordinaire en son château du Lys, paroisse du Puy-Notre-Dame de la métairie noble de la *Moynie,* sise paroisse de Massay, près Thouars, moyennant la somme de 3300 livres.

— 496 —

Aveu rendu par messire Françoys Mignaulx, prêtre, curé de Bouillé-Saint-Paul, à messire Louis de Lestoille, écuyer, sgr de Serré et de Bouillé-Saint-Paul, pour 31 journaux de vignes, sis aux fiefs du Breuil et de la Herse en la dite paroisse et relevant de la seigneurie de Serré dépendante de Bouillé-Saint-Paul.

Signé : Louis MIGNAULX.

PAVAGEAU, notaire

— 497 —

17 janvier 1643. — Aveu rendu à la seigneurie de Bouillé-Saint-Paul pour le lieu de *Pierrois* et la métairie du *Haut Puyfereux,* tenus à 2 solz de rente noble et féodalle.

[1] Charles de Lesperonnière. — Messire Charles de Lesperonnière, écuyer, sgr de la Samsonnière et la Boulerye au Maine, fils de Laurent, sgr du Puy et d'Hélène Rigault, dame de Millepieds en Poitou, marié en septembre 1635 à demoiselle Renée de Lesperonnière, sa parente, fille de François, écuyer, sgr de la Roche-Bardoul, et de Louise Richer du Port, sa 2ᵉ femme, dont il eut demoiselle Marie de Lesperonnière, mariée le 27 novembre 1533 en l'église paroissiale de Cosnières près la Flèche à noble homme Jean Odiau, sgr de la Vallée (M. Courteaux. *Hist. gén. de la Maison de l'Esperonnière,* p. 62-63).

— 498 —

17 mars 1643. — Aveu rendu à la seigneurie de Bouillé-Saint-Paul par Hilaire et René Thouillet pour leurs terres et herbergements au fief du *Colombier* et tenues en la fresche des *Touches* à 3o sols de cens annuel.

— 499 —

17 mars 1643. — Aveu rendu à la seigneurie de Bouillé-Saint-Paul par Jacques Porcheron pour un corps de logis, ses appartenances et 20 pièces de terre sises au village du Colombier et tenues à 3o sols de rente en la fresche des *Touches.*

— 500 —

21 avril 1643. — Aveu rendu à la seigneurie de Bouillé-Saint-Paul par Mathurin Pinault, René Guillot et Jacques Jahan pour 11 journaux de vigne sis à l'étang de Bouillé-Saint-Paul et tenues en fresche à 6 deniers de cens.

— 501 —

12 avril 1643. — Aveu rendu à la seigneurie de Bouillé-Saint-Paul par Mathurin Dourdault pour 6 journaux de vigne, sis au Petit Clos du Ruaud et tenus au 1/3 des fruits rendu au pressoir de Bouillé-Saint-Paul.

— 502 —

20 avril 1643. — Aveu rendu à la seigneurie de Bouillé-Saint-Paul par Andrée Landais, veuve de Antoine Payrault, pour huit journées de vigne sises aux Clos de Frontault, cinq journaux 1/2 de vigne sis aux Herses et 14 boisselées de terre, le tout tenu en fresche de 10 solz de rente.

— 503 —

5 *juin* 1643. — Aveu rendu à la seigneurie de Bouillé-Saint-Paul, par Jeanne Blancheteau, veuve de Jacques Luché, pour une maison et appentis au village de Courlet et cinq morceaux de terre au dit lieu, le tout tenu à 35 boisseaux d'avoine de rente annuelle, mesure de Thouars.

— 504 —

12 *juin* 1643. — Aveu rendu à la seigneurie de Bouillé-Saint-Paul par Renée Mesle, veuve de Jean Digault, pour trois septrées de terre et vigne au grand clos de vigne des bois de Cersay, tenu à 10 boisseaux de seigle, mesure de Thouars et 5 sols de cens, quatre journaux de vignes au dit lieu et un journal de vigne au petit clos du Cersay ; ces deux dernières portions tenues au 1/4 des fruits rendables au pressoir de Bouillé et 4 deniers de rente annuelle.

— 505 —

23 *juin* 1643. — Aveu rendu à la seigneurie de Bouillé-Saint-Paul par la veuve Abel Meignen, Pierre et Abel Barangier pour 12 morceaux de terre sis au *clos de Lessert* et un tenement du Colombier et tenus en la fresche du tenement des Touches de 30 sols de rente annuelle.

— 506 —

28 *juin* 1643. — Aveu rendu à la seigneurie de Bouillé-Saint-Paul par François et Hilaire Guesdon, Mathurin Cassin et Pierre Fabvrie pour cinq chambres de maisons au village du *Colombier* et 14 morceaux de terre au dit lieu, tenus à 30 sols de rente annuelle et féodale.

— 507 —

1er *juillet* 1643. — Aveu rendu à la seigneurie de Bouillé-Saint-Paul par Mathurin Poupart pour une maison et ses appartenances tenus à un chapon et 12 deniers de cens ; le jardin du Perray contenant une boisselée 1/2 tenu à 12 solz de cens ; et le 1 3 de l'Ouche de la Croix de Pierre, contenant 2 boisselées, tenue en fresche de 10 solz de cens annuel.

— 508 —

1er *juillet* 1643. — Aveu rendu à la seigneurie de Bouillé-Saint-Paul par Mathurin Poupart pour huit morceaux de terre, tenus en la fresche du Vivier à dix douzaines de seigle et huit douzaines de froment de rente annuelle.

— 509 —

1er *juillet* 1643. — Aveu rendu à la seigneurie de Bouillé-Saint-Paul par Jacques des Nouhes, veuf de N. Chasserat et administrateur des biens de Perrine des Nouhes, sa fille, pour le grand tenement de Frontault contenant 30 boisselées et tenu à 10 solz de rente noble et féodalle et deux septrées de terre sises aux bois de Cersay, tenues en fresche de 24 boisseaux de seigle, mesure de Thouars et 1/2 chapon.

— 510 —

3 *juillet* 1643. — Aveu rendu à messire Louis de Lestoille, écuyer, sgr de Bouillé-Saint-Paul, Lespinay et Serré, par messire Jacques Serpillon, écuyer, sgr de Boëssettes et la Brosseguyon, pour le fief *Fleury*, la paroisse de Cersay sur lequel est dû : 60 sols de rente annuelle à la Toussaint, un mouton à la Pentecoste et 2 chapons a Noël, les dites choses tenues de la seigneurie de Bouillé-Saint-Paul à foy et hommage plein et 10 deniers de service annuel.

Signé : J. SERPILLON.
GRELLET, notaire.

— 511 —

5 *juillet* 1643. — Aveu rendu à la seigneurie de Bouillé-Saint-Paul par Françoys Baugard, Mathurin Motheu, Jehan Docq, Pierre

Amion, Louis Pindesoubz et consorts pour quatre-vingt-dix-sept pièces de terre et diverses portion de maison, sis au village de Frontault et tenus de la seigneurie de Bouillé-Saint-Paul en fresche à 10 sols de cens annuel.

— 512 —

5 juillet 1643. — Aveu rendu à la seigneurie de Bouillé-Saint-Paul par Denis Mesle, pour 5 journaux de vigne sis au Clos du Carrefour au tenement des Touches et cinq boisselées de terre au dit tenement tenus à 3o sols de cens annuel.

— 513 —

6 juillet 1643. — Aveu rendu à la seigneurie de Bouillé-Saint-Paul par Blaise Barangier pour quatre boisselées de terre en l'Ouche du *Caroil* près le village de Rochefou, tenu en fresche de 16 deniers de cens annuel.

— 514 — 515 —

6 juillet 1643. — Deux aveux rendus à la seigneurie de Bouillé-Saint-Paul par Aymé Dupont et François Galerneau pour diverses maisons et pièces de terre à Bouillé-Saint-Paul, tenues en fresche à 6 deniers de cens annuel.

— 516 —

7 juillet 1643. — Aveu rendu à la seigneurie de Bouillé-Saint-Paul, Jean Voye et Jean Tranchet, le premier pour une maison et ses appartenances au bourg de Bouillé-Saint-Paul tenue à 6 deniers de cens et 2o journaux de vigne au Clos des Grolles tenus au 1/5 des fruits rendable au pressoir de Bouillé, 2 chapons et 2 deniers de cens, le second, pour 10 journaux de vigne sis à la Croix de Pierre et tenus au 1/5 des fruits rendable au pressoir de Bouillé-Saint-Paul et la dixme au curé de Bouillé.

— 517 —

8 *juillet 1643.* — Aveu rendu à la seigneurie de Bouillé-Saint-Paul par Jean Grellet pour plusieurs maisons et dix-sept morceaux de terre sis au village du Colombier et tenus chacun à 30 solz de cens annuel.

— 518 —

10 *juillet 1643.* — Aveu rendu à la seigneurie de Bouillé-Saint-Paul par Pierre Cormeau, Jean Voye et Jehan Tranchel, pour une maison et ses appartenances, sise au bourg de Bouillé-Saint-Paul et huit morceaux de terre sis au fief du Vivier à 10 douzaines de froment de rente annuelle.

— 519 —

11 *juillet 1643.* — Aveu rendu à la seigneurie de Bouillé-Saint-Paul par Louis Landais, André Pellegan et consorts, pour sept morceaux de terre tenus en la fresche du Vivier.

— 520 —

11 *juillet 1643.* — Aveu rendu à la seigneurie de Bouillé Saint-Paul par Mathieu Quétineau et consorts pour divers héritages au bourg de Bouillé, tenus à 2 sols 6 deniers de cens, une poule, un chapon et au 1/4 des fruits de la vigne rendable au pressoir de Bouillé.

— 521 —

11 *juillet 1643.* — Aveu rendu par les mêmes pour une boisselée de terre sise à la *Tonnelle* et 7 journaux de vigne au *Guicheray*, le tout tenu sur la fraiche du Vivier de 10 douzaines de seigle et 8 douzaines de froment, mesure de Thouars.

— 522 —

11 juillet 1643. — Aveu rendu à la seigneurie de Bouillé-Saint-Paul par Gabriel Bernard pour une pièce de terre de six boisselées, sise au *Bois-Charruau* et tenue en fresche de 30 boisseaux de seigle, mesure de Thouars, 2 chapons et 12 deniers de rente annuelle.

— 523 —

11 juillet 1643. — Aveu rendu à la seigneurie de Bouillé-Saint-Paul par François Gallerneau, pour une maison sise au bourg de Bouillé et tenue en fresche de six deniers de cens annuel.

— 524 —

12 juillet 1643. — Aveu rendu à la seigneurie de Bouillé-Saint-Paul par Pierre Chasserat pour deux chambres de maison, leurs appartenances et dix pièces de terre tenues en la fresche de Frontault à dix sols de rente annuelle, et pour deux septrées de terre au bois de Cersay, tenues à huit boisseaux de seigle mesure de Thouars, un demi chapon et deux sols six deniers de cens.

— 525 —

12 juillet 1643. — Aveu rendu à la seigneurie de Bouillé-Saint-Paul par Jean Gobron pour une maison o ses appartenances sise au village du Colombier et trente-cinq morceaux de terre sis au dit village et en la fresche des Tousches.

Signé : J. GOBRON.

— 526 —

12 juillet 1643. — Aveu rendu à la seigneurie de Bouillé-Saint-Paul par Pierre Voye, Jehan Brenezay, Michel Berlin et consorts pour dix pièces de terre tenues en la fresche du Colombier à deux sols de rente noble et féodale.

— 527 —

12 juillet 1643. — Aveu rendu à la seigneurie de Bouillé Saint-Paul par Louis Guyonnet pour deux chambres de maison et un jardin au village de Frontault et sept pièces de terre sis au dit village, le tout tenu en la fresche de Frontault, à dix sols de cens, plus pour quatre septrées de terre, près du bois de Cersay, tenues à seize boisseaux de seigle mesure de Thouars, un chapon et cinq sols de rente annuelle.

— 528 —

12 juillet 1643. — Aveu rendu à la seigneurie et Bouillé-Saint Paul par René Brancheteau, maître François Guignard et consorts, pour dix-neuf pièces de terre sises et au fief de Frontault et tenues à dix sols de cens annuel.

— 529 —

12 juillet 1643. — Aveu rendu à la seigneurie de Bouillé-Saint-Paul par Laurant Drouino, Mathurin Rolland, Jean Gourichon et consorts, pour deux septrées, et trois boisselées de terre et vignes, nommées le *Plantis-Rabouan*, tenues en fresche de neuf boisseaux de seigle, mesure de Thouars, deux poulets et six deniers de cens.

— 530 —

12 juillet 1643. — Aveu rendu à la seigneurie de Bouillé-Saint-Paul par Renée Voye, veuve d'Hugues Bidet, pour six pièces de terre, sises au fief de Frontault et tenues à dix sols de cens annuel.

— 531 —

12 juillet 1643. — Aveu rendu à la seigneurie de Bouillé-Saint-Paul par François Voye pour une maison et ses appartenances au

bourg de Bouillé et cinq pièces de terre aux environs, le tout tenu
en la fresche du Vivier à dix douzaines de seigle et huit douzaines
de froment de rente annuelle.

— 531 —

12 juillet 1643. — Aveu rendu à messire Louis de Lestoile,
écuyer, seigneur de Bouillé-Saint-Paul et Lépinais et demoiselle
Hélène Desguy, veuve de feu messire Louis de Villeneuve, chevalier, seigneur du Vivier, tutrice et garde naturelle de Louis de
Villeneuve, écuyer, seigneur du Vivier et la Geraudière, son fils, à
chacun pour leur demi fief, par messire Firmin Mesle, prêtre,
chapelain des Mesle et consorts. pour trente six pièces de terre ou
hébergement sises au fief du Vivier, le tout tenu à dix douzaines de
seigle et huit douzaines de froment de rente annuelle.

— 533 —

12 juillet 1643. — Aveu rendu à la seigneurie de Bouillé-Saint-
Paul par Nicolas Courtel et consorts pour une maison et un pré
contenant cinq boisselées sis aux Landes et tenue envers la dite
seigneurie à deux sols six deniers de cens.

— 534 —

12 juillet 1463. — Aveu rendu aux seigneurs de Bouillé-Saint-
Paul et du Vivier pour leur demi fief par maître François Quéignard,
prêtre, vicaire de Bouillé-Saint-Paul, Bastien et Thoinette Queignard,
veuve de Jehan Codet, Pierre Thibault, mari de Charlotte Queignard, veuve de Victor Cheminant et consorts pour cinq boisseaux
de terre et deux moulins à vent nommés : les *moulins de Bouillé*, le
tout tenu en la fresche du Vivier à dix douzaines de seigle, et
huit douzaines de froment de rente annuelle.

— 535 —

12 juillet 1643. — Aveu rendu à la seigneurie de Bouillé-Saint-
Paul par Martine Voye, veuve de Charles Almon, pour une maison

ses appartenances et dix pièces de terre sises au village de Fron-tault, le tout tenu en fresche de Frontault à dix sols de cens annuel.

— 536-537 —

12 et 13 juillet 1643. — Même aveu rendu par le même pour les même terres.

— 538 —

12 juillet 1643. — Aveu rendu en la seigneurie de Bouillé-Saint-Paul par Michel Moricet pour six pièces de terre tenues en la fresche de Courblet à trente-cinq boisseaux d'avoine, mesure de Thouars et cinq sols de cens annuel.

— 539 —

13 juillet 1643. — Aveu rendu à la seigneurie de Bouillé-Saint-Paul par Pierre Clerc pour dix journaux de vignes, situés près le pont de *Verinne* et tenue à deux deniers de cens annuel.

— 540 —

13 juillet 1643. — Aveu rendu par Pierre Gaufreteau et consorts pour neuf septrées de terre au bas des bois Charruau, tenus à trente-deux boisseaux huit teulées de seigle, mesure de Thouars, un chapon, une poule et cinq deniers de cens annuel ; et par Claude Chauvin pour dix-huit boisselées de terre situées au haut du bois Charruau, tenues en fresche à trente boisseaux de seigle, mesure de Thouars, et deux chapons de rente annuelle.

— 541 —

13 juillet 1643. — Aveu rendu à la seigneurie de Bouillé-Saint-Paul par maître Alexandre Moricet pour quatre boisselées de terre au tenement de Courlet, tenues à trente-cinq bo isseaux d'avoine et cinq sols de cens, mesure de Thouars.

— 512 —

13 *juillet 1643*. — Aveu rendu par René Macquaire et consorts à la seigneurie de Bouillé-Saint-Paul pour une maison et ses appartenances et jardins contenant cinq boisselées, sise au village de la *Touche* en la paroisse de Bouillé-Loretz près Ursay, tenues en fresche à dix sols de cens annuel; plus pour une septrée de terre nommée le *Palis de la Lande*, tenue à vingt sols, six deniers de cens et deux boisselées de terre au *Plantis-Rabouan* tenues en fresche à quatre deniers de cens annuel.

— 513 —

13 *juillet 1643*. — Aveu rendu à la seigneurie de Bouillé-Saint-Paul par Michel Thouillet, Jehan Prud'homme et Mathurin Valleteau pour trente-quatre pièces de terre sises aux fiefs du Colombier et des Touches.

— 514 —

13 *juillet 1643*. — Aveu rendu à la seigneurie de Bouillé-Saint-Paul par Charles Fournier pour trois journaux de vignes au clos du Carrefour du Colombier tenus en fresches à trente sols de rente annuelle.

— 515 —

13 *juillet 1643*. — Aveu rendu à la seigneurie de Bouillé-Saint-Paul par Pierre Egresteau pour deux boisselées de terre sises près Ursay et près le clos appelé *Sous la Ville*, tenues en fresche à deux sols six deniers de cens annuel.

— 546 —

19 *juillet 1643*. — Aveu rendu par Jean Mestreau et consorts pour une maison et six pièces de terre, sises au village d'Ursay et des Touches, paroisse de Bouillé-Loretz tenues en fresche à deux sols six deniers de cens.

— 547 —

19 juillet 1643. — Aveu rendu à la seigneurie de Bouillé-Saint-Paul par Pierre Abvril pour 6 journaux de vigne au Clos de la Trahauderie, près le village des Touches, tenus à 3o sols de cens.

— 548 —

20 juillet 1643. — Aveu rendu à la seigneurie de Bouillé Saint-Paul par messire André Thonillet, chapelain de la chapellenie du Mureau, pour sept pièces de terre au fief des Touches, tenues en fresche à trente sols de rente annuelle.

— 549 —

21 juillet 1643. — Aveu rendu à la seigneurie de Bouillé Saint-Paul par demoiselle Renée de Cheverux, veuve de messire Marc Amoureux, écuyer, seigneur du Mureau, pour une pièce de bois de 20 septrées, située dans les bois de Bouillé-Saint-Paul et tenue de la dite seigneurie à quatre douzaines de froment, mesure de Thouars, deux chapons et six deniers de rente noble et féodale.

— 55o —

21 juillet 1643. — Aveu rendu à la seigneurie de Bouillé-Saint-Paul par la dite dame Renée de Cheverux pour dix-huit boisselées de terre sises au *Champ de Preberault*, dépendant du Mureau et en la fresche du Vivier à dix douzaines de froment de rente annuelle.

— 551 —

21 juillet 1643. — Aveu rendu à la seigneurie de Bouillé-Saint-Paul par Jacques Sauvageot et ses frères et sœurs pour le tiers d'un logis et la moitié d'un jardin au bourg de Bouillé tenue à dix sols et un chapon de rente annuelle, le tiers d'une ouche, nommée la *Croix de Pierre*, tenue à quarante-deux sols de rente

Le tiers du logis de la Croix de Pierre tenu à quarante deux sols de rente et enfin cinq journaux de terre aux *Perrières* tenus à douze deniers de rente annuelle.

— 552 —

22 juillet 1649. — Aveu rendu à la seigneurie de Bouillé-Saint-Paul par Mathurin Jousset et Sébastien Gouffault pour divers héritages au village des Touches tenus à dix deniers de cens annuel.

— 553 —

22 juillet 1643. — Aveu rendu à la seigneurie de Bouillé-Saint-Paul par Pierre Baranger pour huit pièces de terre, une grange et une maison sises au village du Colombier et tenues en la fresche du dit lieu à deux sols de cens.

— 554 —

23 juillet 1643. — Procuration donnée par messire Jonas de Beranger, sgr de la Guytrie, la Moisnye et le Lys, à messire Mathurin Girard, notaire, pour rendre aveu de sa métairie de la Moisnye à la seigneurie de Bouillé-Saint-Paul.

Signé : JONAS DE BERENGER.

E. CHERPENTREAU, notaire.

— 555 —

23 juillet 1643. — Aveu rendu à la seigneurie de Bouillé-Saint-Paul par Pierre Drouineau pour une pièce de vigne de trente journaux, une pièce de terre de quatre boisselées et un demi journal de pré sis au lieu nommé *Faulrequeae*, près le village de *Prillel*, et tenu à six boisseaux de seigle, mesure de Thouars, de rente annuelle envers la chapelle de Pierroys, desservie à Bouillé-Saint-Paul.

— 556 —

23 *juillet 1643.* — Aveu rendu à la seigneurie de Bouillé-Saint-Paul par Jean Sorin et consorts pour une maison o ses appartenances et cinq pièces de terre sises au tenement du Courlet et sujettes à trente-cinq boisseaux d'avoine, mesure de Thouars, et cinq sols de rente annuelle.

— 557 —

10 *août 1613.* — Vente consentie par Jean Gaillard à Mathurin Queignon, de cinq boisselées de terre sises à Charruau et deux boisselées de terre sises à la Varanne du Vignaux, moyennant la somme de neuf livres et à la charge de relever du fief de Bouillé-Saint-Paul au devoir accoutumé.

- 558 —

16 *13.* — Rôle de la recette des rentes et avoine dues à la seigneurie de Bouillé-Saint-Paul sur le tenement d u Courlet.

— 559 —

14 *août 1744.* — Vente d'une pièce de terre de 14 boisselées 3/4, sise au fief du Colombier, consentie par Mathurin Valleteau et Jean Prudhomme à messire Jacques de Pierrois, seigneur de Preuil.

— 560 —

13 *novembre 1644.* — Aveu rendu par messire Louis de Lestoille, écuyer, seigneur de Bouillé-Saint-Paul et de Serré, à messire Louis de Goufiler, marquis de Caranas, comte de Passavant, baron de Saint-Loup, seigneur de Creville et de Boussay, pour la terre et seigneurie de Serré, sise à Bouillé-Saint-Paul.

Signé : LOUIS DE LESTOILLE.

Copie tilimée du 1er mai 1669.

— 561 —

10 novembre 1644. — Vente de 2 boissellées de terre aux *Charruaux*, consentie par Jean Gaillard à Mathurin Queignon, à la charge de relever du fief de Bouillé-Saint-Paul en la fresche des Touches.

— 562 —

10 novembre 1644. — Retrait féodal fait par messire Loys de Lestoille, écuyer, sgr de Bouillé-Saint-Paul, sur Mathurin Gueyguon, de divers héritages à lui cédés par Jean Guillard, par contrats des 10 et 20 août 1643 et 10 novembre 1644.

— 563 —

1er février 1645. — Echange de diverses pièces de terre au lieu des Porteries, consénti entre Christophe de Bezon, mari de Louise Grabot et Jean Combault.

— 564 —

18 février 1645. — Sentence par défaut rendue à la sénéchaussée de Saumur, par laquelle Christophe de Bezon est condamné à payer au fermier de Bouillé-Saint-Paul les arrérages de la grande fresche de Bouillé, aliàs : *Le Vivier*, montant par chacun an à 10 douzaines de seigle et 8 douzaines de froment.

— 565 —

25 mars 1645. — Bail à rente consenti par le seigneur de Bouillé-Saint-Paul (Louis de Lestoille) à Bertrand Paillard, sgr des Taffeteries, d'une pièce de bois taillis dans le bois de Cersay, à la charge de tenir le dit bois sous le même hommage qu'il doit au dit seigneur de Bouillé pour raison de la moitié par indivis de sa maison des Taffateries et ses appartenances et dépendances avec 2 deniers de cens et en outre la rente noble et foncière de 50 livres.

— 566 —

12 avril 1645. — Vente d'un journal 1/4 de vigne au *Clos du Pastis du Bois*, consentie par Mathurin Digault, mari de Perrine Gueignard, à messire François Gueignard à la charge de relever du fief du Vivier.

— 567 —

17 avril 1645. — Bail à cens consenti par messire Louis de la Tousche, chevalier, sgr de Viralays et de Vieille-Lande[1], à écuyer Bertrand Paillard, sgr des Taflateries, d'un canton de terre en pré, pacage, brandes et bois, contenant 13 boisselées, sis en la paroisse de Cersay, au côté du bois dudit lieu, et traversé par le ruisseau de la *Grande Nouhe*, à la charge de relever de la seigneurie de Vieille-Lande à 40 solz de rente noble annuelle.

Signé : SAVARIT, notaire.

— 568 —

2 juin 1645. — Aveu rendu à la seigneurie de Bouillé-Saint-Paul par messire Jacques Landais pour une maison o ses appartenances au bourg de Bouillé-Saint-Paul, tenue en fresche de 12 deniers de cens ; un jardin de 2 boisselées, nommé : la *Gislonnière* audit bourg tenu en fresche à 12 solz 6 deniers de cens et quatre journaux de vigne en deux planches en clos de la *Mesnardière*, tenus au 1/4 des fruits et un chapon, rendable au pressoir de la seigneurie de *Serré*.

— 569 —

5 février 1646. — Vente d'une hommée 2/3 de vigne ou *Clos du Poireneault* au tenement des Touches, consentie par Michel Thonillet à Pierre Avril.

[1] L. DE LA TOUSCHE. — Messire Louis de la Tousche, chevalier, mari de demoiselle Renée de la Tousche, dame du Bois-Herbert, que l'on voit rendre aveu à la baronnie d'Airvault le 18 juillet 163;.

— 570 —

13 mars 1646. — Bail à cens d'un pré de trois journaux, nommé l'Etang de Bouillé-Saint-Paul, consenti par le seigneur dudit Bouillé à Mathurin Laurent à la charge par celui-ci de payer au dit seigneur trois douzaines de grosse avoine, mesure de Thouars, et deux deniers, le tout de rente noble et féodale.

— 571 —

21 mai 1646. — Signification d'un jugement par défaut rendu le 8 février 1646 au siège du comté de Passavant contre le seigneur de Serré et condamnant celui-ci à faire sans retard sa déclaration de foy et hommage.

— 572 —

8 juin 1646. — Arpentage de la fresche du *Petit-Pierrois*, sis à Rochefou, consistant en maison, jardin, terres, prés et un commun tenus à 6 deniers de cens à la recette de Bouillé-Saint-Paul et à six boisseaux de seigle, mesure de Thouars, à la cure de Cersay pour gros de dixme.

— 573 —

3 juillet 1646. — Aveu rendu à messire Louis de Lestoille, écuyer, sgr de Bouillé-Saint-Paul par demoiselle Jeanne de Maulays veuve de messire François Herbert, écuyer, sgr de Bellefond, pour la métairie des *Touches*, dépendante de la seigneurie de la Garenne, paroisse de Cersay, et de différentes rentes en blé dues au dit lieu sur le tenement du *Colombier*.

Signé : JEANNE DE MAULAY.

— 574 —

11 mai 1647. — Aveu rendu devant le seneschal de Thouars à la seigneurie de la Roche-Lambert par François Bernard, écuyer,

sgr de la Roche, Pierre Champion, sgr d'Andilly, et demoiselle
Charlotte Bernard, son épouse, pour diverses (41) pièces de terre
relevant de la dite seigneurie.

— 575 —

11 *février* 1648. — Sentence obtenue à la sénéchaussée de
Saumur par le seigneur de Bouillé-Saint-Paul contre Eustache
Gaillard pour le payement d'une rente de trente boisseaux de sei-
gle et deux chapons, due sur les Bois Charruau.

— 576 —

4 *juin* 1648. — Liquidation des arrérages de la rente ci-dessus
par Eustache Gaillard.

— 577 —

7 *juillet* 1649. — Transaction entre le seigneur de Bouillé-
Saint-Paul et Eustache Gaillard au sujet de la rente due par celui-ci
sur les *Bois-Charruau*.

— 578 —

22 *janvier* 1656. — Vente de 3 journaux 1/2 de vigne en deux
planches sis au Clos-des-Pastis-des-Bois, consentie par Antoine
Bromant, sgr de Maumusson, à François Gueignard, à la charge de
relever du fief du Vivier, sans expression de devoir.

— 579 —

1ᵉʳ *décembre* 1651. — Signification faite à Louis de la Tousche,
écuyer, sgr de Viralays, demeurant en son manoir de la Boisselotière, paroisse de Cersay, à la requête du seigneur de Bouillé Saint-
Paul, d'un jugement rendu à Saumur le 19 août 1651, le condamnant à payer audit sgr de Bouillé 54 boisseaux de froment et seigle,
mesure de Thouars, à lui due comme propriétaire de la moitié par
indivis du fief du *Vivier*.

— 580 —

21 mai 1654. — Signification à messire Jean-Louis de la Tousche, sgr de Virallay et de Labertin de la sentence, de la cour de Saumur, qui le condamne à faire hommage de son fief de Labertin à messire Louis de Lestoille, écuyer, sgr de Bouillé-Saint-Paul.

— 581 —

24 janvier 1655. — Contrat de vente d'une moitié de chambre de maison et ses appartenances et dépendances, sise au fief de Frontault, consentie par François Chasserat à René Chasserat, moyennant la somme de 84 livres.

— 582 —

6 février 1656. — Contrat de vente d'une maison et quatre jardins au fief de Frontault consenti par Gilles Chasserat à François Rangeard moyennant la somme de 59 livres.

— 583 —

30 avril 1659. Vente de cinq boisselées de terre sises à Trèe-les-Bois près le village du Colombier, consentie par François et Hilaire Guesdon à Jean Porcheron à la charge de relever du fief '. Bouillé-Saint-Paul.

— 584 —

18 septembre 1659. — Bail des vignes du *Grand Clos des Bois de Cersay* consenti par le seigneur de Bouillé-Saint-Paul à Hugues Doulort, moyennant le 1/4 des fruits et deux deniers de cens annuel par planche de vigne.

— 585 —

3 février 1660. — Contrat de vente de 3 hommées de vigne et d'un petit lopin de terre sise au *Petit-Doué*, près le village du *Raaud*, consenti par Charles Queignon à Louis Millon, à la charge de relever du fief de Bouillé-Saint-Paul au tiers des fruits, rendable au château de Bouillé.

— 586 —

16 août 1660. — Transaction après procès, par laquelle messire Louys de Lestoille, écuyer, sgr de Bouillé-Saint-Paul, reconnaît qu'il est dû à messire Jacques Bougzo, curé, la dixme sur une pièce de terre de 12 boissellées dépendante de la Métairie des Grolles, appartenant audit sgr de Bouillé.

— 587 —

23 mai 1661. — Aveu de la métairie du Bas-Piedfereux, aliàs : *Les Grolles* et de l'herbergement de *Château-Gaillard,* tenus à foy et hommage pleins et à 2 sols de service annuel, rendu par messire Loys de Lestoille, écuyer, sgr de Bouillé-Saint-Paul, Serré et le Breuil, à Mгᵉ André de Chastillon. chevalier de l'ordre du Roy, sgr baron d'Argenton, La Grée, Chantemerle, la Rambaudière Bonville, Farcheville, le Boisrogues, La Carye, Massay¹, etc., à cause de son fief de la Carrye.

Signé : LOUIS DE LESTOILLE.

— 588 —

28 août 1661. — Aveu rendu pour le fief de Frontault sis en la paroisse de Bouillé Saint-Paul, à messire Claude de Bernabé, chevalier, seigneur baron de la Haye-Foulgereuse et chatelain du

---

¹ A. DE CHASTILLON. — Messire André de Chastillon, marquis d'Argenton-le-Chateau, etc., chevalier de l'ordre du Roi, gentilhomme ordinaire de sa chambre, 3ᵉ fils de Gilles de Chastillon. seigneur baron d'Argenton, et de Marie de Visonne. Né le 24 mars 1605, il mourut vers 1655 et avait épousé Marie-Marguerite de Gouffier, fille de Louis, duc de Rouanez et de Claude-Eléonore de Lorraine-Elbœuf, dont il eut quatre enfants : deux fils et deux filles. tous décédés sans postérité.

Fief *Levesque* par messire Loys de Lestoille, chevalier, sgr de Bouillé-Saint-Paul, Serré, Frontault etc., qui reconnaît devoir pour ce 10 sols de service annuel.

Signé : LOUIS DE LESTOILLE.

— 589 —

19 septembre 1661. — Vente de six hommées de vigne au clos des *Menardières*, consentie par les héritiers de François Galerneau à François et Jean Richardin, à la charge de relever au quart des fruits du seigneur de Bouillé-Saint-Paul.

— 590 —

27 décembre 1661. — Cession de quinze hommées de vigne au clos des *Pallés*, faite par Suzanne Gaschet, veuve de François Grolleau, à François Gore, à la charge de relever au tiers des fruits de la seigneurie de Bouillé-Saint-Paul.

— 591 —

20 mai 1663. — Vente d'une hommée 1/2 de vigne en deux morceaux ou tenement de *Poisrenault*, consentie par Mathurin Meignen à Georges Porcheron, à la charge de relever de Bouillé, Saint-Paul, sans expression de devoir.

— 592 —

27 septembre 1664. — Opposition fermée par le seigneur de Bouillé Saint-Paul (Louis de l'Estoille) à la distribution des deniers provenant de la succession de Louis de la Tousche, écuyer, afin d'être payé des arrérages de la rente de 6 boisseaux de seigle, 2 poules et 2 deniers, due sur une pièce de terre à présent dépendant de la seigneurie de *Vieille-Lande* et sise près l'Etang dudit lieu.

— 593 —

15 novembre 1669. — Cession faite par Pierre Sorin à Hugues Pairault de six boisselées de terre, sises au champ de la *Corrie* près les moulins a vent de Bouillé à la charge de relever du fief de Bouillé et du Vivier, sans expression de devoir, et de payer à Jacques Payrault la rente foncière de boisseaux de froment, mesure de Thouars.

— 594 —

19 mars 1669. — Vente de trois journaux de vigne au *Clos des Mesnardières*, consentie par Louis Bromand, maitre cuisinier, demeurant au Puy-Notre-Dame à Pierre Garsuau, maitre sarger au bourg de Bouillé, moyennant le somme de 18 livres et la redevance du 1/4 des fruits à la seigneurie de Bouillé-Saint-Paul.

— 595 —

25 mai 1669. — Sentence rendue devant la cour de Passavant par laquelle messire Georges de Cordouan, chevalier, seigneur de la terre de la Boisselotière, paroisse de Cersay, défendeur en sommation faite à messire Louis de Lestoile, écuyer, seigneur d'Hardancourt, et demoiselle Janne Chauffour, sa femme, et aux fermiers, du revenu temporel du prieuré de Saint-Michel près Thouars, est condamné à payer au seigneur de Passavant les rentes et issues de la terre de la *Boisselotière*, à l'exception de celles de la moitié du *Bois Charruau* et des *Noues* et de la totalité du tenement de la *Tranche* et de la métairie de la *Jeune-Lande*.

— 596 —

7 juillet 1669. — Vente de la maison noble et seigneurie de la *Moisnye,* » toutes ses appartenances et dépendances, en la paroisse de Massay, consentie par messire Jonas de Beranger, chevalier, sgr de la Guytre et du Lys, époux de Magdeleine Legoux, à noble homme messire Uriel Treton, procureur du roy, au siège de la Presvosté et maréchaussée de Saumur[1], pour la somme de 5.000 livres tournois à la charge de relever de la seigneurie de Bouillé-Saint-Paul.

D'après cet acte ledit sieur Treton avait épousé Mlle du Fresne.

— 597 —

31 mai 1670. — Bail à rentes amortissables d'une maison et ses appartenances, sise au bourg de Bouillé-Saint-Paul, consentie par Jacques Pairault à Pierre Garsuau, à la charge de relever de Bouillé-Saint-Paul, sans expression de devoir.

— 598 —

26 septembre 1670. — Sentence rendue par la cour de Saumur confirmant celle rendue le 25 mai 1669 par la cour de Passavant contre messire Georges de Cordouan, au sujet des rentes de la Boisselotière[2].

— 599 —

6 avril 1671. — Vente par droit de *Chemeraye* du fief et rente féodale de *Maumusson* au village de *Vernelles* et environs, paroisse de Bouillé-Saint-Paul, consentie par Anthoine Bromant, marchand, demeurant au bourg de Bouillé-Loretz, Louis Bromant, demeurant à Loudun, et Marie Bromant, demeurant à Bouillé-Loretz, à Messire Jean Falloux, écuyer, sgr de Villejosne et la Roche-d'Argenton-l'Eglise, conseiller du Roy au présidial de Poitiers, moyennant la somme de 300 livres.

[1] U. TRETON. — Très ancienne famille, encore représentée de nos jours par M. Paul Treton du Mousseau, résidant au château de Launay près Saumur, et ses sœurs. Venue d'Écosse au Maine pendant la guerre de Cent ans, elle a fourni bon nombre de personnages remarquables et d'officiers distingués et porte pour armes : *De gueules à 3 landes d'argent.*

[2] Une note mise en marge de cette pièce indique qu'il y eut appel de ces deux sentences, et qu'un arrêt fut rendu le 15 juin 1693 au profit du seigneur de Bouillé-Saint-Paul.

— 600 —

7 avril 1671. — Vente de neuf boisselées de terre labourables au Terrouër de la *Grande Casse* au fief de Frontault en la paroisse de Bouillé-Saint-Paul, sujette à une rente en fresche de dix sols de cens, due tant à la seigneurie de la Boisselotière qu'au sieur Chapelain de Mazé, consentie par René Savary, sieur de Frontault à Jacques Pairault, maître maréchal, au bourg d'Argenton-l'Église.

— 601 —

16 juin 1671. — Vente de neuf boisselées de terre au fief de Frontault consentie par Huguet Savary, marchand à Bouillé-Saint-Paul, à Jacques Pairault.

— 602 —

12 octobre 1671. — Aveu rendu à dame Marie-Louise de Chouppes[1], veuve de messire Jean de la Louayrie[2], sgr de Grand-Boys et Bouillé-Saint-Paul, par écuyer Jean Falloux, sgr de Villejosne et la Roche-d'Argenton-l'Église pour le droit de *Chemerage* du fief de Maumusson qu'il acheta le 6 avril 1671 d'Antoine Bromant et consorts.

— 603-607 —

1671, 9 mars 1673. — Cinq contrats de ventes roturières de divers morceaux de terre sis au fief Frontault et relevant de Bouillé-Saint-Paul, consentis par divers.

— 608 —

21 septembre 1673. — Contrat d'arrentement du pré de la Planche, consenti par messire Henri-Charles de Cordouan, sgr de Vieille-

---

[1] DE CHOUPPES. — Très ancienne famille du Mirebalais portant pour armes : *D'azur à 3 croisettes d'argent posées 2, 1.*

[2] DE LA LOUAYRIE. — Très ancienne famille de Bretagne, originaire de la paroisse de Petit-Mars au comté de Nantes et portant pour armes : *Gironné d'argent et de gueules de huit pièces.*

Lande, au profit de René Bidet, moyennant quatre livres de rente annuelle.

— 609 —

31 juillet 1674. — Aveu du fief Henry rendu à messire Louis de la Bouëre, écuyer, sgr de la Houssaye, curateur de messire Lancelot-Auguste de la Louayrie, écuyer, sgr de Bouillé-Saint-Paul, par messire René de Pierrois, écuyer, sgr de Preuil et de Boëssettes.

> Signé : B. DE PIERROYS,
> M. RICHARD,
> COURMEAU, notaire.

Au bas :

Réception du dit aveu. Signé : LOUIS DE LA BOUËRE,
> R. DE PIERROYS,
> BERTRAND, sénéchal.
> MAUGIS, procureur fiscal.

— 610 —

2 juillet 1675. — Aveu rendu à la seigneurie de Bouillé Saint-Paul par René Roulleau pour trois boisselées de vigne situées aux Perrières et tenues au 1/3 des fruits rendable au pressoir du château de Bouillé-Saint-Paul.

— 611 —

2 juillet 1675. — Aveu rendu à messire Louis de la Bouëre, écuyer, sgr de la Houssaye, curateur des biens de Lancelot-Auguste de la Louayrie, écuyer, sgr de Bouillé-Saint-Paul, Serré, etc., par René Clémenceau pour 15 boisselées de terre sises au terrouër de *Rouillard* et sujettes à 12 boisseaux d'avoine, une poule et un denier de rente annuelle.

— 612 —

5 juillet 1675. — Aveu rendu par messire Jean Pelourde, prêtre, curé de Bouillé-Saint-Paul, à messire Lancelot-Auguste de la

Louayrie, sgr de Serré et Bouillé-Saint-Paul, pour 31 journaux de vignes, sis aux fiefs du *Breuil* et de la *Herse* en la dite paroisse et relevant de la seigneurie de Serré, dépendant de Bouillé-Saint-Paul.

Signé : J. PELOURDE,

MONTESSAY, notaire,

LOYER, notaire.

— 613 —

11 *juillet 1675.* — Aveu rendu à Messire Louis de la Bouëre, chevalier, sgr de Bouillé-Saint-Paul, par Jeanne-Elisabeth Henry, veuve de Messire Laurent Herbert, chevalier, sgr de Bellefond, pour la métairie des Tombes, dépendant de la seigneurie de la Garenne, paroisse de Cersay et diverses rentes en blé, dues audit seigneur sur le tenement du Colombier.

Signé : LOUIS DE LA BOUËRE.

— 614 —

16 *juillet 1675.* — Aveu rendu à la seigneurie de Bouillé-Saint-Paul par François Berseron pour huit pièces de vigne Bouillé-Saint-Paul, et sujettes au 1/4 des fruits rendable au pressoir de Bouillé-Saint-Paul.

— 615 —

17 *juillet 1675.* — Aveu de la moitié par indivis de la maison noble et dépendances des *Tuffateries* en la paroisse de Bouillé-Saint-Paul, tenus de la seigneurie de Bouillé à foi et hommage plein, baiser, serment de fidélité et 12 deniers de service annuel, rendu par messire Louis de Lestoille, écuyer, sgr d'Ardancourt, la Grange et les Taffateries à messire Louis de la Bouëre, chevalier, curateur de messire Lancelot-Auguste de la Louayrie sgr de Bouillé-Saint-Paul.

Signé : LOUIS DE L'ESTOILLE.

LOUIS DE LA BOUËRE.

PELLEGEAY, notaire.

J. CAFFIN, notaire.

— 616 —

29 juillet 1675. — Jugement d'assises ordonnant que le sgr de
Bouillé-Saint-Paul et messire Georges de Cordouan, chevalier, sgr
de la Boisselotière, se pourvoiront devant le juge de Thouars au
sujet de leur différent relatif à l'hommage du fief de Labertin en
la paroisse de Cersay.

— 617-693 —

2 juillet-3 août 1675. — Soixante-dix-sept aveux rendus à la seigneurie de Bouillé-Saint-Paul par divers tenanciers pour de nombreuses pièces de terre et pièces de vignes, sises ès fiefs et terrouërs,
du *Bois de Cersay, Frontault,* du *Colombier,* des *Perrières,* des *Bois*
Charruau, du *Mureau,* des *Touches* de *Maligrette,* de *Courlet,* de
Serré, du *Vivier,* etc., etc., toutes relevant de ladite seigneurie de
Bouillé-Saint-Paul.

— 694-708 —

4 mai-8 octobre 1676. — Quinze aveux rendus à la seigneurie
de Bouillé-Saint-Paul par divers tenanciers pour plusieurs pièces
de terre et vignes sises ès fiefs des *Mesnardières,* des *Touches,* du
Vivier, du *Colombier,* de *Piedfereux,* etc., toutes relevant de la
seigneurie de Bouillé-Saint-Paul.

— 709 —

5 mai 1676. — Aveu de la dixme du fief noble du Haut-Pied-
fereux, rendu à messire Louis de la Bouëre, curateur de Lancelot
Auguste de la Louayrie, écuyer, sgr de Bouillé-Saint-Paul, par
Charles Brion, Mr chirurgien, demeurant à Bouillé-Saint-Paul.

Signé : C. BRION,

PELLEGEAY, notaire.

— 710 —

23 juin 1676. — Aveu rendu à messire Louis de la Bouëre, chevalier, curateur des biens et de la personne de messire Lancelot-
Auguste de la Louayrie, sgr de Bouillé-Saint-Paul, par dame
Françoise Chabert, veuve de feu noble homme Louis Garnier, sgr
de la Pommeraye, vivant conseiller du roy en l'élection de Thouars,
pour la 4ᵉ partie, par indivis, du fief des Médavy, en la paroisse de
Bouillé-Saint-Paul.

> Signé : FRANÇOISE CHABERT,
> RENÉ BRION, notaire,
> DUBOIS, notaire.

— 711 —

1ᵉʳ décembre 1676. — Transaction passée entre messire Louis
de la Bouëre, chevalier, sgr de la Houssaye, au nom et comme curateur de messire Lancelot de la Louayrie, sgr de Bouillé-Saint-
Paul, et messire Clément Baudouin, greffier de la baronnie d'Argenton-le-Château au sujet de la rente du fief du Vivier.

— 712 —

3 janvier 1679. — Aveu de la métairie du Bas-Piedfereux, *alias* :
des Grolles et de l'herbergement de Château-Gaillard, tenus à foy
et à hommage plein et à 2 sols de service annuel, rendu par messire Louis de la Bouëre, sgr de la Bouëre et de Bouillé-Saint-Paul,
à messire Claude-Elzéard, comte de Chastillon, chevalier, baron
d'Argenton, Chantemesle, la Raimbaudière, la Carrye et Massay[1],
à cause de son fief de la Carrye.

[1] C.-G. DE CHASTILLON. — Messire Claude-Elzéard de Chastillon, mestre de
camp d'un régiment de cavalerie, gentilhomme de la chambre du duc d'Orléans, 2ᵉ fils de François de Chastillon, chevalier, sgr de Boisrogues et de
Magdeleine Honoré. Il épousa à Paris le 23 février 1681 demoiselle Anne-
Thérèse Morel, fille de Louis, sgr de Bournonville, fermier général des fermes
du Roi et de Magdeleine Barbier du Yels, dont il eut deux fils et une fille.

— 713 —

15 février 1679. — Vente d'une planche et demie de vigne en deux morceaux, sise au Plantis des bois de Cersay, consentie par Jean Queignon à René Linyers et de Mathurin Massoteau, à la charge de relever du fief de Bouillé-Saint-Paul au 1/4 des fruits rendable au pressoir de Bouillé.

— 714 —

26 avril 1679. — Vente d'une rente noble et féodale de 37 boisseaux, écuellée, partie forment et partie seigle, mesure de Thouars, faisant partie d'une rente de 10 douzaines de seigle et 8 douzaines de froment, nommé la *Fresche du Vivier*, établie sur diverses pièces du fief de ce nom et consentie par le seigneur de Bouillé-Saint-Paul, à M. Annibal Orré conseiller du Roi en l'élection de Thouars, et Me Pierre de Lossendière, advocat au siège royal de Saumur, époux de feu demoiselle Jeanne Orré, administrateur légal de ses enfants, issus d'elle, et M. Jean Thomas, sgr de la Loudrais, advocat à Thouars, époux de demoiselle Gabrielle Orré.

— 715 —

1er juillet 1679. — Bail à ferme du pré de la Grande-Nouhe en la paroisse de Bouillé-Saint-Paul, consenti par messire Louis de la Bouëre, chevalier. sgr de Bouillé-Saint-Paul, à Jean Grondière, marchand, du village de la Verrière, paroisse de Saint-Médard de Thouars, pour la somme de 50 livres de rente annuelle.

signé PELLEGEAN, notaire.

— 716 —

10 juillet 1679. — Opposition mise sur le produit de la rente de la seigneurie du Mureau par le sgr de Bouillé-Saint-Paul, à cause des arrérages d'une rente de quatre douzaines de froment, deux chapons et 6 deniers, qui lui sont dus sur sept septrées de bois nommé le bois de Bouillé-Saint-Paul et dépendant dudit fief.

Ladite vente de la terre du Mureau et distribution de son prix pour servir à la requête de M. Robert Le Voyer, sgr de Chantepied, conseiller du Roy, lieutenant général à Angers en vertu de la saisie de ladite terre opérée sur messire Gabriel Amoureux. écuyer, sgr des Landes, curateur des biens des enfants mineurs de feus Pierre Amoureux, vivant, sgr de Mureau, et Charlotte Robert, son épouse.

— 717 —

9 février 1680. — Hommage lige et serment de fidélité fait au duché-pairie de Thouars, par devant messire Uriel de la Ville, sieur de Beaugé, sénéchal et juge ordinaire civil et criminel du duché, par messire Louis de la Bouëre, chevalier, sgr de Bouillé-Saint-Paul.

— 718 —

11 mai 1680. — Sentence contradictoire rendue à Thouars, par laquelle Pierre Marot est condamné à payer au sgr de Bouillé-Saint-Paul (Louis de la Bouëre), les arrérages de 12 solz 6 deniers de cens, dus audit sgr sur le tenement des Touches et en outre de lui exiber ses contrats d'acquêts.

— 719 —

18 mai 1680. — Sentence contradictoire rendue à Thouars, et ordonnant que le sgr de Bouillé-Saint-Paul fera vendre le foin du pré appartenant à Laurent, saisi à la requête dudit sgr de Bouillé, faute par ledit Laurent de lui avoir payé trois douzaines de grosse avoine noire et deux deniers de cens dus audit sgr au terme de la Saint-Michel.

— 720 —

1er juin 1680. — Sentence par défaut rendue au duché de Thouars par laquelle Jacques Petit, laboureur, est condamné à payer au sgr de Bouillé-Saint-Paul les arrérages de 10 solz de cens dus par lui sur le tenement de Frontault.

— 721 —

21 octobre 1681. — Acte établissant que messire Louis de la Bouëre, chevalier, sgr de Bouillé-Saint-Paul, a payé à Jean Prud·homme le montant du retrait féodal qu'il avait fait sur lui des terres que ledit Prudhomme avait acquises le 5 avril 1630.

— 722 —

9 décembre 1681. — Jugement par défaut rendu en la cour de la sénéchaussée de Saumur, et ordonnant que le sgr de Bouillé-Saint-Paul rentrerait immédiatement dans la possession des vignes de Jacques Vidot, François Berceron, la veuve de Pierre Voye, Pierre Bagot, Pierre Hervé, la veuve de Pierre Courteaux, Pierre Pasquier, la fille de François Pasquier, René Roux, Laurent Girault, Jacques Sallais, François Poupard et André Thibault, faute par eux de les façonner et planter. « attendu que les dictes vignes sont sujettes au quart des fruits envers ledit seigneur qui les leur avait levées et délaissées pour être par eux faites, et qu'en outre seront condamnés lesdits tenanciers en dommages et intérêts envers ledit seigneur. » (Tome xi, f° 95-98).

— 723 —

7 mars 1682. — Rente de 15 journaux de vigne au fief de Patis-des-Bois, consentie par Maurice Granger à François Guignard, veuve de Charles Simonault.

— 724 —

24 août 1682. — Acquêt fait par messire Louis de la Bouëre, chevalier, sgr de Bouillé-Saint-Paul, d'André Rangeard, vigneron du village de Frontault, paroisse de Bouillé-Saint-Paul et Jean Morineau, vigneron du village de la Touche, dite paroisse, de trois hommées de vigne en deux planches pour la somme de 45 livres tournois.

Signé : G. Axolleau, notaire.

— 725 —

2 janvier 1683. — Retrait féodal fait par messire Loys de la Bouëre, sgr de Bouillé-Saint-Paul, sur Maurice Granger, laboureur du village de Vernelle, paroisse de Bouillé de certaines vignes sises au Plantis-du-Bois, acquises par ledit Granger, de Françoise Guignard, veuve de Charles Simonault, le 7 mars 1682.

— 726-727 —

28 septembre 1583-29 mars 1686. — Deux aveux rendus à la seigneurie de Bouillé-Saint-Paul par divers tenanciers pour des terres sises aux fiefs de la Boisselotière et du Vivier.

— 728 —

17 mars 1684. — Aveu de la moitié par indivis de l'hostel et fief du Bas-Preuil tenu à foy et hommage plein, ung cheval de service et 60 solz de rente annuelle, rendre à messire Louis de la Bouëre, chevalier, sgr de Bouillé-Saint-Paul par Pierre Girard, marchand, et Marie Metivier, son épouse, veuve en premières noces d'Anthoine du Tertre, vivant, sgr de *Glenay*, autrement dit : *Le Preuil.*

— 729 —

25 juillet 1684. — Attestation par les officiers du comté de Passavant, de l'hommage rendu par Louis de la Bouëre, chevalier, sgr de Bouillé-Saint-Paul, acquéreur judiciaire des biens des enfants de feu Jean de la Louayrie, sgr de Grandbois, et Marie-Louise de Chouppes, sa femme, au seigneur du Preuil, paroisse de Bouillé-Saint-Paul, pour les terres qu'il possédait dans la mouvance de cette seigneurie.

— 730 —

27 mai 1686. — Aveu de la terre et seigneurie de Sarray (Serrée) sise à Bouillé-Saint-Paul, rendu par messire Louis de la Bouëre.

chevalier, sgr de Bouillé-Saint-Paul, à messire Charles-Louis de Gouffier, marquis de Caravas, comte de Passavant, sgr baron de Saint-Loup, sgr de Creville et de Boussay[1].

Signé : LOUIS DE LA BOUÈRE,
AXOLLEAU, notaire.

— 731 —

4 janvier 1687. — Sentence de la cour de Thouars condamnant messire Uriel Treton, sgr de la Moisnye, procureur du Roy à Saumur, à rendre aveu de sa dite terre de la Moisnye à messire Louis de la Bouëre, chevalier, sgr de Bouillé-Saint-Paul.

— 732 —

1er mars 1687. — Jugement rendu à Thouars, ordonnant la vente sur saisie, envers messire Henry-Charles de Cordouan, sgr de Vieille-Lande, des fiefs de Labertin et de la Taffaterie et le payement avec le produit au seigneur de Bouillé-Saint-Paul, de 3 solz de service à lui dus à cause des enfiefs de Labertin et 12 solz 6 deniers pour son tenement de la Taffaterie.

— 733 —

15 mars 1687. — Transaction passée entre messire Louis de la Bouëre, chevalier, sgr de Bouillé-Saint-Paul, d'une part et messire Jacques Herbert, chevalier, sgr de Bellefonds, la Garenne et Mibretin, demeurant à sa maison noble de la Garenne, paroisse de Cersay, faisant pour dame Elisabeth Henry, veuve de messire Laurent Herbert, vivant, chevalier, sgr de Bellefonds, et messire René de Pierroys, sgr de Preuil, d'autre part, par laquelle ces derniers se sont départis de la féodalité qu'ils prétendaient avoir sur le bois de la *Coudray* et reconnaissent qu'elle appartient au dit seigneur de Bouillé.

---

[1] Charles-Louis de Gouffier. — Messire Charles-Louis de Gouffier, Mis de Boulvet et de Caravas, capitaine au régiment de Villars, fils de Nicolas et d'Elisabeth du Faur, marié le 25 septembre 1676 à demoiselle Elisabeth-Claude de Brouilly, veuve de Jérôme comte de Gonnelieu, dont il eut deux fils.

— 734 —

1er septembre 1687. — Aveu rendu à messire Louis de la Bouëre, chevalier, sgr de Bouillé-Saint-Paul et messire Louis de Villeneuve, chevalier, sgr de Caseau et du Vivier, par indivis, par messire René de Pierrois pour 5 septrées de terre labourables et prés sises au fief du Vivier et tenues en la fresche du Vivier à trois douzaines de seigle de rente annuelle.

— 735 —

1er septembre 1687. — Offre d'hommage du fief Fleury en la paroisse de Cersay, faite au sgr de Bouillé-Saint-Paul par René de Pierrois, sgr de Preuil et de Boissettes.

— 736 —

8 septembre 1687. — Aveu rendu à messire Louis de la Bouëre chevalier, sgr de Bouillé-Saint-Paul, par messire Uriel Treton, sgr de la Moisnye, procureur du Roy en la Prevosté et maréchaussée de Saumur, sgr de la Moisnye, pour sa maison noble et seigneurie de la Moisnye en la paroisse de Massay.

— 737 —

15 mars 1688. — Arpentage de la Fresche du Vivier par M. N. Pineau, notaire, arpenteur juré, demeurant au Puy-Notre-Dame.

— 738-797 —

11 décembre 1688-2 juin 1700. — Soixante aveux, rendus à la seigneurie de Bouillé-Saint-Paul par divers tenanciers pour de nombreuses pièces de terre et vignes sises ès-fiefs du *Vigneau*, des *Touches*, du *Vivier*, du *Colombier*, de *Frontault*, des *Bois de Cersay*, du *Plantis-Rabouin*, de *Piedfereux*, des *Landes*, de *Charlrigné*, etc., toutes relevant de la seigneurie de Bouillé-Saint-Paul.

— 798 —

16 juin 1689. — Aveu rendu par messire Loys de la Bouëre, chevalier, sgr de Bouillé-Saint-Paul, à messire René de Pierrois, sgr de Preuil, fils de feu Jacques de Pierrois, vivant fermier de la seigneurie de Bouillé Saint-Paul, pour la moitié indivise, du fief des Touches, en la paroisse de Cersay.

Signé : LOUIS DE LA BOUËRE,
J. RICHARDIN, notaire,
G. ANOLLEAU, notaire.

— 799 —

21 janvier 1599. — Bail à ferme consenti par messire Louis de la Bouëre, chevalier, sgr de Bouillé-Saint-Paul, à Jacques Amion, vigneron du village de Frontault, de 20 boisselées de terres et landes, sises ès brandes de Bouillé Saint-Paul, pour sept années, moyennant la somme de 60 solz de rente annuelle.

Signé : ANOLLEAU, notaire,

— 800 —

9 août 1690. — Sentence contradictoire rendue au siège du comté de Passavant par laquelle Mᵉ Guy de Lavau, fermier général du comté de Passavant, est renvoyé de sa demande d'un sol qu'il prétendait lui être dû par messire Louis de la Bouëre, écuyer, sgr de Bouillé-Saint-Paul et Serré, comme seigneur de Serré.

— 801 —

12 juin 1693. — Arrêt rendu par le Parlement de Paris au profit de messire Louis de la Bouëre, chevalier curateur des enfants mineurs de feu Jehan de la Louayrie, vivant écuyer, sgr de Bouillé-Saint-Paul et de Grandbois et de feu dame Marie-Louise de Chouppes, son épouse, et établissant que les lots et ventes de la terre de la Boisselotière appartiennent bien audit seigneur et non à messire Armand-Louis de Gouffier, chevalier, sgr comte de Passavant, qui prétendait les posséder.

— 802 —

13 octobre 1693. — Transaction passée entre messire Louis de la Bouëre, chevalier, sgr de Bouillé-Saint-Paul, tant pour lui que pour messire Louis de Villeneufve, sgr du Cazeau, d'une part, et dame Françoise David, veuve de messire Henry-Charles de Cordouan, vivant chevalier, sgr de la Vieille-Lande, au sujet des droits de ventes de la Boisselotière en exécution de l'arrêt du 12 juin 1693.

— 803 —

19 juillet 1694-7 mars 1701. — Registre des assises de la terre et seigneurie de Bouillé-Saint-Paul, fiefs du Vivier, Serré et autres, tenues dans la cour dudit château et maison seigneuriale de Bouillé en présence de messire Louis de la Bouëre, chevalier, sgr dudit lieu de Bouillé-Saint-Paul et de M. Ignace Frogier, avocat au duché-pairie de Thouars, procureur fiscal desdits fiefs, ayant pour greffier M. Ysaac-François Beliard, greffier de ladite seigneurie, par M. Jean Bertrand, avocat au Parlement, seneschal de Bouillé-Saint-Paul.

— 804 —

15 octobre 1694. — Aveu de la dixme du fief noble de Piedfereux en la paroisse de Cersay, tenu du sgr de Bouillé-Saint-Paul à foy et hommage plein, baiser, serment de fidélité, 12 deniers de service annuel à la Saint-Michel et un cheval de service, rendu par René Brion, demeurant à la Boisselotière, paroisse de Cersay, à messire Louis de la Bouëre, sgr de Bouillé-Saint-Paul.

— 805 —

15 octobre 1694. — Aveu rendu à messire Louis de la Bouëre, chevalier, sgr de Bouillé-Saint-Paul, par messire Jacques Herbert, chevalier, sgr de Bellefonds et de la Garenne, fils de feu Lauren Herbert, chevalier, sgr de Bellefonds, et de dame Elisabeth Henry et tuteur de Lancelot-Auguste de la Louayrie, écuyer, pour la métairie des Touches dépendant de la seigneurie de la Garenne, laquelle relève de Bouillé-Saint-Paul et diverses rentes en blé, dues audit lieu sur le tenement du Colombier.

Signé : JACQUES HERBERT DE BELLEFONDS,
LOUIS DE LA BOUÈRE.

— 806 —

15 novembre 1694. — Aveu du fief de Maumusson relevant de la seigneurie de Serré à foy, hommage et rachat, rendu par Jean Falloux, écuyer, sgr de Villejosne, à messire Louis de la Bouëre, chevalier, sgr de Bouillé-Saint-Paul.

— 807 —

3 septembre 1695. — Aveu rendu à messire Louis de la Bouëre, chevalier, sgr de Bouillé-Saint-Paul, par messire Charles de Lestang, prieur commandataire du prieuré de Saint-Michel-les-Thouars, demeurant d'ordinaire à Paris, pour sept à huit septrées de terre appartenant audit prieuré et relevant de Bouillé-Saint-Paul à foy et hommage plein et 3 sols de service annuel.

Signé : DE LESTANG, prieur de Saint-Michel.

— 808 —

7 juillet 1695. — Vente d'une maison au village des Touches en la paroisse de Bouillé-Loretz, consentie par la veuve de Gilles Erreau, à messire Louis de la Bouëre, chevalier, sgr de Bouillé-Saint-Paul, moyennant la somme de 21 livres 6 sols 6 deniers.

— 809 —

28 mai 1697. — Bail à rente d'une maison et diverses pièces de
terre consenti par Gabriel Rouscher, marchand à messire René
Sourdeau, sgr de la Tousche, y demeurant paroisse de Bouillé
Loretz.

— 810 —

11 février 1698. — Bail à rente de la maison et terre de la Roche
Caillonneau, paroisse d'Argenton-l'Église, consenti par messire
Jean de Falloux, écuyer, sgr de Villejosnes, à messire Pierre de
Falloux, son frère.

— 811 —

20 octobre 1698. — Aveu du fief de Frontault sis en la paroisse
de Bouillé-Saint-Paul, rendu par messire Louis de la Bouëre, chevalier, sgr de Bouillé-Saint-Paul, à messire Joseph de Bernabé
chevalier, sgr de la Boullaye, baron de la Haye-Foulgereuse.

— 812 —

19 septembre 1698. — Aveu de la 4ᵉ partie par indivis du fie
de Medavy, en la paroisse de Bouillé-Saint-Paul, rendu à messire
Louis de la Bouëre, chevalier, sgr dudit lieu, par dame Françoise
Garnier de la Pommeraye, veuve de M. Louis Jobet, sieur de la Terri-
nière, vivant sénéchal de Cerisay, au nom et comme héritière de
feu dame Françoise Chabert, sa mère, veuve de M. Louis Garnier,
sgr de la Pommeraye, conseiller du Roy en l'élection de Thouars,
laquelle dame Chabert était fille de feu messire Ambroise Chabert,
vivant sgr de Cruzille, et dame Gabrielle Amelin.

— 813 —

20 février 1699. — Aveu semblable rendu par la même.

— 814 —

14 mai 1700 — Contrat d'échange passé entre messire Louis de la Bouëre, chevalier, sgr de Bouillé-Saint-Paul, d'une part, et messire Claude Orré, prêtre, curé de Louzy, et Pierre Oudry, marchand, époux de Marie Baudouin, demeurant à la Commanderie de Prailles, paroisse de Saint-Martin de Sanzay, et René Chabert, marchand, époux de demoiselle Marthe Brion, demeurant paroisse de Bouillé-Saint-Paul, de diverses pièces de terre au fief du Vivier.

— 815 —

14 août 1700. — Aveu rendu pour le fief de la Fraux en la paroisse de Cersay à messire Louis de la Bouëre, chevalier, sgr de Bouillé-Saint-Paul, par messire Jean-Gabriel de Hillerin[1], chevalier sgr de Liniers et de la Tousche.

— 816 —

16 mars 1701. — Aveu rendu par missire Mathurin Brion, prêtre, curé de Bouillé-Saint-Paul, à messire Louis de la Bouëre, chevalier, sgr de Serré et de Bouillé-Saint-Paul, pour 31 journaux de vignes sis aux fiefs du Breuil et de la Herse en ladite paroisse et relevant de la seigneurie de Serré, dépendant de Bouillé-Saint-Paul.

Signé : M. BRION, curé,

J. RICHARDIN, notaire,

G. ANOLLEAU, notaire,

— 817 —

2 septembre 1701. — Aveu rendu à messire Louis de la Bouëre, chevalier, sgr de Bouillé-Saint-Paul, par messire Jacques de Pierroys, sgr de Boëssettes, pour le fief Fleury, tenu à foy et hommage plein et à 10 deniers de service annuel.

[1] J.-G. DE HILLERIN. Très ancienne famille du Poitou qui porte pour armes *De gueules à trois roses d'argent.*

— 818 —

21 septembre 1701. — Aveu du fief de Maumusson, tenu à foy, hommage et rachat de la seigneurie de Serré, rendu par messire Pierre Falloux, et sgr de La Roche-Argenton-l'Église, et y demeurant, à messire Louis de la Bouëre, chevalier, sgr de Bouillé-Saint-Paul.

Signé : P. Falloux de la Roche,
Chassereaux, notaire.

— 819-878 —

18 février 1701-24 septembre 1724. — Soixante aveux rendus à seigneurie de Bouillé-Saint-Paul par divers tenanciers pour de nombreuses pièces de terre et vignes sises ès-fiefs du *Colombier* des *Touches,* du *Vivier,* de *Fondreul,* paroisse de *Bouillé-Loretz,* de la *Taffalerie,* de *Frontault,* du *Plantis-Rabouan,* des *Bois de Cersay,* de *Courlet* de *Serré,* de la *Graffinière* du *Bois-Charruzu,* de *Gastebourse,* du *Vigneau,* toutes relevant de Bouillé Saint-Paul.

— 879 —

10 juillet 1703. — Saisie féodale de la terre de Bouillé-Saint-Paul, à la requête du seigneur de Thouars, faute d'hommage lige.

— 880 —

14 mai 1704. — Procuration consentie par dame Gabrielle Lemaistre, veuve de messire Louis de la Bouëre, sgr de Bouillé-Saint-Paul, à messire René Chabert fermier général de la terre dudit Bouillé, pour rendre foy et hommage de la métairie des Grolles et de l'herbergement de Château-Gaillard au seigneur comte de Chastillon, baron d'Argenton-le-Château.

Signé : Gabrielle Le Maistre,
L. Douin, notaire,
De la Motte, notaire.

— 881 —

12 *juin* 1764. — Aveu de la métairie du Bas-Piellereux, *aliàs* : des *Grolles* et de l'herbergement de *Château-Guillard*, tenus à foy et hommage plein et à 2 sols de service annuel rendu par messire René Chabert, fondé de procuration de dame Gabrielle Le Maistre, veuve de messire Louis de la Bouëre, à Mgr Claude-Elzéard de Chastillon, comte d'Argenton-le-Chasteau, le Boisrogues, le Chastelier, etc., pour son fief de la Carrye.

— 882 —

20 *août* 1705. — Aveu rendu à très haut et très puissance prince Mgr Charles, duc la Trémoille de Thouars, Châtellerault et Loudun, pair de France, premier gentilhomme de la Chambre, prince de Tarente et de Tallemond, comte de Laval, Montfort, Benon et Taillebourg, vicomte de Rennes, marquis d'Espinay, baron de Vitré, Mauléon, Doué, etc., par dame Gabrielle Le Maistre, veuve de messire Louis de la Bouëre, chevalier, vivant, sgr de Bouillé-Saint-Paul, etc., tutrice de sa fille aînée demoiselle Catherine-Claude de la Bouëre, pour sa terre et seigneurie de Bouillé-Saint-Paul avec toutes ses appartenances et dépendances.

Signé : Gabrielle Le Maistre,
G. Jousset, notaire.

— 883 —

22 *avril* 1710. — Attribution de partage de la terre et seigneurie de Bouillé-Saint-Paul à dame Catherine-Claude de la Bouëre, épouse de messire René de Guillot, chevalier, sgr de la Bardouillère, Sourches et Saint-Aubin, fille de feu messire Louis de la Bouëre, chevalier, sgr de Bouillé-Saint-Paul et de dame Gabrielle Le Maistre, son épouse, à présent femme de messire Nicolas

de Gazeau, chevalier, sgr de la Turpinière, et belle-sœur de dame
Marie-Anne de la Bouère, épouse de messire Philippe de Gazeau
chevalier, sgr de Lancosme[1].

Signé : DE LA MOTTE, notaire.

— 884 —

25 octobre 1710. — Procuration donnée par messire Aimé-
François Pouget, prêtre de l'Oratoire, abbé de Chambon, docteur
de Sorbonne, chanoine honoraire de l'église de Montpellier, demeurant d'ordinaire à Paris au séminaire de Saint-Magloire, et de présent à Loudun, à l'hostel de Bourgneuf, fondé de procuration
générale de Mgr Gatien de Gatizon, évêque d'Agathopole, coadju-
teur de Babylone, prieur de Saint-Michel, à demoiselle Françoise
Brignet, veuve de messire Claude Thibaudeau, pour rendre aveu
du prieuré de Saint-Michel-lès-Thouars, à la seigneurie de Bouillé-
Saint-Paul.

— 885 —

30 octobre 1710 — Contrat de vente de la maison noble et
dépendances des Taffateries consentie par messire Pierre de Lestoille,
chevalier, sgr de la Grange, et Magdeleine de Bailleul, son épouse,
à noble homme Joseph Pasquier, marchand, du Puy-Notre-Dame,
pour la somme de 5.150 livres.

— 886 —

1er juillet 1711. — Aveu rendu à la seigneurie de Bouillé-Saint-
Paul par Joseph Pasquier, marchand, demeurant au Puy-Notre-
Dame, pour la maison noble et dépendances de Taffateries en la
paroisse de Bouillé-Saint-Paul.

Signé : ANGIGNARD, notaire.

---

[1] DE GAZEAU. — Messire Nicolas de Gazeau, sgr de la Turpinière, était fils aîné
de Philippe, sgr du Plessis-Florentin et de Dlle Anne Baudry de la Turpinière.
— Son frère cadet Philippe de Gazeau, écuyer, sgr de Lancosme, épousa le 10
novembre 1705, Dlle Marie-Anne de la Bouère, dont il eut trois fils et une fille.
Cette très ancienne famille porte pour armes : *D'azur au chevron d'or accompagné de trois trèfles de même.*

— 887 —

8 juillet 1711. — Foy et hommage lige faits au duché pairie de Thouars, par devant messire Pierre-François de la Ville, sgr de Baugé, conseiller du Roy, sénéchal et juge criminel et civil du duché, par messire René de Guillot, chevalier, sgr de la Bardouillière, au nom et comme procureur de dame Catherine Claude de la Bouère, son épouse, pour la terre et seigneurie de Bouillé-Saint-Paul, qu'elle tient du duché pairie de Thouars, à foy, hommage lige et rachat.

— 888 —

16 juillet 1711. — Procuration donnée par le commissaire aux saisies réelles du parlement à Jean-Charles Gelé, demeurant à Doué, pour rendre hommage du fief de la Fraux à la seigneurie de Bouillé-Saint-Paul.

— 889 —

12 juillet 1712. — Aveu rendu par messire René Guillocheau, prêtre, curé de Bouillé-Saint-Paul, à dame Catherine-Claude de la Bouère, dame de Bouillé-Saint-Paul, épouse sans communauté de biens de messire René de Guillot, chevalier, sgr de la Bardouillière, pour 31 journaux de vignes, sis ès fiefs du Breuil et de la Herse en la dite paroisse, et relevant de la seigneurie de Serré, dépendante de Bouillé-Saint Paul.

Signé : GUILLOCHEAU, curé,
RENAULT, notaire,
CHARRIER, notaire.

— 890 —

12 août 1712. — Aveu du prieuré de Saint-Michel-lès-Thouars, rendu à dame Catherine-Claude de la Bouère, dame de Bouillé

Saint-Paul, épouse de messire René de Guillot, chevalier, sgr de la Bardouillère, par Mgr Gatien de Gatizon, évêque d'Agathopole, prieur de Saint-Michel.

— 890 —

5 septembre 1712. — Aveu de la moitié par indivis de l'hostel et fief du Bas-Preuil, tenu à foy et hommage plein, ung cheval de service et 60 solz, rente annuelle, rendu à dame Catherine-Claude de la Bouëre, épouse de messire René de Guillot, chevalier, sgr de la Bardouillère, par Magdeleine et Renée Renart, sœurs, demeurant au bourg de Saint-Georges de Châtelaison.

— 891 —

28 novembre 1713. — Aveu rendu au seigneur de Bouillé-Saint-Paul par messire Anthoine Bitaut, chevalier, sgr de Vaillé, Rochereau, le Fief-Huron, Boisdamier, les Touches, Cossay, le Palys, et la châtellenie de la Daussonnière, pour une rente foncière de 8 douzaines de blé seigle, 12 douzaines d'avoine, mesure de Passavant, 12 chapons et 2 sols de cens, le tout à lui dû par les tenanciers du tenement de Frontault, pour raison de quoi il doit lui-même audit seigneur de Bouillé-Saint-Paul 5 sols de service annuel.

Signé : BITAUT.

Cachet dudit Antoine Bitaut : *D'azur au chevron d'or, accompagné de 3 têtes de léopard tournées à senestre. Écu soutenu par deux aigles et timbré d'une couronne de marquis.*

— 893 —

2 juin 1714. — Bail à ferme du château, terres et seigneuries de Bouillé-Saint-Paul, consenti pour une durée de 7 années, par messire René de Guillot, chevalier, sgr de la Bardouillière, demeurant au château de la Graffinière, paroisse de Cuon, époux de dame

Catherine-Claude de la Bouëre, à M. Sébastien Jobet, marchand, et Catherine Garnier, sa femme, moyennant la somme 2 450 livres de fermage annuel.

— 894 —

30 juin 1714. — Aveu de la 4e partie par indivis du fief de Meda-vy, sis en la paroisse de Bouillé-Saint-Paul, rendu à dame Cathe-rine Claude de la Bouëre, dame de Bouillé Saint-Paul, épouse non communière de biens de messire René de Guillot, chevalier, sgr de la Bard-uillère, par messire Claude Garnier de la Berthellière, à cause de Françoise-Marie Jobet, son épouse, fille de feu M. Louis Jobet, sgr de la Therinière, et de demoiselle Françoise Garnier.

— 895 —

12 juillet 1714. — Acquêt fait par dame Catherine-Claude de la Bouëre, épouse de messire René de Guillot, chevalier, sgr de la Bardouillère et de Bouillé-Saint-Paul, de Jacques, Chenu, maitre chirurgien, et Françoise Regnault, sa femme, demeurant à Cersay, de 7 journaux de vigne en 3 morceaux, sis au Clos du Plantis du Bois, à charge de relever d u fief du Vivier.

— 896 —

12 juillet 1714. — Ratification faite par Marie-Magdeleine Garnier, épouse de maitre Sébastien Jobetz, sieur de la Maison-Neuve, du bail de la terre et seigneurie de Bouillé-Saint-Paul, consenti à celui-ci le 2 juin 1714 par messire René de Guillot, chevalier, sgr de la Bardouillère, époux de dame Catherine-Claude de la Bouëre, et de l'évaluation de la somme de 2727 livres, du cheptel de bestiaux que ledit sgr René Guillot a cédé audit sieur Jobetz à son entrée en jouissance.

— 897 —

10 et 12 août 1715. — Aveu rendu à dame Catherine-Claude de la Bouëre, épouse, sans communauté de biens, de messire René de

Guillot, chevalier, sgr de la Bardouillère, par René Brion, seigneur
de la Boisselotière, paroisse de Cersay, pour son fief de Labertin
qui en relève et dont les tenanciers lui doivent dix douzaines de
blé seigle et dix livres en argent de rente annuelle.

— 898 —

3 septembre 1715. — Aveu rendu à dame Catherine-Claude de la
Bouëre, épouse de messire René de Guillot, chevalier, sgr de la
Bardouillère, par maitre Jean Jarry, procureur au duché pairie
de Thouars, au nom et comme procureur de dame Marthe Meignan,
veuve de maitre Jacques Herbert, chevalier, sgr de Bellefonds, la
Garenne, etc., pour la métairie de la Touche, dépendant de la sei-
seigneurie de la Garenne, laquelle relève de Bouillé-Saint-Paul et
diverses rentes en blé, dues audit lieu, sur le tenement du *Colombier.*

— 899 —

10 août 1719. — Abandon de diverses pièces de terre aux Clos
des *Mesnardières* et des *Perrières* consenti par Jacques Sallais au sgr
de Bouillé-Saint-Paul (messire René de Guillot, sgr de la Bardouillère, époux de demoiselle Catherine-Claude de la Bouëre).

— 900 —

8 avril 1719. — Transport du fief et de la seigneurie de Bouillé-
Saint-Paul fait par messire Charles de Villeneuve, chevalier, sgr
du Cazeau, à messire François de Villeneuve, chevalier, sgr du
Vivier, son fils, moyennant la somme de 1500 livres.
Signé : DE VILLENEUVE.

— 901 —

18 avril 1719. — Vente : 1° de la rente féodale de 15 septiers de
grain, mesure de Thouars (5 de froment et 10 de seigle) formant

moitié de 3o septiers dus aux fresches nommées le *Vivier*, rendable au château de Bouillé-Saint-Paul le jour de la Saint-Michel, l'autre moitié appartenant déjà au sgr de Bouillé ; 2° de la moitié par indivis du 1/4 et dixme des fruits sur 72 hommées de vigne sise en l'étendue du fief du Breuil, par. de Bouillé Saint-Paul avec 4 deniers de cens par hommée, consentie par Mme Charles-François de Villeneuve, chevalier, sgr du Vivier, à messire René de Guillot, chevalier, époux de dame Catherine Claude de la Bouëre, sgr et dame de Bouillé-Saint-Paul, à la charge de relever dudit fief.

— 902 —

3 septembre 1719. — Prolongation de bail de la ferme de la terre et seigneurie de Bouillé-Saint-Paul, accordée par messire René de Guillot, chevalier, sgr de la Bardouillère, et demoiselle Catherine-Claude de la Bouëre, son épouse, à Me Sébastien Jobelz et Marie-Magdeleine Garnier, son épouse.

Signé : ANGIGNARD, N^{re}.

— 903 —

7 septembre 1719. — Aveu de la terre et seigneurie de Serré, sise à Bouillé-Saint-Paul, rendu par dame Catherine Claude de la Bouëre, épouse non communière de biens, de messire René de Guillot, chevalier, sgr de la Bardouillère, Sourches, Bessay et Saint-Aubin, à haut et puissant seigneur messire Marc-Antoine Gouffier, marquis de Caravas, comte de Passavant, baron des Aubiers, la Chaussée, Fief-Levesque, etc.

Signé : RENÉ DE GUILLOT, procureur de Mme de la Bouëre.
N. GILLOT, N^{re}.

— 904 —

21 mars 1720. — Contrat de vente de la terre et seigneurie de de Bouillé de Saint-Paul, moyennant la somme de 15o.ooo livres,

et des bestiaux qui la garnissaient moyennant la somme de 7.500
livres, consenti par messire René de Guillot, seigneur de la Bardouillère, demeurant d'ordinaire au château de la Graffinière, paroisse de
Cuon, et de présent à Paris, rue Dauphine, en la maison où pend
pour enseigne l'*Hôtel d'Anjou*, et dame Catherine-Claude de la
Bouëre, sa compagne, à très haut et très illustre seigneur Alexis-
Magdeleine-Rosalie, comte de Chastillon, maréchal des camps et
armées du Roy, mestre de camp général de la cavalerie légère de
France, grand bailli de Haguenau, demeurant à Paris, en son hôtel,
rue Saint-Dominique, quartier de Saint-Germain-des-Prés.

— 905 —

21 mars 1720. — Copie sur papier dudit contrat de vente.

— 906 —

24 avril 1720 — Notification au greffe du duché pairie de Thouars,
de l'organisation faite par très haut et très puissant seigneur Alexis-
Magdeleine-Rosalie, comte de Chastillon, maréchal des camps et
armées du Roy, mestre de camp général de la cavalerie légère de
France, grand bailly de Haguenau, demeurant à Paris en son hostel
rue Saint-Dominique, de la terre et seigneurie de Bouillé-Saint-Paul,
à lui vendue par contrat du 18 avril 1719, pour la somme de 157.500
livres, par messire René de Guillot, chevalier, seigneur de la
Bardouillère, demeurant d'ordinaire à son château de la Graffinière,
paroisse de Cuon en Anjou, et dame Catherine Claude de la Bouëre
son épouse.

— 907 —

30 avril 1720. — Production devant le sénéchal du comté de
Passavant, de l'acte d'acquêt de la terre et seigneurie de Serré, sise
à Bouillé-Saint-Paul, fait le 21 mars 1720, par haut et puissant

seigneur messire Alexis-Magdeleine-Rosalie, comte de Chastillon, maréchal des camps et armées du Roy[1].

— 908 —

8 août 1720. — Acte d'hommage de la terre et seigneurie de Serré, sise à Bouillé-Saint-Paul, fait au comté de Passavant par haut et puissant seigneur messire Alexis-Magdeleine-Rosalie, comte de Chastillon, seigneur de Bouillé-Saint-Paul, et Serré, maréchal des camps et armées du Roy.

— 909 —

7 avril 1723. — Permission accordée par M. le comte de Chastillon, maréchal des camps et armées du roi, seigneur de Bouillé-Saint-Paul, à messire René Guillocheau, curé dudit lieu, de faire construire un appentis le long de la nef de l'église paroissiale de Bouillé.

Signé : CHASTILLON.
R. GUILLOCHEAU.

— 910 —

9 avril 1723. — Sous-seing par lequel messire René Guillocheau, prêtre, curé de Bouillé-Saint-Paul, s'oblige à entretenir une digue ou chaussée, sise entre le pré de la Cure et le grand pré de Serré et faite à frais communs entre le seigneur de Serré (M. le comte de Chastillon) et le curé de Bouillé-Saint-Paul. Ladite chaussée devra être munie d'une bonde qui sera fermée à certains jours pour retenir l'eau afin d'arroser le grand pré de Serré.

[1] **Alexis de Chastillon.** — Messire Alexis de Chastillon, 3e fils de Claude Elzéard et de Anne-Thérèse Moret. Brigadier des armées du Roy en 1712, maréchal de camp en 1720, mestre général de la cavalerie légère en 1734, lieutenant général des armées du Roi, commandeur de ses Ordres, gouverneur du Dauphin, il était né le 7 septembre 1620 et mourut le 18 février 1734, après avoir épousé : 1° Charlotte-Gertrude de Voysins le 22 janvier 1711 ; 2° Anne Gabrielle Le Veneur de Tillières.

— 911 —

24 juin 1723. — Hommage lige rendu au duché-pairie de Thouars pour la terre et seigneurie de Bouillé-Saint-Paul par messire René Chauvin, conseiller du Roy, lieutenant civil et criminel du duché de Thouars, procureur agissant pour monseigneur Alexis-Magdeleine-Rosalie, comte de Chastillon, seigneur de Bouillé-Saint-Paul.

— 912 —

24 août 1724. — Aveu rendu par messire René Guillocheau, prêtre, curé de Bouillé-Saint-Paul, à haut et puissant seigneur messire Alexis-Magdeleine-Rosalie, comte de Chastillon, seigneur de Serré et Bouillé-Saint-Paul, pour 31 journaux de vignes, sur les fiefs du Breuil et de la Herse, et relevant de la seigneurie de Serré, relevant de Bouillé-Saint-Paul.

— 913 —

20 septembre 1724. — Aveu de la terre et seigneurie de Bouillé-Saint-Paul, rendu par messire Alexis-Magdeleine-Rosalie, comte de Chastillon, maréchal des camps et armées du Roy, mestre de camp général de la cavalerie légère de France, grand bailly Haguenau, seigneur baron d'Argenton-le-Chasteau, l'Ebeaupinaye, Mairé, à très haut et très puissant prince Charles-Armand-René, duc de la Trémoille et de Thouars, prince de Léon et Tarante, comte Laval, de Montfort et de Luynes, baron de Vitré, etc., etc. — Et comprend ladite seigneurie de Bouillé-Saint-Paul : l'hostel dudit *Bouillé-Saint-Paul*, donjon, droit de forteresse, fossés pleins d'eau, pont-levis, basse-cour, aussi entourée de fossés, fuye, garennes, droit de justice, ardins, vignes, terres labourables et bois de fustaye, le tout joignant d'un costé vers le levant le chemin qui va de Cersay à Chaufour, d'autre costé au midy le chemin de Massay au Puy-Notre-Dame, d'autre vers le couchant les terres de la métairie de

Cerré, dépendant de Bouillé-Saint-Paul, mais tenue du comté de Passavant, et vers le nord les terres de la métairie de Cerré, le tout contenant environ dix septrées de terre.

Plus divers autres terres énumérées à l'aveu.

Et sont tenanciers de terres nobles tenues à foy et hommage et autres cens de la seigneurie de Bouillé-Saint-Paul :

1° *Le Curé de Bouillé-Saint-Paul* pour raison de la fondation et dotation de son église et maison presbytérale. Et au dedans et autour de ladite église ont esté de tout temps les armoyries des seigneurs de Bouillé-Saint-Paul et leurs tombes en icelle.

2° *Le Prieuré et aumônerie de Saint-Michel de Thouars*, tenu à foy et hommage plein et à 3 sols de rente annuelle.

3° Uriel *Chiron*, tenu à trois sols de rente annuel et à foy et hommage plein pour son hostel de *Rochefou*.

4° Pierre de *L'Estoille*, écuyer, seigneur de la Grange, tenu à 12 sols de rente annuelle et à foy et hommage plein pour son hostel et tenement des *Taffatries* en la paroisse de Bouillé-Saint-Paul.

5° Jacques *Herbert*, écuyer, seigneur de *Bellefond*, tenu à foy et hommage plein et à 18 sols de rente annuelle pour sa métairie des *Touches* en la paroisse de Cersay.

6° Jacques *Herbert* (ci-dessus cité), écuyer, seigneur de *Bellefond*, tenu à foy et hommage plein et à 18 deniers de service annuel le jour de la feste de Saint-Michel, pour sa tenue du *Colombier* en la paroisse de Cersay et diverses pièces de terres.

7° René *Brion*, tenu à foy et hommage plein et à 2 sols le denier de service annuel pour ses tenements de la *Fouzillière* et de *Labertin*.

8° René *Chabert* qui tient à foy et hommage et à 6 deniers de rente annuelle certaines vignes au lieu et place de François de Lesperonnière, escuyer, seigneur de Vritz.

9° René *Brion* qui tient à foy et hommage les dixmes de la métairie de *Piedfereux*.

10° La veuve d'Uriel *Treton*, qui tient à foy, hommage et rachapt son hostel et métairie de la *Moinie* en la paroisse de Massay.

11° Messire Jacques de *Pierrois*, prêtre, qui tient à foy et hommage plein et à 10 deniers de service annuel, 12 septrées de terre, sises à *l'Hameau-Joanne*, en la part de Cersay.

12° Françoise *Garnier*, veuve de Louis *Jobet*, qui tient à foy et hommage plein et à 12 deniers de service annuel le 1/4 par indivis du fief de *Médury* près le village de Chauffour en la par. de Bouillé-Saint-Paul.

13° La veuve de René de *Pierrois*, qui tient le pré de la rivière de la *Roche*.

14° Le sieur de la *Vieille-Lande* qui tient à foy et hommage plein et à trois sols de service annuel, le bois de la *Bruletière*.

15 et 16° Les seigneurs tenant les paturages, brandes et landes des *Marillères*, les *Vignaux*, la *Varanne*, la *Pommeraye*, la *Claye*, la *Coussable*, les *Buards*, le fief d'*Oignant*, l'*Ebeaupinaye*, etc., qui sont tenus à foy et hommage plein et à un cheval de service quand le cas y advient.

17° Les héritiers de Jean-Gabriel d'*Hillerin*, seigneur de *Liniers*, qui sont tenus à foy et hommage plein et à 6 sols de rente annuel chaque fête de *Noël* pour leur tenement de la *France*, en la paroisse de Cersay.

Signé : DE CHASTILLON.

— 914 —

19 novembre 1727. — Bail à ferme du château, terre et seigneurie de *Bouillé-Saint-Paul*, consenti par Mgr Alexis-Magdeleine, comte de Chastillon, mareschal des camps et armées du Roy, maistre de camp général de la cavalerie legère de France, grand bailli d'Haguenau, baron d'Argenton, Mairé, Lebeaupinaye, Bouillé-Saint-Paul, etc., à M° René Reineleau, sieur du Gast, demeurant au bourg de Sainte-Radegonde de Pommiers, pour une durée de sept années et moyennant la somme de 2,200 livres de fermage annuel.

— 915 —

21 septembre 1728. — Procès-verbal d'État des lieux de la terre et seigneurie de Bouillé-Saint-Paul.

— 916 —

1728 (?). — Inventaire des titres de la terre et seigneurie de Bouillé-Saint-Paul et dépendances.

Dans cet inventaire sont mentionnés, entre autres pièces, les titres suivants que nous n'avons pas retrouvés :

Papier de la recette des cens, rentes, honneurs, devoirs, etc., dus au château, fiefs et seigneuries de Bouillé-Saint-Paul, commencé le 29 septembre 1678 et contenant 184 feuillets.

Registre des insinuations faites au greffe de la seigneurie de Bouillé-Saint-Paul et dépendances, contenant 100 feuillets ;

Registre des grandes assises de Bouillé-Saint-Paul du 13 septembre 1484, contenant 399 feuillets.

Ibidem, du 2 mai 1585, contenant 162 pages.

Ibidem, du 30 août 1599, contenant 147 pages.

Ibidem, du 23 janvier 1612, contenant 193 pages.

Ibidem, du 20 juillet 1634, contenant 182 pages.

Ibidem, du 1ᵉʳ juillet 1673, contenant 99 pages.

— 917 —

3 juin 1729. — Titre nouveau consenti par Mgr le duc de Chastillon, comme seigneur de Bouillé-Saint-Paul, au sieur curé dudit Bouillé, de la vente ou legs de 6 boisseaux de froment, mesure de Thouars, que celui-ci avait droit de prélever sur la métairie de Serré.

— 918 —

13 octobre 1734. — Procuration donnée par Anne-Gabrielle Le Veneur de Tillières, comtesse de Chastillon, dame de Bouillé-Saint-

Paul, autorisée du comte de Chastillon, son mari, à maître René Chauvin, conseiller du Roi, ancien lieutenant civil et criminel de l'élection de Thouars, pour affermer au sieur *Chabert* la terre et seigneurie de Bouillé-Saint-Paul pour une durée de neuf années.

— 919 —

19 novembre 1734. — Bail à ferme de la terre et seigneurie de Bouillé-Saint-Paul, au sieur *Chabert*, pour une durée de neuf années. Copie dudit bail en date du 13 juin 1744.

— 920 —

1735. — Livre de recette des rentes dues à la seigneurie de Bouillé-Saint-Paul pour l'année 1735 (Cahier in-4° de 23 feuillets).

— 921 —

Vente consentie par messire Pierre Uriel Treton, conseiller du Roy, lieutenant en l'élection de Saumur à François Caftin, marchand, demeurant à Sainte-Verge, de la maison de la *Hardouinière*, sise en la paroisse d'Ulcot, et de maison et terre de la *Moisnye* en la paroisse de Massay, le tout moyennant la somme de 13.000 livres, soit 8.000 livres pour la maison de la Hardouinière et dépendances, et 5.000 livres pour la Moisnye.

— 922 —

3 juin 1744. — Bail à ferme du château, terres et seigneuries de *Bouillé-Saint-Paul*, consenti pour une durée de neuf années par très haut et très puissant seigneur Mgr Louis-Marie-Bretagne-Dominique de Rohan-Chabot, duc de Rohan, du Lude et de Roquelaure, pair de France, prince de Léon, comte de Porhoët, marquis de Blain, vicomte de Léon, à M. Belliard, marchand à Bouillé-Saint-Paul, moyennant la somme de 3.508 livres de fermage annuel.

— 923 —

23 juillet 1746. — Acte de foy et hommage fait au comte de Passavant par maître René Perreau, procureur fiscal de la baronnie d'Argenton, comme procureur de Mgr Louis-Marie-Bretagne-Dominique de Rohan-Chabot, duc de Rohan, pair de France, prince de Léon, etc. époux de dame Charlotte-Rosalie de Chastillon, pour la métairie et fief de *Serré*, sise à Bouillé-Saint-Paul.

— 924 —

18 mai 1747. — Saisie féodale de la terre et seigneurie de *Bouillé-Saint-Paul*, à la requête de Mgr le duc de Thouars, faute d'hommage lige.

— 925 —

28 Août 1747. — Hommage lige rendu par devant M. Jean-Baptiste Mastenet, écuyer, seigneur de la Brunetière, sénéchal et juge ordinaire civil et criminel du duché-pairie de Thouars, par Mᵉ René Perreau, avocat en Parlement, procureur fiscal de la baronnie d'Argenton-le-Château, agissant pour ei au nom de très haut et très illustre sgr Monseigneur Louis-Marie-Bretagne-Dominique, duc de Rohan, prince de Léon, pair de France et mari de dame Charlotte-Rosalie de Chastillon, son épouse, pour la terre et seigneurie de Bouillé-Saint-Paul.

— 926-932 —

1747-1748. — Sept pièces de procédure de messire Louis-Marie Bretagne-Dominique de Rohan-Chabot, duc de Rohan, prince de Léon, sgr de Bouillé-Saint-Paul, contre messire Charles d'Alloye, de Rochefort, cher., sgr de Charzay, relativement au payement d'une somme de 828 livres 14 sols, 3 deniers.

— 933 —

23 avril 1751. — Etat des terres et domaines que les seigneurs de Bouillé-Saint-Paul ont porté au comté de Passavant depuis l'an 1475 et pour lesquels il est dû généralement un cheval de service et foy et hommage simple. Entre autres :

Le Bois de la *Brusielière*, paroisse de Massay, indivis entre les sgrs de Laspoix et Bouillé-Saint-Paul pour lequel est dû hommage simple à trois sols de service, avec *un lit garni de courtepointes et couëlles* en une maison à Passavant pour y coucher le sgr de Bouillé-Saint-Paul une fois par an et auquel on doit en outre fournir la chandelle de cire nécessaire à son couchage.

Divers tenements dans les paroisses de Saint-Nicolas et d'Ulcot pour lesquels sont dus une obolle au terme de Saint-Jean-Baptiste appelée *Droit de Fermage*, et une autre au terme de Noël, appelée *Droit de Fourchage*, plus douze charretées de bois, rendues audit terme à l'hostel de Bouillé-Saint-Paul.

— 934 —

8 juillet 1751. — Aveu de la terre et métairie de Serré, tenue à foy et hommage lige du comte de Passavant, rendu par M⁰ René Perreau, procureur fiscal de la ville et baronnie d'Argenton-le-Château, receveur et procureur fiscal de la terre et seigneurie de Bouillé-Saint-Paul, agissant pour Mgr Louis-Marie-Bretagne-Dominique de Rohan-Chabot, duc de Rohan, du Ludet de Roquelaure, pair de France, prince de Léon, comte de Porhoët, marquis de Blain, etc., à haut et puissant Monseigneur François-Louis de Gouffier, marquis de Thoir, comte de Passavant baron de Calheux, Doué, les Aubiers, la Chaussée, le Fief-l'Evêque, seigneur chastelain de Morvilliers, époux de dame Charlotte-Rosalie de Chastillon.

— 935-948 —

8 juin 1754. 14 janvier 1766. — Quatorze contrats roturiers passés devant la juridiction de Bouillé-Saint-Paul et relatifs à des ventes, échanges et cessions passés entre divers tenanciers.

— 949 —

9 juin 1755. — Hommage-lige de la terre de *Bouillé-Saint-Paul* fait au duché-pairie de Thouars par Me René Perreau, avocat au Parlement, procureur fiscal de la baronnie d'Argenton-le-Château, agissant pour et au nom de monseigneur Louis-Bretagne-Dominique Charles de Rohan-Chabot, duc de Rohan, prince de Léon, pair de France, comte de Porhoët, d'Assérac, marquis de Blain, baron de Tressay, président de la noblesse de Bretagne, gouverneur de la ville et château de Lectoure et veuf de feue dame Charlotte Rosalie de Chastillon, son épouse.

— 950 —

9 juillet 1757. — Aveu rendu au duché pairie de Thouars pour la terre et seigneurie de Bouillé-Saint-Paul par René Perreau, procureur fiscal de la baronnie d'Argenton-le-Château, agissant pour messire Charles Guillaume-Louis, marquis de Broglie, seigneur du Mesnilvoisin, ladite terre tenue à foy, hommage et rachat.

Et sont tenanciers de rentes nobles à foy et hommage :

Le curé de Bouillé-Saint-Paul pour son presbytère et son église où sont de tout temps les armes et tombes des seigneurs de Bouillé.

Le prieur et aumônier de Saint-Michel, près Thouars.

Le sieur du *Chastel,* fils héritier du sieur du *Chastel* son père au lieu de la demoiselle du Vergier pour l'hostel et fief de *Rochefou.*

La dame veuve *Drouineau,* au lieu de la veuve *Pasquier,* veuve du sieur de l'*Estoille* pour le tenement des *Taffatries.*

Le sieur de *Vauban,* au lieu de Jacques *Herbert,* écuyer, sieur de *Bellefonds,* pour la métairie des *Tousches.*

Le sieur Jacques *Herbert,* écuyer, sieur de *Bellefonds,* pour le tenement du *Colombier,* et diverses terres dans les paroisses de Cersay et Massay.

Le sieur *Brion,* fils, héritier du sieur René *Brion* pour le tenement de la *Fouzillère* et *Laberlin.*

Le sieur Pierre *Chabert*, au lieu du sieur René Chabert, pour ses terres de la métairie de *Piedfereux*.

Les héritiers de M. *Menoux*, à cause de sa femme au lieu de René Brion, pour d'autres terres sises au même lieu.

Le sieur *Caffin*, au lieu du sieur Treton, pour la métairie de la *Moinie*.

Mademoiselle des *Touches* (*Thomas*), au lieu de M⁺ Jacques de Pierrois, prêtre, pour ses terres de l'*Humeau-Johanne*.

Le sieur *Jandouin*, au lieu du sieur Garnier, et de Françoise Garnier, veuve de Louis Jobet, pour son 1/4 du fief de *Medavy*.

Mademoiselle des *Touches* à cause de madame sa mère, au lieu de la veuve de René de Pierrois.

Le sieur de *Vieille-Lande* pour les bois de la *Bruslelière*.

Le sieur de *Chastillon* à cause de la métairie de la *Fraux*.

Pierre *Chabert* comme héritier de Charlotte Belliard, veuve Chabert, au lieu de René Chabert, pour leurs maisons, cour et jardin.

Le seigneur d'*Argenton* pour 3 journaux de terre sis au *bas des Loges* et dépendant de sa métairie de la *Brosse*.

Le sieur *Chauronneau*, vicaire de Saint-Jouan de Marnes, comme chapelain de la chapelle de *Blandinaux*.

Le sieur de *Vauban*, seigneur de la *Garenne*, pour les bois de la *Coudraye*.

Le seigneur de *Bressuire* pour la métairie des *Grands-Epinais*, paroisse du Breil-Chaussée.

— 951 —

17 *mars* 1759. — Requête présentée au siège présidial de Poitiers par le sgr de Bouillé-Saint-Paul contre le propriétaire de la Moisnye au sujet de la mouvance de cette seigneurie.

— 952 —

16 *mai* 1759. — Grosse de l'acte d'hommage-lige fait au duché pairie de Thouars pour la terre et seigneurie de Bouillé-Saint-

Paul, par M⁰ René Perreau, procureur fiscal de la baronnie d'Argenton-le-Château, agissant au nom et comme procureur de messire Charles-Guillaume-Louis, marquis de Broglie, sgr de Mesnilvoisin, l'aîné des héritiers de feue Mᵐᵉ de Rohan, née de Chastillon.

— 953 —

9 août 1759. — Aveu de la métairie noble, terre et seigneurie de Serré, rendu au comté de Passavant par M⁰ René Perreau, procureur fiscal d'Argenton-le-Château, receveur de Bouillé-Saint-Paul, agissant pour et comme procureur de : messire Charles-Guillaume-Louis, marquis de Broglie, sgr de Mesnilvoisin, héritier conjointement avec dame Marie-Françoise de Broglie, sa sœur, veuve de messire Charles-Joseph-Robert, chevalier, comte de Lignerac et dame Charlotte-Louise du Bois de Sienne, épouse de messire Louis de Belcins, chevalier, marquis de Poyanne, héritiers quant aux propres maternels de demoiselle Gabrielle-Sophie de Rohan et en cette qualité tous propriétaires indivis de la terre et seigneurie de Bouillé-Saint-Paul et de la métairie noble de Serré, en dépendant.

— 954 —

29 décembre 1759. — Requête présentée au Présidial de Poitiers par missire Jean-Henri Foureau, prêtre, prieur commendataire du prieuré de *Saint-Jacques de Montauban-les-Thouars* et dans laquelle, il renonce de nouveau à la moitié de la métairie de la *Moisnye,* sise en la paroisse de Massay, mouvant de Bouillé-Saint-Paul, et constate que ce renonciement a été fait jadis par ses prédécesseurs, moyennant « 2 boisseaux de seigle, un millier de tuiles et 2 charges de chaux, de rente annuelle audit prieuré. »

— 955 —

1760. — Relevé des Domaines de la terre et seigneurie de Bouillé-Saint-Paul.

(Grand in folio de 71 feuillets).

— 956 —

11 septembre 1761. — Bail à ferme du château, terres et seigneuries de Bouillé-Saint-Paul, consenti pour une durée des neuf années par dame Marie-Françoise de Broglie, veuve de haut et puissant seigneur messire Charles-Joseph Robert, chevalier, comte de Lignerac et de Saint-Chamant, baron de Saint-Martin de Valmeroux, Nozières, Saint-Paul, sgr de Pleaux, Barjac, Saint-Prouhet, Saint-Quentin, Cantalex, Saint-Sentin, etc., grand bailly d'épée, lieutenant général et commandant pour le Roy au pays d'Auvergne, enseigne des gendarmes de la Garde du Roy, mestre de camp à la suite du régiment de Levis-cavalerie, chevalier de Saint-Louis, à Pierre-Abel Engerin du Coudray, demeurant paroisse de Voultegon en la baronnie d'Argenton-le-Château, moyennant la somme de 2430 livres de fermage annuel.

— 957 —

27 mars 1767. — Extrait d'acte de partage successoral, constatant que la terre et seigneurie de Bouillé-Saint-Paul, est échue à haute et puissante dame, M⁰⁹ Marie-Françoise de Broglie, veuve de très haut et très puissant sgr M⁵ʳ Charles-Joseph Robert, comte de Lignerac, lieutenant général, grand bailli d'épée, commandant pour le roi le Haut Pays d'Auvergne, enseigne des gendarmes de la Garde de Sa Majesté, héritière de feu dame Charlotte-Rosalie de Chastillon.

— 958 —

21 avril 1769. — Aveu rendu à la seigneurie de Bouillé-Saint-Paul, par René Brion, bourgeois, sgr de la Boisselottière, fils aîné de Joseph-François Brion, pour son fief de Labertin en la paroisse de Cersay, qui en relève et dont les tenanciers lui doivent dix douzains de blé seigle, et 10 livres d'argent de rente annuelle.

— 959 —

24 juillet 1769. — Aveu rendu à la seigneurie de Bouillé-Saint-Paul par Louis de Vieilblanc, sgr de la Garenne, demeurant en la ville de Thouars pour la métairie des Touches, dépendante de la seigneurie de la Garenne, laquelle relève de Bouillé-Saint-Paul et diverses rentes en blé dues audit lieu sur le tenement du Colombier.

— 960 —

24 juillet 1769. — Aveu de la moitié par indivis de l'hostel et fief de *Bas-Preuil*, tenu à foy et hommage plein, « un cheval de service et 60 sols de rente annuelle » rendu par dame Catherine-Henriette Pavin, veuve de M° Alexis-Amable Thomas des Touches, vivant conseiller du roy en l'élection de Thouars, au nom et comme tutrice d'Alexis-Jérôme Thomas des Touches, son fils aîné, à la seigneurie de Bouillé-Saint Paul.

— 961 —

7 août 1769. — Aveu rendu à la seigneurie de Bouillé-Saint-Paul, pour sept septrées de terre, appartenant au prieuré de Saint-Michel les Thouars par André Caffin, marchant demeurant audit prieuré, fondé de procuration de messire Augustin-Claude Le Mée, prêtre, docteur de Sorbonne, chanoine de l'église de Chartres : ci-devant chapelain ordinaire de feu madame la Dauphine et prieur titulaire du Prieuré de Saint-Michel.

— 962-971 —

7 août 1769. — 8 janvier 1789. — Dix aveux rendus à la seigneurie de Bouillé Saint-Paul, par divers tenanciers, notamment Jean Baranger, Pierre Dudoit, Jean Caillard, Louis Caffin, Mathurine Bernard, Augustine Chaillou de Martinet, René Bryon, sieur de la Boisselotière, fils de feu Joseph-François Bryon,

Etienne Violleau, etc., pour diverses pièces de terre et vignes sises ès fiefs de Vigneault, du Vivier, de la Boisselotière, etc., dépendant de Bouillé-Saint-Paul.

— 972 —

12 août 1769. — Aveu de la moitié par indivis de l'hostel et fief du Bas-Preuil tenu à foy et hommage plein, « un cheval de service, et 60 solz de service », rendu par dame Catherine-Henriette Pavin, veuve de Me Alexis-Amable Thomas des Touches, conseiller du roy, lieutenant en l'élection de Thouars, à haute et puissante dame Marie-Françoise de Broglie, veuve de haut et puissant sgr Charles-Joseph Robert, comte de Liguerac, dame de Serré et Bouillé-Saint-Paul.

— 973 —

21 août 1769. — Aveu de la 4e partie par indivis du fief de Medavy, en la paroisse de Bouillé-Saint-Paul, rendu à la seigneurie dudit Bouillé par messire René-Henry-Salomon Gandouin, conseiller du Roy, procureur au siège de dépôts des villes de Thouars Argenton le Château et Airvault.

— 974 —

14 octobre 1759. — Aveu rendu à la seigneurie de Serré, dépendante de Bouillé-Saint-Paul, par messire Lambert de Gourville, prêtre, curé de Bouillé-Saint-Paul, pour 31 journaux de vigne sis ès fiefs du Breuil et de la Herse, en ladite paroisse.

Signé : LAMBERT DE GOURVILLE.

— 975-1016 —

24 juillet 1769. — 4 novembre 1775. — Quarente-deux aveux rendus par divers tenanciers à la seigneurie de Bouillé-Saint-Paul, pour diverses pièces de terre et vignes, sises ès fiefs de la Trahanderie, du Plantis-Rabouan, du Bois-Charruau, des Touches, des

Bois de Cersay, de Frontault, des Bois-Chastelain, du bourg de Bouillé, du Vivier, etc., tenues de la seigneurie de Bouillé-Saint-Paul.

— 1017 —

26 juin 1770. — Aveu de la maison et métairie noble de la Moisnye en la paroisse de Massay, rendu par François Caffin, marchand, demeurant au bourg d'Argenton-l'Eglise au seigneur de Bouillé-Saint-Paul.

— 1018 —

26 juin 1770. — Aveu rendu à dame Marie-Françoise de Broglie, veuve de haut et puissant seigneur Charles-Joseph Robert, comte de Lignerac, dame de Bouillé-Saint-Paul, par messire René Brion. sgr de la Boisselière, fils de feu Joseph-François Brion, pour son fief de Labertin, en la paroisse de Cersay, tenu de la seigneurie de Bouillé-Saint-Paul à foy et hommage plein et à 3 sols de service annuel au terme de la Saint-Michel.

— 1019 —

14 août 1770. — Aveu rendu à la seigneurie de Bouillé-Saint-Paul par maitre Gilbert Audebert, notaire et procureur de messire Alexis-Philippe Drouyneau, sgr de Brie, ingénieur des Ponts-et-Chaussées de la généralité de Soissons, pour la maison noble et dépendances des Taflateries.

— 1020 —

30 octobre 1770. — Autre aveu du même pour le même objet.

— 1021 —

18 janvier 1771. — Bail à ferme du château, terre et seigneurie de Bouillé-Saint-Paul. consenti pour une durée de neuf année par dame Marie-Françoise de Broglie. veuve de feu messire Charles-

Joseph Robert, chevalier, sgr, comte de Lignerac et de Saint-Chamant etc., à Mathieu Peltier, demeurant à Doné, paroisse de Saint-Pierre en la baronnie d'Argenton-le-Château moyennant la somme de 2860 livres de fermage annuel.

— 1022 —

18 janvier 1771. — Aveu rendu par messire Jacques-François du Chastel, écuyer, sgr de la Pinardrie, conseiller du Roy, président trésorier de France au bureau des Finances de Poitiers, à haute et puissante dame madame Françoise de Broglie, veuve de haut et puissant seigneur messire Charles-Joseph Robert, comte de Lignerac et de Chamand, baron de Saint-Martin de Valeraux, Saint-Paul, Saint-Quentin, Saint-Sentin, Nozières, Cantate, etc., grand bailly d'épée, lieutenant général et commandant pour le Roy dans le haut pays d'Auvergne, maitre de camp à la suite du Régiment de Levis - cavalerie et chevalier de l'Ordre royal et militaire de Saint-Louis, dame de Bouillé-Saint-Paul, pour le fief Neuvy, tenu de la dite seigneurie de Bouillé, à foy et hommage plein.

— 1023 —

25 septembre 1772. — Procès-verbal de visite et d'état des lieux du château, terre et seigneurie de Bouillé-Saint-Paul, dressé par François Chauvin, avocat au Parlement, conseiller du Roy, président des Traites à Chastillon, seneschal de la baronnie d'Argenton, à la requête de M⁰ᵉ la comtesse de Lignerac, dame de ladite seigneurie de Bouillé-Saint-Paul, au départ du sieur Abel Engerin du Coudray, fermier sortant et en présence du sieur Mathieu Pelletier, fermier entrant.

— 1024 —

28 mars 1774. — Contrat de vente de la terre et seigneurie de Bouillé-Saint-Paul, par haute et puissante Anne-Marie-Françoise de Broglie, veuve de haut et puissant sgr messire Charles-Joseph Robert, chevalier, comte de Lignerac, et de Saint-Chamans, baron de Saint-Martin de Villemenoux, grand bailli d'épée, lieutenant général commandant pour le Roy au pays d'Auvergne, cy devant enseigne de la garde ordinaire du Roy mestre de camp au régiment de Levis - cavalerie, chevalier de Saint-Louis, à messire Jacques-François du Chastel, écuyer, sgr de la Pinardrie conseiller du Roy. président trésorier de France et général aux bureaux des finances de Poitiers et de dame Françoise Thomas des Toches, son épouse, pour la somme de 78,000 livres.

— 1025 —

21 avril 1774. — Copie collationnée du contrat de vente ci-dessus.

— 1026 —

18 avril 1774. — Copie de l'acte de foy et hommage rendu au comié de Passavant pour la métairie noble de Serré, par messire Jacques-François du Chastel, acquéreur de Bouillé-Saint-Paul par contrat du 28 mars 1774 pour la somme de 73,000 livres, d'avec madame Marie-Françoise de Broglie, veuve de messire Joseph Robert, chevalier, comte de Lignerac.

— 1026-1046 —

Année 1774. — Vingt lettres et billets divers d'affaires, adressés à M. du Chastel, sgr de Bouillé-Saint-Paul.

— 1047-1064 —

1775-1780. — Dix-huit aveux rendus par divers sujets du fief de la Forest des Touches de la Raye par devant les notaires royaux de la sénéchaussée de Saumur les :

4 octobre 1775. — 5 octobre 1775. — 15 octobre 1775. — 11 octobre 1775. — 12 octobre 1775. — 12 décembre 1775. — 13 décembre 1775. — 14 décembre 1775. — 15 décembre 1775. — 16 décembre 1775. — 18 décembre 1775. — 14 mai 1777. — 15 mai 1777. — 16 mai 1777. — 23 septembre 1778. — 3 octobre 1778. — 5 octobre 1778. — 29 octobre 1780. —

— 1065-1067 —

6 juillet 1779. — Trois pièces concernant la poursuite en demande d'expertise de dommages et intérêts, présentée au sénéchal du comté de Passavant par messire Jacques-François du Chastel, sgr de la Pinardrie, Rochefou et Bouillé-Saint-Paul, contre René Anouillin, métayer à Preuil, de quatre journaux de vigne sis au grand clos des bois de Cersay, qu'il a depuis plusieurs années laissés tomber friches.

— 1068 —

14 septembre 1776. — Lettre à M. du Chastel, sgr de Bouillé-Saint-Paul, adressée par messire Roger, chantre et chanoine du Puy-Notre-Dame, au sujet de la rente de 15 livres due par le dit sgr sur les bois de Cersay.

— 1069 —

9 juillet 1778. — Aveu rendu à la seigneurie de Serré, dépendant de Bouillé-Saint-Paul, par messire Jean-François Regnault, prêtre, curé dudit Bouillé, pour 31 journaux de vigne sis ès fiefs du Breuil et de la Herse, en ladite paroisse.

— 1070 —

9 juillet 1778. — Hommage de la 4e partie par indivis du fief de Médavy, rendu à la seigneurie de Bouillé-Saint-Paul, par Jean et André Caffin, marchands, demeurant le premier à Doué, le second à Argenton-l'Eglise.

— 1071 —

9 juillet 1778. — Aveu rendu pour le prieuré de Saint-Michel les Thouars à la seigneurie de Bouillé-Saint-Paul, par messire Gabriel Nauleau, prêtre curé de Notre-Dame du Château à Thouars, l'un des administrateurs nés du bureau de l'Aumônerie de Saint-Michel de Thouars.

— 1072 —

9 juillet 1778. — Aveu du fief de Piedfereux en la paroisse de Cersay, tenu à foy et hommage plein de la seigneurie de Bouillé-Saint-Paul, rendu par Pierre Chabert, sieur de la Perchaudière, à la dite seigneurie.

— 1073 —

29 septembre 1778. — Papier des receptes, cens, rentes, honneurs, devoirs, services, rachats, mutations et chevaulx de service, etc., deus au chasteau, fiefs et seigneuries de Bouillé-Saint-Paul, commancé le jour de Saint-Michel Mont-Gargaune, 29 septembre 1778, par Louis de la Bouëre, sgr de Bouillé-Saint-Paul, avec la table des lieux composant lesdits fiefs et celle de leurs vassaux et subjets.

— 1074 —

1778-1779. — Remembrance et tenues d'assises des fiefs et seigneuries de Bouillé-Saint-Paul, Serré, Le Vivier, les Grolles et Frontault pendant les années 1778-1779 (*Gros in-f° cartonné de 225 feuillets*) avec table alphabétique des noms des sujets contenus dans ladite remembrance et table alphabétique des noms des cantons où sont situés les héritages y mentionnés.

La mouvance desdits fiefs s'étendant ès paroisses de Bouillé-Saint-Paul, Cersay, Saint-Pierre-ès-Champs, Bouillé-Loretz, Massay, Moutiers, et Mozé et appartenant à messire Jacques-François du Chastel, écuyer sgr de la Pinardrie, Bouillé, etc., président trésorier de France et général des Finances du Poictou et ayant pour sénéschal de Bouillé M⁰ Louis Jouneau, licencié-ès-loix, avocat au siège de Thouars, pour greffier Jacques Thibault, praticien à Thouars et pour procureur-fiscal M⁰ Pierre Blanchet, feudiste à Angers.

— 1075 —

20 avril 1780. — Aveu du fief des Grolles, *aliàs*, le Bas-Piedfereux, tenu à foy et hommage plein et deux sols de service annuel,

rendu par messire Jacques-François du Chastel, écuyer, sgr de
Bouillé-Saint-Paul, Rochefou, et la Pinardrie à haut et puissant
seigneur Marie François-Emmanuel de Crussol, baron de Floren-
sac et d'Argenton-le-Château, sgr de Maire-la-Touche, la Carrie,
l'Ebaupinais, Massais, Vauzelle, la Porte, etc., et dame Amable-
Emilie de Chastillon, duchesse de Crussol, son épouse.

— 1076 —

1780. — Censif des fiefs et seigneuries de Bouillé-Saint-Paul,
Serré, Le Vivier, les Grolles et Frontault, dressé en l'année 1780.
(Gros in-f° de 381 feuillets.)

— 1077-1078 —

21 mai 1783-18 septembre 1787. — Deux pièces concernant
l'hommage rendu à messire Jacques-François du Chastel, écuyer,
ancien président trésorier de France au bureau des finances de
Poitiers, sgr de Rochefou et Bouillé-Saint-Paul, par M° René-
Henri-Salomon Gandouin, ancien procureur du roi au siège du
Dépôt à sel de la ville de Thouars, pour la quarte partie par indivis
du fief, terre et seigneurie de Médavy, sis en la paroisse de Bouillé-
Saint-Paul au village de Chauffour.

— 1079 —

23 mai 1781. — Aveu rendu par dame Marguerite-Rose Gauvin de Quingé, veuve de messire Louis de Vieilblanc de la Porte,
sgr de la Garenne, lieutenant de la grande Louveterie de France,
et tutrice de ses enfants : Louis-Benjamin-Marie, Louis-Stanislas-
Sulpice, Grégoire-Henry-Denis et Louise-Marguerite de Vieilblanc,
à messire Jacques-François du Chastel, écuyer, ancien président
trésoriers de France au Bureau des finances de Poitiers, sgr de
Bouillé-Saint-Paul, la Pinardrie, Rochefou, etc., pour sa métairie
des Touches, dépendante de sa maison noble de la Garenne, relevant de la seigneurie de Bouillé-Saint-Paul, à foy et hommage
plein et à 18 deniers de service annuel payable à chaque fête de
Saint-Michel et dont le denier vaut douze à chaque mutation de
vassal.

— 1080-1082 —

21 juillet 1781-7 août 1787. — Trois pièces concernant la rente foncière annuelle de trois livres, due au temporel de la cure de Bouillé-Saint-Paul par Pierre Véron et Anne Girandeau, sa femme, métayers du château de Bouillé-Saint-Paul pour un morceau de vigne contenant environ quatre journaux, situé dans le fief du Patis du Bois, en la dite paroisse de Bouillé-Saint-Paul et relevant de messire Jacques-François du Chastel, sgr dudit lieu

— 1083 —

30 mars 1786. — Transaction entre messire Jacques-François du Chastel, écuyer, sgr de la Pinardrie, Rochefou, Bouillé-Saint-Paul et messire Jean-François Reynaud, prêtre, curé dudit Bouillé, au sujet de la Chaussée, située entre le pré de la cure et le pré de Serré, dépendant de Bouillé-Saint-Paul.

— 1084 —

20 juin 1789. — Transaction entre messire Gaspard-Séverin du Chastel, et messire Joseph Roger, chantre chanoine du chapitre royal du Puy-Notre-Dame, au sujet d'une rente féodale de 15 livres, prétendue par celui-ci sur une partie des bois de Cersay.

— 1085 —

20 mars 1790. — Echange de divers pièces de terres sises en la paroisse de Bouillé-Saint-Paul, passé entre messire Gaspard-Séverin du Chastel, sgr de Bouillé-Saint-Paul, lieutenant de cavalerie, garde du corps du Roy, et Pierre Rangard, bordier du village des Vernettes

— 1086 —

15 juin 1799. — Vente de deux boisselées de terre labourables, sises aux Herses de Frontau et en la paroisse de Bouillé-Saint-Paul moyennant la somme de 56 livres par Jean et Jeanne Griveau, frère

et sœur, à messire Gaspard-Séverin du Chastel, écuyer, sgr de
Bouillé-Saint-Paul, lieutenant de cavalerie et garde du corps du
Roy, demeurant au château de Rochefou.

— 1087 —

XVIII siècle. — Atlas contenant 24 plans des diverses terres et
domaines composant les seigneuries de Bouillé-Saint-Paul, le
Vivier, le fief des Grolles, les Touches et Frontault.

— 1088 —

XVIII siècle. — Notes diverses concernant la rente de 15 livres due
par le sgr de Bouillé-Saint Paul aux chanoines de Puy-Notre-Dame.

— 1089-1091 —

1er messidor an II. — Trois pièces donnant les procès-verbaux de
la visite de la Borderie de la Ménagerie, commune de Bouillé-
Saint-Paul par les citoyens Jean Chabauty et René Billy, experts.

SUPPLÉMENT[1]

— 1092 —

2 mai 1593-7 juin 1599. — Grandes assises de la terre et seigneurie de Bouillé-Saint-Paul, tenue à la maison presbyterale de
la cour dudit lieu par messire René Gaschignard, licencié ès-loix,
seneschal de Thouars et de Bouillé-Saint-Paul en présence de
Marc Vinet, écuyer, et demoi-elle Loyse Grossin, dame de la Musse
sa compagne.

(*In-folio de 138 pages Mss.*)

[1] Ces pièces n'ont été retrouvées que récemment par l'auteur dans un dossier
de titres de la famille Tavmas des Touches qui seront inventoriés ultérieure-
ment.

— 1093 —

1" juillet 1675-4 mai 1676. — Rolle des assises de la terre et seigneurie de Bouillé-Saint-Paul et des fiefs de Serré, le Vivier, le Colombier, etc., tenues par messire Jehan Bertrand, advocat au Parlement, seneschal de ladite seigneurie, et en présence d'écuyer Louis de la Bouëre, sgr de la Houssaye, curateur de la personne et des biens de Lancelot-Auguste de la Louayrie, écuyer, sgr dudit lieu de Bouillé-Saint-Paul.

(In-folio de 83 pages).

— 1094 —

3 septembre 1701. — Aveu rendu à messire Louis de la Bouëre, chevalier, seigneur de Bouillé-Saint-Paul, par Jacques de Pierrois, sieur de Boissettes pour cinq septrées de terre et pré sises près le ruisseau du Vigneron, 20 boisselées de terre aux Taffateries et cinq journaux de terre, appelés, le pré de la *Rivière de la Roche.*

— 1095 —

2 juin 1711 — 3 juin 1715. — Papier d'assise de la maison, terre et seigneurie de Bouillé-Saint Paul.

(In folio de 63 feuillets.)

TITRES DES SEIGNEURIES
DE LA RELANDIÈRE & DE ROCHEFOU
Relevant de Bouillé-Saint-Paul

— 1096 —

24 mars 1135. — Aveu rendu à messire François de Carrion, écuyer, seigneur de la Grise[1], par dame Yvette de Beauvaisin, veuve de feu Nicolas Thibaut, pour divers héritages, sis au fief et seigneurie de la Relandière.

— 1097 —

22 mai 1442. — Aveu rendu par Jehan Gascher, écuyer, seigneur de Varennes, à messire Jehan de la Béraudière, chevalier, seigneur de l'Eschasserye et d'Ursay[2] pour la moitié par indivis de l'hôtel et seigneurie de la Relandière tenue de lui à foi et hommage simple[3].

[1] F. DE CARRION. — Très ancienne famille du Poitou, portant pour armes : *D'or à 3 bandes d'azur, au chef d'hermines.* François de Carrion, écuyer, sgr de la Grise et du Pont-Favereau, vivait encore en 1557.

[2] JEHAN DE LA BÉRAUDIÈRE. — Messire Jehan de la Béraudière, d'une ancienne famille du Poitou, portant pour armes : *D'azur à la croix fourchée d'argent,* était fils de Jean, sgr de la Béraudière, Sourches et Ursay et de Louise de Carion, et épousa demoiselle Berthe'anne Serpillon dame de la Roche.

[3] LA RELANDIÈRE. — La Relandière qui relevait d'abord d'Ursay, ne resta pas longtemps sans changer de mouvance. Dès 1579, une partie des terres de la Relandière relevaient de Rochefou, et à partir de 1534, la Relandière releva de Bouillé-Saint-Paul.

— 1098 —

Dimanche de la Trinité 1442. — Transaction entre missire Jehan Peigné, prêtre, curé de Bouillé-Saint-Paul, et Jehan Butaut, par laquelle ce dernier concède audit curé le vingtième de toutes et chacunes les bestes naissant à Vrères et aux environs pour tout droit de dixme.

Signé : G. GUILLOT.

— 1099 —

21 février 1455. — Copie de l'aveu rendu le 21 février 1455 à haut et puissant seigneur messire Jean de la Béraudière, chevalier, sgr de la Béraudière et d'Ursay, par écuyer Jean Thibault, l'ainé, pour son hostel, vergers, cloizons, ayreaux, cour et issues de la Relandière en la paroisse de Bouillé Saint-Paul, contenant en tout six septrées de terre et tenant d'une part au chemin par lequel l'on va de Bouillé-Saint-Paul à *Vrères* et d'autre part au chemin par lequel on va du *Pont de Preuil* à Saint-Pierre du-Champ et à Passavant, et pour diverses autres terres en dépendant, le tout tenu dudit seigneur d'Ursay à foy et hommage plein et à la moitié de deux sols de service annuel, payable au terme de la Saint-Michel.

(*Copie du 23 novembre 1778*).

— 1100 —

31 mai 1460. — Contrat de vente passé par devant la court de Thouars, de diverses maisons et héritages, sis au village de Vrères en la paroisse de Bouillé Saint-Paul et consentie par Jehan Butaud et Jehanne Coutancelle, sa femme, à noble homme Louis de Terves, écuyer, sgr de Beauregard, paroissien de Bouillé-Loretz, moyennant la somme de 90 escuz d'or.

Signé : P. GEORGEAU.

— 1101 —

16 août 1474. — Extrait daté du premier août 1726 de l'aveu rendu le 16 août 1475 à très noble et puissant seigneur messire

Louis de la Haye, chevalier, sgr de Passavant, par messire Jean de la Béraudière, chevalier, seigneur de la Béraudière, de Sourches et d'Ursay[1] pour sa seigneurie d'Ursay, et notamment son fief de la Relandière.

— 1102 —

31 octobre 1474. — Aveu de l hostel et fief de la Relandière, en la paroisse de Bouillé-Saint-Paul, rendu par Colas Morin, demeurant à Thouars, à Mgr Jean de la Beraudière, chevalier, seigneur dudit lieu, d'Escousses et d'Ursay.

(Copie du 23 novembre 1778.)

— 1103 —

31 octobre 1474. — Aveu rendu à messire Jehan de la Béraudière, chevalier, seigneur de Sourches et d'Ursay par maître Colas Morin pour sa moitié par indivis du fief de la Relandière.

— 1104 —

18 septembre 1477. — Convocation de damoiselle Ambroisine Gascher, dame des Varennes, épouse de maître Pierre Levrault, écuyer, seigneur de Puygirault pour rendre son aveu à la prochaine assise de la seigneurie d'Ursay.

— 1105 —

25 janvier 1479. — Partage par devant la court de Thouars, des terres de la Métairie de la Relandière, dépendant de la seigneurie de *Rochefou*, entre : maistre André martineau, licencié ès loix, Richart Estivale, écuyer, sgr de la Mesie et Marie Martinelle, sa compagne, et Nicolas Lambert, écuyer, administrateur de ses enfants, issus de lui et de feus André Martinelle, héritiers chacun pour la tierce

---

[1] JEHAN DE LA BÉRAUDIÈRE. — Messire Jean de la Béraudière, II° du nom, chevalier, sgr de Sourches, marié en 1563 à demoiselle Néomaye de Combarel, fille de Pierre, gouverneur de la Rochelle et de Huguette de l'Isle.

partie des biens de feu Françoys Martineau, lequel avait le droit et transport de feu Pierre Dignault et Mery Rabit, de son chef d'une part et Pierre Landoys, comme ayant droit et transport de feu Mery Motu et Jehan Motu de son chef, d'une autre part et Laurent Motu, d'autre part.

Signé : P. DE SALIGNÉ.
G. MARSAULT.

— 1106 —

6 février 1479. — Contre échange au profit de Pierre Landoys par Jean et Michaux les Vehiers, de la tierce partie de la dîme de *Champasmon* et de la *Brissoukre.*

Signé : J. DALBERT.
M. BRESART.

— 1107 —

12 octobre 1479 — Abandon consenti par messire Gilles de la Béraudière, écuyer, seigneur d'Ursay au profit de Pierre Landais, Jehan Mottin. Jehan et Massé Chasserat, Laurent et Julien Mottin, Jehan Mabit, Etienne Landais, agissant pour Jehan Gendron, du droit de terrage et de diner qu'il lui en devoient fournir chaque année à luy, ses officiers, chevaux, oiseaux et chiens, à cause et pour raisons de son hostel, terre et appartenances de Champasmond, moyennant une rente annuelle de 24 boisseaux d'avoine mesure de Passavant, 12 de froment et 12 de seigle, mesure d'Ursay et 2 chapons ; la foy et hommage simple du dit fief de Champasmond, restant dus par ailleurs à Mre de la Béraudière par Messire Gilles de la Musse.

— 1108 —

2 avril 1481. — Attestation de l'hommage simple rendu à noble seigneur messire Gilles de la Beraudière, écuyer, seigneur d'Ursay. par messire Mathurin Levrault, écuyer, pour la terre et la seigneurie de la Relandière.

— 1109 —

7 avril 1481. — Arrentement fait par Pierre Landays, marchand, demeurant à Bouillé Saint-Paul, au profit de Louis Rabouan, Martin Gueignon et consorts, de sa part et portion de la dîme Champasmond, moyennant 16 boisseaux de seigle de rente annuelle.

Signé : J. DAUBERT.

M. BRENARD.

— 1110 —

17 septembre 1482. — Aveu rendu à messire Gilles de la Béraudière, écuyer, seigneur d'Ursay et de l'Echasserie[1], par Mathurin Levrault, écuyer, pour sa moitié par indivis de la terre et seigneurie de la Relandière.

— 1111 —

27 septembre 1483. — Attestation de Me Jehan Georgeau, sénéchal d'Ursay, certifiant que messire Mathurin Levrault, écuyer, a rendu son aveu à noble et puissant Gilles de la Berauldière, écuyer, seigneur d'Ursay.

— 1112 —

19 juin 1499. — Foy et hommage plein, rendu à la seigneurie d'Ursay, par messire Achille Levrault, écuyer, pour la terre et seigneurie de la Relandière et ses appartenances sises en la paroisse de Bouillé-Saint-Paul.

— 1113 —

6 juillet 1502. — Partage de diverses terres et héritages dépendant de la métairie de la Relandière entre Jehan et Jehanne Molu,

---

[1] GILLES DE LA BÉRAUDIÈRE. — Messire Gilles de la Beraudière, écuyer, sgr de la Roche de Bors, que l'on voit en 1155, curateur de son neveu François de la Beraudière.

Thomas Ragneau et Mathurine Motu, enfants de feu Pierre Motu,
et de Michelle Massotelle ; lesdits héritages leur étant échus par
le décès de feu Laurent Motu et Jehanne Galleracelle, sa compagne.

Signé : G. GEORGEAU.

— 1114 —

16 octobre 1505. — Hommage rendu au seigneur d'Ursay par
Achille Levrault, écuyer, pour la terre de la Relandière.

— 1115 —

31 mai 1506. — Vente consentie par messire Achille Levrault,
écuyer, sgr de la Garinière à Robert Musset de la rente de deux
septiers de seigle, un chapon et deux maizoys (?) dus sur le village
de la Relandière.

Signé : J. TOULEAU,
E. PICHAUD.

— 1116 —

22 septembre 1508. — Sentence rendue à Thouars contre les
tenanciers et propriétaires de la fresche de Vaudoré, *alias* : les
Vernelles, les condamnant à payer à messire Jehan de la Forest,
sgr de Vaudoré et de la Forest de Montrusier, les arrérages de rentes
qu'ils lui doivent pour ledit fief.

— 1117 —

20 juin 1513. — Foy et homme simple, rendu à la seigneurie
d'Ursay par Me Mathurin Gaschignard, procureur de messire Jehan
Audanier, écuyer, seigneur de la Maison-Neufve, pour trois septiers
de froment, 11 septiers de seigle et deux douzaines d'avoine, le tout
mesure de Thouars, une charrette de bois, 2 oyes et deux chapons,
dus à la dite seigneurie d'Ursay sur le fief de Champasmond.

— 1118 —

1er mai 1503. — Vente de deux hommées de vigne au fief de la Relandière, paroisse de Bouillé Saint-Paul, consentie par Pierre Landays à Gilles Charruau, pour la somme de 105 solz tournoys.

Signé : M. BLANDINEAU.

— 1119 —

26 août 1521. — Retrait féodal d'une planche de vigne de 2 journaux au fief de la Relandière, fait par Nicolas Ragot sur Colin Jamyn.

— 1120 —

16 janvier 1527. — Partage de diverses terres et héritages sises au fief et village de la Relandière en la paroisse de Bouillé-Saint-Paul, entre Jehan Régneau, agissant tant pour lui que pour ses enfants mineurs, et François Ponneau, agissant tant pour lui que pour sa femme Françoise Régneau.

Signé : M. BLANDINEAU.

— 1121 —

14 décembre 1527. — Aveu rendu à messire Mathurin de la Béraudière, chevalier, sgr d'Ursay par Nicolas Ragot, prêtre, pour la moitié par indivis du village de la Relandière en la paroisse de Bouillé-Saint-Paul, tenu à foy et hommage simple de ladite seigneurie d'Ursay.

— 1122 —

16 décembre 1527. — Hommage rendu à la seigneurie d'Ursay par Michel Ragot pour les terres tombées en rachat au fief de la Relandière par suite du décès de Robert Musset.

— 1123 —

18 avril 1529. — Vente consentie par Jehan Raigneau, aîné, à Pierre Gorré et Renée Landais, sa femme : 1º d'une planche de vigne appellée le *Champ-Rondeau* ; 2° de quatre boisselées de terre au *Champlat*, et 3° de trois boisselées aux *Vieilles vignes*, moyennant la somme de 12 livres 13 sols 1/4 tournois.

— 1124 —

10 décembre 1529. — Sentence condemnant François Paineau et Jean Regneau à payer à Messire André Brion, coseigneur de la Relandière, les arrérages de rente qu'ils lui doivent sur ledit fief.

— 1125 —

25 novembre 1529. — Sentence de la court de Thouars condemnant Colas Boylesve, de Magé, à payer à messire André Brion, coseigneur de la Relandière, trois septiers de seigle, mesure de Thouars et deux chapons avec les cens. pour sa part de redevances sur le fief de la Relandière.

— 1126 —

23 mars 1531. — Vente d'une pièce de terre en pré et pâtis contenant 15 boisselées, et sise à Puysoreau au fief de l'Humeau-Jouhanne, consentie par messire Bertrand Serpillon, sgr de Boissettes, et Renée Jousdouyn, sa femme, à vénérable et discret messire Nicholas Ragot, prêtre, curé de Luché et chanoine de Saint-Pierre du Chastellet de Thouars, moyennant la somme de 20 livres tournois.

Signé : M. BLANDINEAU.

— 1127 —

20 novembre 1533. — Sentence condamnant les propriétaires des terres et seigneurie de la Relandière à payer à messire Philippe de la Berauldière, écuyer, seigneur d'Ursay[1], 12 boisseaux de

---

[1] PHILIPPE DE LA BERAULDIÈRE. — Messire Philippe de la Berauldière, chevalier, seigneur d'Ursay et la Berauldière, 2° fils de François II de la Berauldière et de Jeanne de Tournemine, marié à demoiselle Françoise de Vivonne, fille de Jean, chevalier, seigneur de Merilly et de Honorée d'Authou.

froment, 12 boisseaux de seigle et 24 boisseaux d'avoine, plus
4 chapons et 5 deniers de cens.

— 1128 —

20 avril 1534. — Transaction entre honnêtes personnes André
Brion, sgr de la Relandière, et messire Denis Rousselet, prêtre pour
divers terrains sis à la Relandière.

Signé : Deschamps,
Chauvigné.

— 1129 —

31 mai 1538. — Echange de l'hôtel et métairie de la Relandière
avec les cens, rentes, dixmes, foy, hommage, contre l'hostel et
maison du *Luc*, consenti par messire Philippe de la Berauldière,
écuyer, seigneur d'Ursay, à messire René Grossin, écuyer, sgr de
Bouillé-Saint-Paul.

— 1130-1136 —

6 mai 1536-26 janvier 1542. — Vente de diverses pièces de
terre en la paroisse de Bouillé-Saint-Paul, entre autres : du *Champ de
la Barrière*, contenant 12 boisselées, consentie par René Bigot et
Jehanne Grudelle, sa femme, à vénérable et discrète personne mis.
sire Nicholas Ragot, prêtre et chanoyne de Saint-Pierre du Chastellet de Thouars, moyennant la somme de douze livres tournois.
(Six pièces).

— 1137 —

2 septembre 1510. — Sentence rendue par la court de Passavant,
condemnant Pierre Gorré et consorts à payer à messire René Grossin, écuyer, seigneur de Bouillé-Saint-Paul, les arrérages de rente
à lui dues sur le fief de la Relandière.

— 1138 —

13 mai 1511. — Vente de divers héritages en la paroisse de
Bouillé-Saint-Paul consentie par écuyer Antoine de Caryon, seigneur

de Noirlieu, à François Robereau et Jacques Gorré, moyennant la somme de cent écus d'or.

— 1139 —

1er *septembre 1541.* — Hommage rendu à messire Jehan Grossin écuyer, seigneur de Bouillé-Saint-Paul et des fiefs de la Relandière par Antoinette Ragot, veuve de Guillaume Landays, pour la moitié par indivis du fief de la Relandière.

— 1140 —

19 mars 1542. — Vente d'une rente d'un septier de froment, un septier de seigle, 24 boisseaux d'avoine, mesure de Thouars, cinq sols d'argent et 4 chapons, au fief de Bouillé-Saint-Paul, plus de soixante sols tournois, un mouton, deux chapons au fief de l'Hum-man-Jouhanne, consentie par messire Jehan Grossin, écuyer seigneur de Bouillé-Saint-Paul, à Antoinette Ragot, veuve de Guillaume Landays moyennant la somme de 100 livres tournois et 10 sols de service annuel envers ledit seigneur.

— 1141 —

25 juin 1544. — Hommage rendu au seigneur de Bouillé-Saint-Paul par Antoinette Ragot, veuve de Guillaume Landays, pour la moitié indivisée du fief de la Relandière.

— 1142 —

23 janvier 1545. — Vente d'une pièce de vigne au fief du Champ-Rondou en la paroisse de Bouillé-Saint-Paul, consentie par Antoine Houdri et sa femme à Jehan Gastaud, moyennant la somme de 100 sols tournois.

— 1143 —

25 février 1545. — Vente d'une maison et ses dépendances située au village de la Relandière consentie par Blaise Michelin et Françoise Regneau à Pierre Gorré, marchand, demeurant à Bouillé Saint Paul, moyennant la somme de 110 sols tournois.

Signé : F. DE PIERROSE.

— 1144 —

2 novembre 1545. — Echange de diverses pièces de terre au
fief de la Relandière, passé entre Antoinette Ragot, veuve de Guille
Landais et Pierre Gorré, d'une part, et M. Guille Bourdault, demeurant aux Touches, paroisse de Cersay, d'autre part.

Signé : P. Chartier, tabellion.

— 1145 —

8 septembre 1545. — Mandement de la court de Passavant
donné à la requête d'Antoinette Ragot, coseigneur de la Relandière
pour saisir les tenanciers dudit fief faute de payement des rentes
par eux dues.

— 1146 —

23 janvier 1546. — Vente d'un journal de vigne sis au tènement de la Relandière en la paroisse de Bouillé-Saint-Paul consentie
par Antoine Houdri à Jehan Gastaud.

— 1147 —

9 février 1547. — Partage de divers heritages sis au tenement
de Guygnefolle, passé entre missire Pierre Robreau, prêtre et
Guyon et Loys Robreau.

— 1148-1157 —

25 mai 1547-2 novembre 1576. — Dix contrats roturiers de
ventes ou d'échanges, relatifs aux terres et dépendances du fief de
la Relandière, passés entre Pierre Gorré, Antoine Houdry, Jacques
Ponneau, Jehan Gastaud, Jean Tesseron, Renée Landais, veuve de
Mathurin Bretault, François Robreau, Mathurin Moreau, Jean
Landais, etc.

— 1158 —

12 décembre 1548. — Vente consentie par Jacquet Ponneau à
Pierre Gorré, marchand, demeurant à Bouillé-Saint-Paul, 1° de

10 journaux de vigne, 2° de un journal 1/2 de vigne au Putreau, 3° d'un morceau de terre au *Champ-Rondoux*, le tout dépendant du fief de la Relandière, moyennant la somme de 17 livres tournois.

— 1159 —

12 janvier 1551. — Acquêt par Pierre Gorré, marchand à Bouillé Saint-Paul, de Jacques Ponneau, d'une maison sise au fief de la Relandière, moyennant la somme de 20 sols tournois.

Signé : F. de PIERROTE.

— 1160 —

17 février 1557. — Vente consentie par Jean et Pierre Rayneleau, demeurant au village de Rochefou en la paroisse de Cersay, à Pierre Gorré, marchand, demeurant à Bouillé-Saint-Paul : 1° de deux boisselées de terre labourable, appelées *Cornebœuf*, et sises près Rochefou ; 2° d'un journal de vigne au *Clos de Rochefou*, le tout sujet à deux boisseaux 1/4 de seigle envers le seigneur de Terraiz.

Signé : J. RAIMBAULT.

— 1161 —

6 janvier 1558. — Transaction par laquelle les propriétaires de la *Fresche de Vaudoré* reconnaissent devoir 48 boisseaux de seigle, mesure de Thouars, 4 mançais et 8 deniers pour 60 journaux de vigne au *Plantis-Meslé*, deux journaux de pré aux *Vernelles* et 3 septiers de terre à la *Fosse au Loup* à messire Charles de la Forest, écuyer, *escholier estudiant en l'Université de Poictiers*, comme ayant droit et transport de Marguerite de Montbron, dame de Vaudoré.

Signé : DE LA VILLE.

— 1182 —

16 avril 1558. — Vente d'un pré sis au village de Rochefoul (*sic*) consentie par Jacques Rynet et Philippine Rynet, sa femme, à Pierre Gorré.

— 1163 —

13 juin 1559. — Aveu rendu par les tenanciers du fief de la Relandière à M' Jehan Brion, praticien à Thouars, et M' Jehan Landays, coseigneur de ladite terre et seigneurie de la Relandière.

— 1164 —

8 juin 1562. — Vente d'une rente féodale de 8 septiers de seigle, mesure de Thouars, 2 solz et 2 chapons, assise sur le fief de Relandière, consentie par M' Jehan Brion, procureur et praticien au siège de Thouars à Renée Landays, veuve de Pierre Gorré, pour la somme de 100 escuz soleil.

— 1165 —

30 avril 1563. — Retrait féodal de ladite rente faite par ledit Jehan Brion en faveur de ses enfants.

— 1166 —

26 août 1563. — Reconnaissance par messire Etienne Barangier, prêtre, du retrait féodal du fief de la Relandière opéré par M' Jehan Bryon à l'encontre de Renée Landays.

— 1167 —

2 février 1564. — Signification de défaut donnée aux tenanciers du fresche de Vaudoré, à la requête de dame Marguerite de Montbron, pour faute de payement par lesdits tenanciers de 48 boisseaux de seigle, mesure de Thouars, 4 mançays, et 8 deniers.

— 1168 —

30 août 1564. — Sentence rendue à la cour de Poitiers à la requête de dame Marguerite de Montberon, dame de Vaudoré, contre les Frarescheurs de la rente féodale de quarante-huit boisseaux de seigle, quatre mançais et huit deniers, assise sur quarante journaux de vigne et deux septrées de terre nommées le *Plantis Meslé*, qui condamne ceux-ci au payement des dits arrérages.

— 1167 —

18 janvier 1565. — Vente de sept hommées de vignes au fief de la Relandière consenti par René Blancheteau et Jean Ragot à Jacques Gorré.

— 1170 —

21 septembre 1565. — Foi et hommage simple rendue par Renée Landais au seigneur de la Lardière pour différents héritages au fief de la Relandière.

— 1171 —

10 mai 1566. — Aveu rendu à la seigneurie de Bouillé-Saint-Paul par messire Jehan de Terves, écuyer, seigneur de la Tousche et de Rochefou, fils et héritier de feu François de Terves, écuyer, seigneur de Terras, pour sa terre et seigneurie de Rochefou, tenue de la seigneurie de Bouillé-Saint-Paul à foy et hommage plein, baiser et serment de fidélité.

Signé : P. Trotreau.

— 1172 —

11 septembre 1560. — Sentence rendue à la cour de Saumur, qui condamne missire Etienne Baranger à payer à Renée Landays, veuve de feu Pierre Gorré, coseigneur de la Relandière, les arrérages des rentes qu'il devait pour ledit fief.

— 1173 —

17 novembre 1570. — Partage des biens immeubles composant la succession de feu Pierre Gorré et Renée Landais, sa femme, comprenant entre autres héritages les domaines et métairie de la Relandière entre Martine, Nicolas et Jacques Gorré et Renée Gorré, épouse de Jehan Caillouin.

---

[1] J. et F. de Terves : Messire Jean de Terves, 3ᵉ fils de François de Terves, écuyer, seigneur de Beauregard et de Terras, et de Marie de Champlais, fils d'Etienne, chevalier, seigneur de Courcelles, fut prêtre et avait reçu Rochefou, pour ses droits dans la succession de ses père et mère.

— 1174 —

7 mars 1571. — Transaction passée entre messire Jehan de Terves, seigneur de Rochefou et paroissien de Cersay, et René Ferucceau au sujet de la moitié du champ de *Lesylons*, contenant dix boisselées et d'une maison avec jardin sise à Rochefou.

— 1175 —

21 décembre 1573. — Echange passé entre Pierre Guignon et Mathurin Gourault, mari d'Andrée Guignon, relativement à une portion de la dime de Champasmond.

— 1175 bis —

24 janvier 1576. — Acte par lequel messire Jehan de Terves, écuyer, seigneur de Rochefou, la Touche et Terras, échange une demi-planche de vigne au grand clos de *Rochefou* avec Renée Ferrucceau qui lui cède en échange une demi hommée de vigne audit lieu.

— 1176 —

9 mars 1576. — Vente consentie par sire Françoys Landoys, marchand, demeurant au village de *Rochefou* à Colas et André Boismoreau, meuniers de la paroisse de Saint-Martin de Sanzhay *(sic)*, d'un moulin à eau sur la rivière d'Argenton et de deux moulins à vent avec leurs appartenances, ainsi que le petit moulin à vent sis au fief proche de l'abbaye de Chambon ; lesdits moulins tenus envers ladite abbaye de Chambon à trente-deux livres de bled seigle, mesure des *Touches* ; six chapons et 12 deniers tournois, rendables à ladite abbaye à chacun terme de la saint Jean-Baptiste, Saint-Michel et Noël ; ladite vente consentie moyennant la somme de 11 livres tournois.

— 1177 —

27 janvier 1580. — Acquêt par François Robreau, marchand, demeurant à la *Relandière*, paroisse de Bouillé-Saint-Paul, de messire Antoyne Caryon, chevalier, sgr de Noirlieu, de la 5ᵉ partie du bois de la Bourie et de la 5ᵉ partie d'une pièce de terre en friche, le long du chemin qui va du village de la *Relandière* au village de *Rochefou*.

— 1178 —

25 avril 1582. — Acquêt par François Robreau de Jean Laurens et Perrine, sa sœur, d'un demi-journal de vigne au *Grand Clos de la Relandière*.

— 1179 —

22 février 1584. — Acquêt par François Robreau, de Jehan Gauvin, d'un journal 1/2 de vigne au *Clos du Pulreau*, moyennant la somme de 20 escuz 2/3.

— 1180 —

5 mai 1585. — Vente de la moitié de la dîme du fief de la *Relandière*, consentie par messire Marc Vinette, écuyer, seigneur de Bouillé Saint-Paul et demoiselle Louise Grossin, son épouse à Jacques Gorré, et François Robereau, moyennant la somme de quarante-cinq écus soleils.

— 1181 —

25 janvier 1588. — Acquêt, par Jean Robreau de Guillaume Giron et sa femme, de toutes les terres que ceux-ci possédaient au tenement d'*Aireault* près la *Brissonnière*, le tout contenant 18 boisselées et relevant pour moitié du fief de la *Relandière*.

— 1182 —

30 août 1595. — Aveu rendu au seigneur de Vielle-Lande par demoiselle Marine Gorré, veuve de François Robereau pour quatre septrées de terre sises à Bouillé-Saint-Paul et sujettes à huit boisseaux de seigle, mesure de *Passavant* et un chapon de rente annuelle.

— 1183 —

26 décembre 1596. — Acquêt de diverses pièces de terres sises à l'*Hum au-Jouhanne* fait par messire René Serpillon, écuyer, sgr de Boissettes, de François Landais et René Georgeau, sa femme.

— 1184 —

28 août 1597. — Contrat d'échange par lequel sire Florent Dovalles cède à Jacques Bagot trois pièces de terre, sises aux fiefs de *Beauchamp* et de la *Fontenelle* et reçoit en échange une rente de quatre escuz soleils 2/3, cinq sols, huit deniers.

— 1185-1186 —

25 mai 1599-25 mai 1609. — Deux aveux rendus aux religieux et abbé de l'abbaye de Chambon par messire René de Terves, écuyer, sgr de Rochefeu, René Serpillon écuyer, sgr de Boisettes, Jehan Guillot, Louis, Hervé, François, Valleteau, Mathurin Paindiusoubz, René Cornier et consorts, pour leurs terres de la tenue de l'Humeau-Jouhanne.

Signé : RENÉ DE TERVES,
RENÉ SERPILLON.

— 1187 —

30 mai 1600. — Transaction entre noble et vénérable missire Christophe Ogeron, curé de Bouillé-Saint-Paul et Mathurin Queignon, par laquelle celui-ci s'oblige à payer désormais chaque année audit seigneur curé quatre boisseaux de seigle faisant les deux tiers de six boisseaux pour gros de dîme de *Champasmond,* rendable à la cure de Bouillé, sans préjudice de la rente due sur ladite dîme à la fabrique de cette paroisse pour *vin* et *pain*.

— 1188 —

1er octobre 1601. — Partage des biens de la succession de feue demoiselle Louise Gorré, situés en la paroisse de Bouillé-Saint-Paul, entre Daniel et Samuel Gorré, ses héritiers.

— 1189 —

3 novembre 1601. — Copie de la visite du tenement de *Champasmond*, exploité par les enfants mineurs de François Robereau et de Martine Gorré, sa femme.

— 1190 —

13 février 1607. — Echange, entre René et Andrée Robereau de la moitié d'un bois près la *Relandière*, contre des étables à bestiaux, sises audit village.

— 1191 —

9 décembre 1609. — Partage entre Pierre Reverdy et René Robert de la succession de feue dame Loyse Gorré, dame de la Garde, leur tante, comprenant les fiefs et tenement de la *Relandière* et de *Champasmont*, avec les droits de deniers et dîmes.

— 1192 —

31 décembre 1609. — Partage des domaines de la *Relandière* en la paroisse de Bouillé-saint-Paul entre Anne Gorré, veuve Rousseau, agissant tant en son nom que comme tutrice de ses enfants et Pierre Reverdy, marchand tanneur demeurant à Thouars.

— 1193 —

6 avril 1610. — Arpentage de diverses pièces de terre sises à *Rochefou* et tenues en fresches à seize boisseaux de froment, mesure de Thouars.

— 1194 —

22 avril 1610. — Partage détaillé des terres de la *Relandière* en
la paroisse de Bouillé-Saint-Paul entre les héritiers Robreau.

— 1195 —

13 janvier 1611 — Echange de diverses pièces de terre au village
de la *Relandière* et de l'*Humeau-Jouhanne* passé entre René Robert
et Anne Gorré, veuve de Nicolas Rousseau.

— 1196 —

14 mars 1611. — Mémoire et consultation relatif au fief de la
Relandière dont maître Jehan Brion, fils de feu maître Jehan Brion,
était jadis possesseur et dont est à présent héritier maître René
Robert.

— 1197 —

17 mars 1611. — Vente d'une étable et ses issues à la *Relandière* plus trois boisselées de jardin audit lieu, nommées : le jardin
de *Saffron*, consentie par Pierre Hibereau à René Robert, notaire.

— 1198 —

17 mars 1611. — Acte par lequel Pierre Hervé, mari d'Andrée
Robereau, cède à Renée Robereau huit hommées de vignes au
Clos des Durandes et reçoit en échange dix hommées de vignes au
Grand Clos de la Relandière.

— 1199 —

20 juin 1611. — Vente passée devant la cour de Passavant de la
tierce partie des dimes et dimeries de la *Pinsonnière* et de *Champasmont* et consenties par maître Jehan Brion, seigneur de la Relandière, à maître René Robereau, sieur de Champasmont.

— 1200 —

21 juin 1611. — Vente de la tierce partie des dimes et dimeries
de la *Pinsonnière* et de *Champasmont*, tenues à foy et hommage

plein, de la seigneurie de *Vieille-Lande* et obligée à fournir le *vin* et le *pain bénit* à chaque fête de *Pâques* à l'église de Bouillé-Saint-Paul, consentie par Mathurin Queignon à maître René Robereau.

— 1201 —

21 septembre 1612. — Aveu rendu à messire Louis de Lestoille, écuyer, seigneur de Bouillé Saint-Paul, Valampuy et Lespinay par messire René de Terves, écuyer, seigneur de Rochefou, et Mibretin pour son hôtel, maison noble, terre et seigneurie de Rochefou o ses appartenances et dépendances, consistant en ung grand corps de logis y ayant, aux deux bouts, deux pavillons, et plusieurs chambres basses et haultes avec ung autre corps de logis et cour, le tout renfermé de murailles et fossés autour, avec un pont-levis pour entrer en ladite maison et tous droits de forteresse, une basse cour renfermée de murailles en laquelle est une fuye avec granges et estables, deux jardins, le tout contenant environ quatre septrées ; plus différentes pièces de terres et vignes ès paroisse de Cersay, et Bouillé-Saint-Paul (suit l'énumération, ainsi que celle des hommes qui tiennent dudit seigneur de Terves sous son dit hommage). Lesquelles choses ledit seigneur de Terves avoue tenir du seigneur de Bouillé à foi et hommage simple et trois sols de service annuel dont le denier vaut douze à mutations d'homme quant le cas y advient pour tous droits de rachat.

Signé : René de Terves[1].

— 1202 —

27 novembre 1612. — Vente d'une maison o ses appartenances au village de la *Relandière*, consentie par Antoinette Robereau, veuve de Jean Guilbault à maître René Robereau, son frère, pour la somme de quarante huit livres tournois.

[1] René de Terves. — Messire René de Terves, écuyer, sgr de Terves, fils de René et de Françoise de Mineray, marié à demoiselle Claude de Saintray fille de Jean, sgr de l'Isle.

— 1203 —

14 juin 1613. — Vente de trois boisselées de terre au tenement de *Vraire*, consentie par Jean Gourin et Françoise Rabotlan, veuve de François Gourin à messire René de Terves, seigneur de Rochelou.

— 1204 —

19 juillet 1613. — Sentence du sénéchal d'Airvault qui condamne René Robeau à exiber au seigneur d'Airvault un contrat passé sous la cour de Passavant le 26 juillet 1588, portant que feu M' François Robeau, son père, a acquis de Guillaume Giron et de Jehanne Hervé, sa femme, pour la somme de 50 livres tournois les terrains qu'il dit lui appartenir au tenement d'*Airvault*.

— 1205 —

4 février 1614. — Maître René Robereau, notaire, cède trois boisselées de terre à *Bonnesves* à Jean Nesle et reçoit en échange douze boisselées à la *Noûe-Caillaud*.

— 1206 —

14 janvier 1614. — Vente de diverses pièces de terre au village de la *Relandière* consentie par Jean Gorré et Françoise Rabotlan, veuve de François Gorré à maître René Robereau, notaire.

— 1207 —

17 août 1614. — Acte par lequel Mathurin Meslé cède à maître René Robert une maison et ses appartenances à Rochefou et reçoit en échange les trois quarts d'un pré nommé *Cornebœuf*.

— 1208 —

21 janvier 1616. — Vente d'un journal et demi de pré au fief de la *Relandière* consentie par maître Pierre Hervé et Andrée Robert, sa femme, à noble homme Jean Dauvelot, sieur de Lavau, procureur du roi en la maréchaussée de Thouars, pour la somme de quatre-vingt-dix livres tournoys.

— 1209 —

25 juillet 1616. — Maitre Thomas Meslé et Jeanne Robereau, sa femme, vendent à dame Denise Berthault, veuve de René Robereau, la maison noble de la *Relandière* à ses appartenances pour la somme de dix-huit livres tournoys.

— 1210 —

4 mai 1617. — Dame Denise Berthault, veuve de maitre René Robereau, cède à maitre Thomas Meslé et Jeanne Robereau, sa femme : 1° trois caizeines de seigle de rente sur le tenement de la *Bodinière* ; 2° trois journaux de vigne au fief des *Bournoys* ; 3° une maison et un jardin à Nueil-sous-Passavant et reçoivent en échange les maisons nobles et appartenances de la *Relandière* avec le fief en dépendant.

— 1211 —

16 février 1617. — Dame Denise Berthault, veuve de René Robereau, cède à maitre Pierre Hervé une pièce de terre de trois septrées et demi au patis eu *Clesne* et reçoit en échange diverses portions de la pièce du *Poireau*.

Signé : J. CATHELINEAU.

— 1212 —

31 juillet 1618. — Hommage fait à messire Louis de Lestoille, sgr de Bouillé-Saint-Paul, par Charles de Laspoix, écuyer, sgr de Rochefou, pour la terre et seigneurie et hostel de Rochefou, en la paroisse de Cersay.

— 1213 —

14 janvier 1619. — Vente de vingt journaux de vignes au *Grand Clos de Relandière*, consentie par Pierre Hervé d'André

Robereau, sa femme, à dame Moricette Pichon, veuve de maître
Michel Berthault pour la somme de trois cent livres tournoys.

— 1214 —

4 mars 1619. — Acquêt de diverses terres sises à l'*Humeau-
Jouhanne* fait par messire Jacques Serpillon, écuyer, sgr de
Boissettes. de Louis Landais.

— 1215 —

5 février 1621. — Vente de 18 boisselées de terre à la Croix-
Landais, au fief de la *Boisselotière* consentie par Jehan-Hervé à
Mauricette Pichon, dame de la Boisselotière.

— 1216 —

15 janvier 1622. — Arpentage de la grande fresche de Saint-
Rochefou tenue à 10 douzaines de seigle, mesure de *Thouars*, quatre
journées de bians, 2 livres 5 solz 6 deniers et un mouton de rente
annuelle.

— 1217 —

1622. — Bail de la terre et seigneurie de *Rochefou*, consentie par
demoiselle Renée de Laspoir, épouse de messire Charles Jousbert,
écuyer, sgr du Plessis-Tesselin et Rochefou, à M⁰ Jacques de
Pierroys, notaire en cour laye, demeurant à Bouillé-Saint-Paul.
moyennant un fermage annuel de 400 livres tournois.

— 1218 —

9 juillet 1625. — Vente de 22 boisselées de terre entre la Relandière et Bouillé-Saint-Paul et de 12 journaux de vigne au *Grand
Clos de la Relandière*, consentie par Thomas Meslé et Jeanne Robereau, sa femme. à dame Mauricette Pichon. veuve de M⁰ Michel
Berthault.

— 1219 —

6 février 1626. — Echange au profit de dame Mauricette Pichon, dame de la Relandière, consenti par écuyer Jean Gaschignard, sgr de la Rivière, des 5/9 du tenement de *Champasmond.*

— 1220 —

3 juillet 1626. — Contre échange au profit de dame Mauricette Pichon, veuve de M° Michel Berthault, dame de la Relandière, consenti par messire Charles Jousseaulme, écuyer, sgr du Couboureau[1], des 4/9 du tenement de *Champasmond.*

— 1221 —

17 juillet 1626. — Contrat d'échange par lequel M° Anthoine des Nouhes[2], procureur au siège de Thouars, cède à dame Moricette Pichon, veuve de M° Michel Berthault, dame de la *Relandière* 7 boisselées de terre à la *Nouë-Thibault* et reçoit, par contre, cinq boisselées de terre nommées les *Loges.*

— 1222 —

22 février 1627. — Vente de 22 boisselées de terre en cinq pièces au tenement de *Champasmond,* consentie par messire Antoine de Carion, chevalier, sgr de Noirlieu et la Citardière à dame Moricette Pichon, veuve de M° Michel Berthault, dame de la Relandière, pour la somme de six livres tournois.

— 1223 —

14 avril 1627. — Acte par lequel messire Charles Joubert, écuyer, sgr de Rochefou et du Plessis-Tesselin, époux de dame

---

[1] CHARLES JOUSSEAUME. — Messire Charles Jousseaume, chevalier, sgr du Couboureau et la Bretesche, fils de Louis et de Gabrielle du Puy du Fou, gentilhomme de la chambre du Roi Henri IV et chevalier de l'ordre de Saint-Michel, marié le 11 avril 1603 à demoiselle Constance de la Poëze, fille de Pierre, sgr de la Bretesche et de Orianne de Mauclerc.

[2] ANTOINE DES NOUHES. — Famille d'ancienne chevalerie, portant pour armes : *De gueules à la fleur de lys d'argent.*

Renée de Laspoix, cède à Renée Massoteau, veuve de Mathurin
Quiegnon 5 boisselées de terre aux *Marthes* et reçoit en échange
une pièce de terre de six boisselées sise à *Rochefou*.

— 1024 —

4 septembre 1627. — Acte par lequel messire Charles Joubert,
écuyer, sgr de Rochefou et du Plessis-Tesselin, cède à René Guillot
5 boisselées 1/4 de terre au *Champ des Marches*, tenues à 3 cartes
et 1/4 de boisseaux de seigle, mesure de *Thouars*, et reçoit en
échange 3 boisselées 1/2 de terre au champ de *Cornebœuf*, tenues à
1/4 de seigle, mesure de *Thouars* et 2 sols de cens annuel par
boisseau.

— 1025 —

9 octobre 1627. — Vente du jardin du *Cormier* sis à Rochefou,
contenant une boisselée 1/2, et consenti par Jean Barangier à écuyer
Charles Joubert, sgr de Rochefou et du Plessis-Tesselin, moyennant
la somme de 15 livres tournois.

— 1226 —

10 décembre 1627. — Echange de diverses pièces de terre au fief
de *Rochefou*, consenti Jean Courynault au profit de messire Charles
Joubert, écuyer, sgr de Rochefou et du Plessis-Tesselin.

— 1227 —

21 mai 1628. — Aveu de la terre et seigneurie de Rochefou en
la paroisse de Cersay, rendu par Charles Joubert, écuyer, sgr du
Plessis-Tesselin, et la Limouzinière, garde naturel de Charles et
Louis Joubert, ses enfants issus de son mariage avec demoiselle
Renée de Laspoix, à messire Louis de Lestoille, écuyer, sgr de
Bouillé-Saint-Paul.

— 1228 —

14 juillet 1630. — Aveu rendu à messire Charles Joubert,
écuyer, sgr de Rochefou et du Plessis-Tesselin, par André Meslé,

pour une maison et ses appartenances sise à *Rochefou* tenue à 18 boisseaux de froment de rente annuelle.

— 1229-2231 —

1621-26 juillet 1630. — Trois aveux rendus par divers tenanciers à messire Charles Joubert, écuyer, sgr de Rochefou et du Plessis-Tesselin, pour divers héritages sis au fief de *Rochefou.*

— 1231 —

1er novembre 1630. — Aveu rendu à messire Loys de Lestoille, chevalier, sgr de Bouillé-Saint-Paul, Valampuy et Lespinay par messire Charles Joubert, écuyer, sgr de Rochefou, le Plessis-Tesselin et la Limouzinière pour sa terre et seigneurie de *Rochefou.*

— 1233 —

3 juin 1631. — Contrat d'échange par lequel écuyer Jacques Serpillon, sgr de Boissettes, cède à Urbain Mouesrin, vigneron, et à Marie Baillon, sa femme, deux rentes, l'une de 2 livres 10 sols et l'autre d'un boisseau de blé froment, mesure de *Thouars*, et reçoit en échange tout ce que ledit Moisrin *(sic)* possédait à l'*Humeau-Jouhanne* sous le fief de l'abbaye de *Chambon.*

— 1234 —

22 février 1632. — Vente d'une hommée 1/2 de vigne au *Grand Clos de la Relandière*, consentie par Pierre Caillaud à dame Mauricette Pichon, veuve de messire Michel Berthault, dame de la Relandière, moyennant la somme de 6 livres tournois.

— 1235 —

9 août 1637. — Acte par lequel messire Jacques Serpillon, écuyer, sgr de Boissettes, cède à dame Mathurine Pichon, veuve de messire Jean Dauvelot, sgr de Lavau, une hommée de pré au pré de la *Perrière de Boisettes* et reçoit en échange une hommée de pré et un sillon de terre au fief de *Champasmond.*

— 1236 —

5 juin 1638. — Aveu rendu à messire Antoine de Carryon, chevalier, sgr Châtelain de Noirlieu et la Citardière, par écuyer Jacques Serpillon, sgr de Boisettes, pour une pièce de terre de 48 boisselées, sise près le *Carrefour de Boline*, tenue à 60 boisseaux d'avoine et 2 deniers de rente annuelle.

— 1237 —

13 décembre 1640. — Offre de foy et hommage fait au sgr d'Ursay par dame Mathurine Berthault, dame de la Relandière, veuve de messire Jehan Dauvelot, conseiller du roy en l'élection de Thouars, pour ses terres et fiefs de la *Relandière* et ses dixmes et fiefs de *Champasmond*, sis ès paroisses de Cersay et Bouillé-Saint-Paul.

— 1238 —

3 septembre 1642. — Aveu rendu à haut et puissant sgr messire Gabriel d'Aremberg, de Vivonne, de la Beraudière, chevalier, sgr baron de Vouscher, Montzberquelle et Ursay, conseiller et premier chambellan de Monseigneur, frère unique du roy, par dame Mathurine Berthault, veuve de noble Jehan Dauvelot, sgr de Lavau, conseiller du roy en l'élection de Thouars pour ses tenements et appartenances de *Champasmond* et la *Relandière* tenus de lui à foy, hommage et rachat et 2 solz 6 deniers de service.

— 1239 —

18 avril 1644. — Transaction par laquelle noble homme Helye du Verger, sieur de la Brasserie, dame Marie Dauvelot, sa femme, et Gilbert Dauvelot, conseiller en l'élection de Thouars ont renoncé à la succession de dame Mathurine Berthault, leur mère, veuve de feu Jehan Dauvelot, conseiller en l'élection de Thouars, au profit de Laurent Dauvelot, chanoine de Saint-Pierre de Thouars, leur frère, sous la réserve faite par ladite Marie Dauvelot, de se pour-

voir pour se procurer le payement de ses conventions matrimo-
nialles pour le payement desquelles Laurent Dauvelot lui aban-
donne la métairie de la *Relandière* sous la réserve d'une rente de
175 livres tournois.

— 1240 —

29 avril 1644. — Sentence de la court de Thouars condamnant
M⁺ Christophe Drezon à payer à messire Helye du Verger, sgr de
la Bosterie, les arrérages de la rente féodale de 4 septiers de seigle,
mesure de *Thouars*, et quatre mançais dus pour la fresche de
Vaudoré.

— 1241 —

12 décembre 1644. — Procès verbal d'arpentage du fief de la
Relandière, en la paroisse de Bouillé-Saint-Paul.

— 1242 —

16 mars 1645. — Arrentement de huit boisselées de terre sises
au bois de Cersay, consenti par messire Louis de la Touche, chevalier, sgr de la Vieille-Lande et Viralaye ou Vavalonne[1], au profit
de M⁺ Jean de la Millauchère, sergent royal, demeurant au bourg
de Cersay.

— 1243 —

19 janvier 1646. — Sentence de la court de Thouars concernant
la rente de huit septiers de seigle, due sur le fief de la *Relandière*.

— 1244 —

21 mai 1646. — Aveu rendu à messire Louis de l'Estoille, chevalier, sgr de Bouillé-Saint-Paul, par Messire Charles Joubert, sgr

[1] LOUIS DE LA TOUCHE. — Messire Louis de la Tousche, chevalier, sgr de la
Vieille Lande, marié à demoiselle Renée de la Tousche sa cousine, appartenait
à l'une des plus vieilles familles chevaleresques du Poitou et portait pour armes :
D'or au lion de sable, armé, lampassé et couronné de gueules. Devise : *Deo
jurante.*

de Rochefou, le Plessis-Tesselin et la Limouzinière, pour sa terre et seigneurie de *Rochefou*, tenue de lui à foy et hommage plein et 3 sols de service annuel.

Signé : CHARLES JOUSBERT.

— 1245-1261 —

22 mai-28 novembre 1646. — Dix-sept aveux rendus par divers tenanciers à messire Charles Jousbert, écuyer, sgr de Rochefou, le Plessis-Tesselin, la Prevoisière, pour de nombreuses pièces de terre et vignes sises aux tenements de la *Tousche*, de l'*Engrève* de *l'E-gloux*, de la *Varenne*, de la *Relandière*, etc., et relevant de la seigneurie de *Rochefou*.

— 1263 —

25 janvier 1647. — Arpentage d'une pièce de terre au bois de la *Vieille-Lande* près la Relandière et contenant neuf boisselées 1/2 de terre.

— 1264 —

30 juillet 1649. — Jugement de la court de Thouars ordonnant qu'il sera immédiatement fait bail du tenement de la *Barrière* et de 25 boisselées de terre sises à *Airvault* saisis sur les tenanciers desdits fiefs.

— 1265 —

29 octobre 1649. — Vente d'un pré d'un journal sis à *Rochefou*, consentie par Jean Queignon et Claudine Paindesoulx à noble homme Helye du Verger, sgr de la Relandière.

— 1266 —

22 novembre 1649. — Cordelage du fief de la *Relandière* fait par Mr Louis Savaril, arpenteur à Bouillé Saint-Paul, en exécution d'un jugement rendu à la court de Saumur le 6 dudit mois.

— 1267-1268 —

9 et 10 janvier 1650. — Deux aveux du fief de *Champasmond* rendus à messire Gabriel d'Aremberg, chevalier, seigneur, marquis de Vouscher et d'Ursay, capitaine des gardes suisses de Mgr le duc d'Orléans, par messire Helye du Verger, sgr de la Basteyre, et époux de dame Marye Dauvelot, sa compagne, tenu de lui à foy, hommage lige et rachat et 2 solz de service annuel.

Signé : H. DU VERGER,

DELAVILLE, notaire.

— 1269 —

30 novembre 1651. — Vente de diverses pièces de terre sises aux tenements de la Relandière et de Petrault, consentie par Jacques Violin à messire Helye du Verger, sgr de la Basterye et Champasmond.

— 1270 —

1653. — Acquêt d'un bois taillis de un quartier 1/2 et d'un boisseau de terre de 2 boissellées en paroisse de Juvardeil par noble homme Jean Coustard, ouvrier en la monnoye d'Angers, pour la somme de 75 livres.

— 1271 —

20 juin 1654. — Sentence de la court de Thouars, confirmatives d'autres sentences, et condamnant messire Georges Reverdy à payer les arrérages de rentes dues sur la fresche de la *Relandière*.

— 1272 —

13 mai 1662. — Sentence rendue à Thouars au profit de messire Helye du Verger, écuyer, sgr de la Basterye contre messire Abel Lepvrault, sieur de la Richardière, condamné au payement des arrérages de la rente féodale de 4 septiers de seigle, mesure de Thouars, et 4 mançais sur 1° la tierce partie du pré de la *Fosse-*

Viau contenant 6 journeaux : 2° Un pastis, un pré, et une pièce de terre en même lieu contenant 60 boisselées et 3° le *Plantis des Meslé* avec une pièce de terre au bout contenant 60 journeaux.

— 1273 —

7 mars 1653. — Echange de divers pièces de terres et maisonnettes à Rochefou passé entre messire Charles Joubert, chevalier sgr de Rochefou et du Plessis-Tesselin et Mathurin Draoult, vigneron.

— 1274 —

13 mai 1665. — Contrat d'échange de divers pièces de terre, sises à l'*Humeau Jouhanne*, passé entre écuyer René Serpillon, sgr de la Brosse et Boissettes, et demoiselle Céleste Boënon, son épouse, d'une part et messire René de Pierrois, sgr de Preuil, demeurant à la Boisselotière, paroisse de Cersay, d'autre part.

— 1275 —

26 mars 1672. — Acquêt judiciel d'une rente de 8 douzaines de seigle, 2 chapons et 2 sols de cens sur le tenement de la *Relandière* au profit de messire Jean Ruffin, marchand de la ville d'Argenton, par suite de la saisie faite à la requête de celui-ci sur les biens de dame Louise Gourré, veuve de feu messire Jehan Brion, sieur de la Relandière, Maître apothicquaire, pour une obligation de six vingt une livres à lui prêtées par le dit Ruffin.

— 1276 —

26 mars 1672. — Acquêt judiciel au profit de Laurent Laurent, d'une maison sise à Rochefou et de divers autres biens sis aux environs ayant appartenu à feu Jehan Brion, sieur de la Relandière, Maître apothicquaire.

— 1277 —

12 mai 1672. — Transaction passée entre Emmanuel et Catherine Chabert, enfants et héritiers de feue Demoiselle Catherine Vexiau, veuve en secondes noces de feu messire Hélye du Verger, sgr de la Bafferie et Jehan, Jehanne, et Magdeleine du Verger, enfants dudit sgr de la Bafferie, d'une part et Jehan-Mathieu Texier d'autre, au sujet des landes de Cersay.

— 1278 —

13 juin 1672. — Partage de la succession de feu messire Helye du Verger, écuyer, sgr de la Basterye et Champasmont, entre messire Jean du Verger, sgr de la Basterye, et demoiselle Magdeleine du Verger, ses enfants, ladite demoiselle, procédant sous l'autorité de messire Laurent Dauvelot, prêtre, chanoine de l'église Saint-Pierre de Thouars.

— 1279 —

18 décembre 1672. — Arrentement de 14 journaux de vigne au *Grand Clos de Rochefou*, consenti par Marthe Vinebout, veuve de Mathurin Laurent, et consorts à Luc Gourdineau.

— 1280 —

6 mai 1673. — Echange de diverses pièces de terre passé entre messire Uriel Chiron, sgr de la Gaudynerie, avocat à Thouars, et demoiselle Marthe Vinebout, veuve de Mathurin Laurent.

— 1281 —

6 mai 1673. — Cession d'une rente foncière de 5 livres 10 sols pour deux pièces de vigne au *Grand Clos de Rochefou* un logis et ses appartenances de 7 à 8 boisselées à *Rochefou*, 3 journaux de pré et 12 boisselées de terre nommées la *Noue*; sept boisselées de terre au *Champ de Lengrève*, et 20 boisselées au *Pastis de Lengrève*, faite par Marthe Vinebout, veuve de Mathurin Laurent à messire Uriel Chiron, sgr de la Gaudinerie, avocat à Thouars.

— 1282 —

24 février 1674. — Vente de 6 boisselées de terre à la *Fosse-Viaud*, consentie par René Lepvrault, tanneur, à Hilaire Meslin, marchand poëlier.

— 1283 —

28 janvier 1678. — Aveu rendu par René Caillaud, à messire Jehan du Verger, écuyer sgr de la Bafferie, pour les domaines qu'il tient de lui au fief de la *Relandière*, sujets à huit douzaines de rente annuelle.

— 1284 —

5 octobre 1682. — Sentence rendue à Thouars, qui condamne Catherine Beaugonneau, veuve d'Hilaire Meslin, ainsi que Louis et Helye Hichon à exiber à messire Jehan du Verger, sgr de la Bafferye, le contrat des acquets faits par ledit feu Meslin et à payer les arrérages de la fresche de 4 d'uzaines de seigle et 4 mançois à lui dues.

— 1285 —

20 mars 1683. — Jugement d'appel de la sentence ci-dessus.

— 1286 —

2 juin 1683. — Requête présentée à la sénéchaussée de Saumur au profit de la veuve d'Hiliaire Meslin, afin d'interjeter appel de la sentence ci-dessus du 5 octobre 1682.

— 1287 —

12 août 1684. — Transaction entre les parties ci-dessus au sujet de la rente faisant l'objet de leur contestation.

— 1288 —

9 août 1684. — Sentence de la court de Saumur ordonnant à messire Jacques Clostreau, fermier judiciaire de la seigneurie de Rochefot, comparaissant par l'intermédiaire de M° Louis Le Doyen, son procureur, de donner copie à Messire Louis de la Bouëre, sgr de Bouillé Saint-Paul, comparaissant par l'intermédiaire de messire Jacques Sigongne, son procureur, de la saisie féodalle faite à la requête dudit sgr de Bouillé pour défaut d'hommage de Rochefou, ladite copie devant lui tenir lieu d'aveu.

— 1289-1290 —

10 novembre 1685-21 août 1685. — Deux aveux rendus par Jehan du Verger, sgr de la Relandière, à messire René de Pierrois, sieur de Preuil, et de Boissette pour le bois d'Airvault contenant 2 septrées, situé en la paroisse de Bouillé-Saint-Paul et relevant du fief et seigneurie de *Boissette*.

— 1291 —

12 décembre 1685. — Bail de la terre et seigneurie de Rochefou, en la paroisse de Cersay, consentie pour une durée de trois années par écuyer Charles Jousbert, sgr de Rochefou, demeurant d'ordinaire à sa maison noble du Plessis-Tesselin en la paroisse de Saint-Florent en Bas-Poitou, à messire René Gourmeau, notaire dudit Rochefou, moyennant un fermage annuel de sept vingt livres tournois.

— 1292 —

18 janvier 1687. — Sentence rendue à Thouars et condamnant Jean Gourdineau à payer à messire Uriel Chiron, sgr de la Gaudinerie, les arrérages d'une rente foncière de 5 l. 10 solz.

— 1293 —

19 janvier 1688. — Cordelage de la fresche de *Rochefou* tenue envers ladite seigneurie à 10 douzaines de seigle, mesure de Thouars, un mouton de deux ans, quatre bians de charettes de quatre bœufs et 52 sols 6 deniers de cens, de rente annuelle.

— 1294 —

31 août 1688. — Bail à rente de la terre, fief et seigneurie de *Rochefou*, consenti par messire Charles Jousbert, chevalier, sgr du Plessis-Tesselin, et dame Catherine Aymon son épouse, à messire Uriel Chiron, sgr de Godinerye, advocat au Parlement, juge du duché pairie de Thouars et demoiselle Jehanne du Verger, son épouse, à la charge de payer 150 l. de rente annuelle et de relever à foy et hommage de la seigneurie de Bouillé-Saint-Paul.

— 1295 —

31 août 1688. — Vente consentie par messire Charles Joubert chevalier, sgr du Plessis-Tesselin, et dame Catherine Aymon, son épouse, demeurant à la maison noble du Plessis-Tesselin, paroisse Saint-Florent en Bas-Poitou, à messire Uriel Chiron, sieur de la Gaudinerye, avocat au Parlement et au siège et duché payrie de de Thouars, de la terre et seigneurie de *Rochefou* et dépendances ès paroisses de Cersais et Bouillé-Saint-Paul, moyennant une rente fonciérée annuelle de 150 l. payable le jour et feste de Saint-Michel, et une somme de 30 louis d'or valant 337 livres, 10 sols, payés comptant en présence des notaires soussignés :

Signé : CHARLES JOUBERT

CATHERINE AYMON

T. F. CHIRON,

JEANNE DU VERGER

BARRICHER, notaire

RENAULT.

Copie prise sur l'original, le 1er juin 1728.

Signé : DUCHASTEL.

— 1296 —

26 juin 1689. — Relevé d'actes concernant la métairie de *Chambon,* sise au bourg de Chouppes.

— 1297 —

23 janvier 1691. — Concession d'un banc en l'église de Cersay, accordée par le général de la dite paroisse de Cersay à missire Uriel Chiron, avocat au Parlement, sgr de Rochefou.

— 1298 —

5 septembre 1694. — Aveu rendu à messire Louis de la Bouère, chevalier, sgr de Bouillé-Saint-Paul, par M. Uriel Chiron, sgr de la Gaudinerie et Rochefou, advocat au Parlement pour la maison, noble terre et seigneurie de Rochefou, qu'il tient de lui à foy et hommage plein et 3 solz de service annuel, déclarant au surplus que ladite maison de Rochefou lui a été délaissée par messire Charles Joubert, chevalier, sgr du Plessis-Tesselin, et dame Catherine Aymon, par contrat passé sous la cour de Thouars par Renaud et son compagnon, notaires, le 31 août 1688 à la charge de leur en payer une rente annuelle de 150 livres et de relever de la seigneurie de Bouillé-Saint-Paul.

Signé : LOUIS DE LA BOUERE.
N. CHIRON.

— 1299 —

1er juillet 1695. — Bail judiciaire des terres et fiefs de la *Relandière* en la paroisse de Bouillé Saint-Paul, adjugé moyennant le prix annuel de 342 livres, à M. Ambroize Garnier, sgr de la Pommeraye.

— 1300 —

25 janvier 1699. — Vente d'une borderie et de diverses pièces de terres à *Rochefou* consentie par dame Andrée Leprault, femme séparée de biens de M. François Girard, sieur de la Bazinière, à messire Uriel Chiron, sgr de la Gaudinerie.

— 1301 —

1er avril 1700. — Echange par lequel François Auger, sieur de la Chaussière, cède à messire Jean du Verger, sgr de la Relandière, une rente annuelle d'un boisseau de seigle, un chapon et une *carpe*, valant cinq sols, contre un masureau, une portion de cour et la moitié d'un jardin à la *Relandière*.

— 1302 —

2 mai 1701. — Aveu de diverses pièces de terres rendu par René Thibault à messire Uriel Chiron, avocat au Parlement, sgr de Rochefou.

— 1303-1307 —

22 mai. — 2 septembre 1701. — Cinq aveux rendus par divers tenanciers à messire Uriel Chiron, avocat au Parlement, pour diverses pièces de terre et origine relevant de la seigneurie de *Rochefou*.

— 1308 —

30 septembre 1702. — Concession de droit de passage par la basse cour du château de *Rochefou* concédée par messire Uriel Chiron à son cousin Samuel Mallet pour conduire les fumiers par charrette dans ses terres.

— 1309 —

20 mars 1705. — Extrait de l'aveu rendu par Maurille-Nicolas d'Astron, écuyer, seigneur baron d'Ursay gouverneur des pages de la petite écurie du roi à haut et puissant seigneur, messire Armand Louis Gouffier, chevalier de l'ordre du roi, gentilhomme ordinaire de sa chambre, comte de Caravas et de Passavant, baron de Doué pour sa terre baronnie et seigneurie d'Ursay paroisse de Bouillé Loretz tenue de lui à foi hommage et rachat.

— 1310 —

4 août 1710. — Partage des biens délaissés après sa mort par messire Uriel Chiron, avocat entre messire René-Luc Gibot, sgr du Moulin-Vieux et Elizabeth Le Bascle, son épouse et Demoiselle Jeanne du Verger, veuve Chiron.

— 1311 —

10 juillet 1715. — Transaction entre Demoiselle Jeanne du Vergier, veuve de messire Uriel Chiron, sgr de Rochefou, advocat au Parlement, Demoiselle Françoise Sallou, veuve de feu messire Jean du Vergier. d'une part et Demoiselle Françoise Dauvelot, veuve de feu messire François Auger, sieur de la Chaussière.

— 1312 —

10 septembre 1720. — Constitution d'une rente de 20 livrées au principal de 1000 livres, consentie par messire Guy Joubert, sieur de la Giraudière, avocat du duché-pairie de Thouars en faveur de messire Chabert, marchand, et dame Françoise Falloux, sa compagne.

— 1313 —

24 décembre 1722. — Aveu rendu à messire Pierre de Falloux, écuyer, sgr de la Roche-Tailloneau, par René Chabert, marchand, curateur des biens des enfants mineurs de feu Jean du Verger, pour diverses pièces de terre relevant du fief de Maumusson.

— 1314 —

23 août 1728. — Requête présentée au sénéchal de Passavant par messire Jacques de Pierroys, seigneur de Preuil et de Boisettes, prêtre, chanoine du chapitre royal de Thouars, contre les tenanciers de trente hommées de vignes sis au *Clos des Coulées* afin d'obtenir d'eux, payement de vingt-neuf années d'arrérages d'une rente féodale de quarante sols à lui due pour lesdites vignes.

— 1315 —

19 juin 1731. — Bail pour cinq années, terre et seigneurie de la maison de Rochefou, en la paroisse de Cersay, consenti par messire François du Chastel, écuyer, sgr de Rochefou, conseiller du Roi, lieutenant en l'élection de Saumur, agissant tant en son nom que comme tuteur de sa fille Marie-Anne du Verger, issue de lui et de feue Marie-Anne du Verger, sa femme, à Sébastien Jobet de la Maisonneuve et Françoise Gillot, son épouse, moyennant la somme de 300 livres et dix quintaux de foin du pré de la *Petite-Noue*, comme fermage annuel.

— 1316 —

14 avril 1736. — Bail de la maison et seigneurie de Rochefou, consenti par messire François du Chastel de la Martinière, conseiller du Roy, lieutenant en l'élection de Saumur à M° Pierre Chabert de Crucelle, de la paroisse de Bouillé-Saint-Paul, moyennant un fermage annuel de 280 livres, payables par moitié à Pasques et à la saint Jean-Baptiste.

— 1317 —

25 janvier 1738. — Arrentement d'un morceau de pré de trois boisselées au tènement de la *Fosse-Viau* à quatre livres sept sols six deniers, consenti par Firmin Meslé au profit de Jacques Richardin.

— 1318 —

30 mai 1738. — Amortissement par Firmin Meslé au profit de Jacques Richardin de la rente foncière de quatre livres sept sols quatre deniers indiqués ci dessus.

— 1319 —

1 novembre 1738. — Requêt d'une pièce de pré de trois boisselées à la *Fosse-Viau* par messire François du Chastel de la Martinière, conseiller du Roi, lieutenant au siège de l'élection de Saumur, d'avec maître Jacques Richardin pour la somme de quatre-vingt-sept livres quatre sols.

— 1320 —

18 mai 1740. — Sentence par défaut rendu à Saumur contre Georges Roux, époux de Marie Bandeuil, héritière de feu Jean Marquet, qui déclare un litre nouveau de vingt livres de rente foncière consentie par ledit Marquet au profit de messire François du Chastel, sgr de la Martinière, exécutoire contre ledit Roux et le condamne à lui payer les arrérages de ladite rente due sur un bordage sis au village de *Puisnau*, paroisse de Massay.

— 1321 —

18 mai 1740. — Sentence rendue à Saumur au profit de messire François du Chastel de la Martinière, conseiller du roi, lieutenant à l'élection de Saumur, héritier mobilier et usufruitaire de feu demoiselle Marie-Anne du Chastel, sa fille, et de feu demoiselle Marie-Anne du Verger, son épouse, propriétaire en partie de la maison et seigneurie de la Relandière, contre Louis Caffin, Pierre Gaillard et Jean Quetineau, les condamnant à lui payer les arrérages de la fresche de quatre douzaines de seigle, mesure de Thouars et de quatre mancais.

— 1322 —

5 août 1740. — Sentence rendue à Thouars contre N. Maignan le condamnant à payer à Jean Auger, marchand, et demoiselle Catherine Auger, son épouse, héritière de François Auger, sieur de la Chaussière, et de demoiselle Marie Dauvelot, les arrérages d'une rente hypothécaire de douze livres et d'une rente foncière de quatorze livres.

— 1323 —

9 mai 1741. — Arpentage de la *Fresche de Vauloré*, tenue envers monsieur du Chastel, seigneur de Rochefou, à quarante-huit boisseaux mesure de Thouars, quatre mancais et huit deniers de cens dus sur diverses parcelles de terre à la *Fosse-Vinu*.

— 1324 —

3 juillet 1742. — Sentence rendue par la court de Saumur, qui maintient messire François du Chastel dans le droit et possession de percevoir seul la dixme du tenement de *Champasmont* et condamne M. René Guillocheau, curé de Bouillé-Saint-Paul, à rembourser les dixmes qu'il avait induement perçues.

— 1325 —

3 juillet 1742. — Sentence identique maintenant messire François du Chastel dans le droit de percevoir, à l'exclusion de tout autre, les dixmes de la *Relandière*.

— 1326 —

11 juillet 1742. — Signification desdites sentences.

— 1327 —

25 janvier 1743. — Obligation de trois livres de rente établies sur 9 boisselées de pré au *Pré-Brault*, consentie par René-Joseph Payneau, au profit de messire François du Chastel de la Martinière, conseiller du roy, lieutenant en l'élection de Saumur.

— 1328 —

2 mai 1744. — Cession d'une borderie à l'*Hameau Jouhanne* consentie par Charles Meslé, meulnier au moulin vieux de Massay à Demoiselle Jeanne Benoit, fille majeure, demeurant à Chambon, paroisse de Mauzé.

— 1329 —

20 juin 1744. — Sentence par défaut condamnant Pierre Chesnay à payer à messire François du Chastel de la Martinière les arrérages d'une rente de 4 douzaines de seigle et 4 mancais.

— 1330 —

2 juillet 1746. — Signification de la sentence ci-dessus.

— 1331 —

28 janvier 1746. — Aveu rendu à messire François du Chastel de la Martinière, sgr de Rochefou, par missire Jean-Marie Dubourg, prêtre, chapelain de la Chapelle de Lorette en la paroisse de Cersay, pour diverses pièces de terre sises au fief de la *Relandière*.

— 1332-1353 —

10 mars-3 décembre 1746. — Vingt-deux aveux rendus à messire François du Chastel de la Martinière, sgr de Rochefou et la Martinière, par divers tenanciers pour de nombreuses pièces de terre et vignes, sises ès fiefs des *Plantis-Meslé*, de la *Relandière*, de Rochefou, de *Vaudoré*, de *Lydrain*, etc., relevant de la seigneurie de Rochefou.

— 1354 —

16 août 1746. — Aveu rendu à messire Joseph-Maximilien d'Astron, chevalier, sgr de Longueville et baron d'Ursay, en qualité de donataire de feu dame Marie-Anne du Verger, son épouse, par messire François du Chastel de la Martinière, écuyer, conseiller du roy, lieutenant au siège de l'élection de Saumur, pour la moitié par indivis du fief de la *Relandière* en la paroisse de Bouillé-Saint-Paul, tenue de la baronnie d'Ursay, à foy et hommage simple et douze deniers de service annuel au terme de la Saint-Michel.

— 1355 —

16 août 1746. — Aveu rendu à messire Joseph-Maximilien d'Asson, chevalier, sgr de Longueville, baron d'Ursay, par messire François du Chastel de la Martinière, conseiller du roy, lieutenant au siège de l'élection de Saumur, pour ses maisons, terres et fief de *Champaumont*, dépendant de sa seigneurie de la *Relandière* en la paroisse de Bouillé-Saint-Paul, qu'il tient de lui à foy et hommage simple et deux sols six deniers de service annuel au terme de la Saint-Michel.

— 1356 —

4 février 1747. — Sentence par défaut rendue à Thouars contre Jean Bodet, le condamnant au payement de 4 boisseaux de froment, mesure de Thouars, dûs par lui sur 10 boisselées de terre au village de la *Tousche.*

— 1357 —

15 février 1747. — Retrait féodal d'une boisselée 1/2 de pré à la *Fosse-Viau*, fait sur Mathurin Rangeard au profit de messire François du Chastel de la Martinière, sgr de Rochefou.

— 1358 —

15 février 1747. — Sentence rendue à Thouars, qui condamne Jacques Meunier au payement des arrérages de la fresche de *Vaudoré* se montant à 4 douzaines de seigle et 4 mançais.

— 1359 —

5 mai 1747. — Sentence rendue par la court de Thouars qui condamne Jean Auger au payement des arrérages de cens dùs par lui sur les vignes qu'il possède en la fresche de *Vaudoré.*

1360-1369

8 août 1747. — 14 septembre 1748. — Dix aveux rendus par divers tenanciers à messire François du Chastel, sgr de la Martinière et *Rochefou* pour diverses pièces de terre et vignes relevant de la dite seigneurie.

— 1370 —

31 août 1762. — Arpentage de la fresche de la *Vernière* tenue à 224 boisseaux de seigle, 4 oyes, 4 chapons, et 37 sols de cens annuel dùs à la seigneurie de *Rochefou.*

— 1371 —

27 octobre 1762. — Aveu du fief de la Veronnière rendu à messire Louis Gaucher, duc de Chastillon, pair de France, lieutenant général pour Sa Majesté en Haute et Basse-Bretagne, mestre de camp de cavalerie, grand bailly de Hagueneau, baron d'Argenton, par Jacques-François du Chastel, sgr de la Pinarderie, époux de dame Françoise Thomas des Touches, trésorier de France au bureau des finances de Poitiers.

— 1372 —

8 février 1763. — Aveu rendu à la seigneurie de Rochefou, par Pierre Rocher, tuteur des enfants Boucheteau pour une rente foncière de 4 boisseaux de froment et 8 deniers de cens, établis sur 16 boisselées de terre et vigne au *Clos de la Tousche.*

— 1373 —

27 avril 1765. — Aveu du fief de la *Relandière* en la paroisse de Cersay, rendu par messire Jacques-François du Chastel de la Pinarderie, au seigneur de la Lardière, ledit fief tenu à foy et hommage plein, 20 solz de service annuel et devoir de rachat quant le cas y advient.

— 1374 —

1765. — Censif complet du fief et seigneurie de *Rochefou*. (Grand in-folio cartonné de 26 feuillets).

— 1375 —

25 juin 1765. — Aveu rendu par Pierre-Abel Angevin du Coudray et Radegonde Belliard, son épouse, à messire Jacques-François du Chastel, écuyer, sgr de la Pinarderie, conseiller du roi, président trésorier de France et général des finances en Poitou, sgr de Rochefou et de Relandière pour plusieurs pièces de vigne, tenues de lui à 5 boisseaux de seigle, en fresche de 48 boisseaux dûs à la *Relandière* pour cause de son fief de *Vaudoré*.

— 1376 —

22 novembre 1766. — Partage sous seings privés entre Ambroise et Olympe Joubert, enfants de feu Claude Joubert, de la rente de 8 douzaines de seigle, 4 chapons et 2 sols de cens sur le tenement de la *Relandière*.

— 1377 —

1er mars 1767. — Vente de la rente ci-dessus consentie par Ambroise Joubert à messire Jacques-François du Chastel de la Pinarderie, sgr de Rochefou, président trésorier de France, au bureau des finances de Poitiers, moyennant la somme de 1200 livres.

— 1378 —

1er juillet 1771. — Aveu de la terre et seigneurie de Rochefou, en la paroisse de Cersay, rendu à haute et puissante dame Mme Françoise de Broglie, veuve de messire Charles-Joseph-Robert, comte de Lignerac et de Saint-Chamond, baron de Saint-Martin de Valoraux, Nozières, Saint-Paul, Saint-Quentin, Saint-Sentin, Cantate, etc., grand bailly d'épée, lieutenant général et commandant pour le roi dans le haut pays d'Auvergne, maître de camp à la suite du régiment de Lévis-Cavalerie, chevalier de Saint-Louis, dame de la terre de Bouillé-Saint-Paul, par messire Jacques François du Chastel, écuyer, sgr de la Pinarderie, conseiller du roy, président trésorier de France au bureau des finances de Poitiers, héritier de messire François du Chastel de la Martinière, son père, conseiller du roy et lieutenant en l'élection de Saumur, qui lui tenait ladite maison et terre de Rochefou par donation de dame Jeanne du Verger, sa première femme.

Signé : Du Chastel,
J. Girard, notaire.
Gouraud, notaire.

— 1379 —

1er juillet 1771. — Aveu rendu à haute et puissante dame Françoise de Broglie, veuve de haut et puissant seigneur Charles-Joseph, comte de Lignerac et de Saint-Chamand, baron de Saint-Martin de Valoraux, Saint-Paul, Saint-Quentin, etc., grand bailly d'épée, lieutenant général et commandant pour le roi dans le haut pays d'Auvergne, mestre de camp à la suite du régiment de Levis-Cavalerie, chevalier de Saint-Louis, dame de Bouillé-Saint-Paul, par messire Jacques-François du Chastel, écuyer, sgr de la Pinarderie, conseiller du roi, président trésorier de France et général au bureau des Finances de Poitiers, pour la terre et maison noble de Rochefou en la paroisse de Cersais, qu'il tient d'elle, noblement à foy et hommage plein et à 3 solz de service par an à la feste de Saint-Michel, à cause de sa seigneurie de Bouillé-Saint-Paul. Ladite terre à lui advenue par héritage de son père, messire François du Chastel de la Martinière, conseiller général en l'élection de Saumur qui la tenait par donation de dame Jeanne du Verger, sa première femme.

Signé : Du Chastel,
J. Girard, notaire,
Gouraud.

— 1380 —

15 mars 1772. — Vente consentie par André Ferrant et Andrée
Moret, sa femme, à messire Jacques-François du Chastel, écuyer,
sgr de la Pinarderie, président, trésorier de France au bureau des
finances de Poitiers, de : 1° 3/4 de boisselées de jardin, sis près
Rochefou; 2° un autre petit morceau de jardin sis près *Rochefou*;
3° une petite chambre couverte de tuiles au village de *Rochefou*;
4° une boisselée de terre sise aux *Englerez* près *Rochefou*; 5° une
planche de vigne sise au clos de *Rochefou*; le tout moyennant la
somme de 100 livres.

Signé : Du Chastel,
Talluchet, notaire,
Urbain Gaudin.

ERRATA

P. 51, ligne 8, *Au lieu de* : le lieu de la Rollandière, *lire* : le lieu de la Relandière.

» 64, » 9, *Au lieu de* : sgr de Bouillé-Saul, *lire* : sgr de Bouillé-Saint-Paul.

» 65, » 14, *Au lieu de* : Aveu rendu par Jehan Guillot, à Messire Loys de Merveilleau, etc., *lire* : Aveu rendu par Jehan Guillot, Messire Loys de Merveilleau, etc.

» 45, » 6 et 7, *Au lieu de* : Bertrand de Beauvollier, écuyer, sgr de Chauflour, *lire* : Vincent de Beauvollier, écuyer, sgr de Chauffour, etc.

» 76, » 19, *Au lieu de* : N. Carayon, *lire* : N. de Carrion.

» » » 27, *Au lieu de* : la Rolandière, *lire* : la Relandière.

» » » 32, *Au lieu de* : à Croix de la Pierre, *lire* : à la Croix de Pierre.

» 82, » 9, *Au lieu de* : l'Ousche à Vaille un fief de. etc., *lire* : l'Ousche à Vaille, au fief de, etc.

» » » 17, *Au lieu de* : aux xillages, *lire* : aux villages.

» 87, » 17, *Au lieu de* : René Amoureuse, *lire* : René Amoureux.

» 89, » 7 et 8, *Supprimer la ligne 8 et la fin de la ligne 7 depuis le mot : rendre.*

» 90, » 7, *Au lieu de* : sis et au grand clos, *lire* : sises au grand clos, etc.

» 91, » 7, *Au lieu de* : René Amoureuse, *lire* : René Amoureux.

» 92, » 11, *Au lieu de* : et Briaud. Halbert, *lire* : et Briand Halbert.

» 95, » 1, *Au lieu de* : François Marcheteau, *lire* : François Marcheton.

» » » 2, *Au lieu de* : Jean Garsuan, *lire* : Jean Garsuau.

» » » 6, *Au lieu de* : René Amoureuse, *lire* : René Amoureux.

» 96, » 16, *Après ces mots* : Bouillé Saint Paul, *ajouter* : pour diverses pièces de terre tenues, — et *supprimer les mots* : et tenu.

» 102, » 1, *Au lieu de* : Louis Ouetineau, *lire* : Louis Quetineau.

» 114, » 12, *Au lieu de* : Terre nobles, *lire* : terres nobles.

P. 114,   ligne 31.   *Au lieu de* : Salomon Peignon, *lire* : Salomon
                      Puyguion.

» 115,   »   11.   *Au lieu de* : Prévil, *lire* : Preuil, — puis, *même,*
                      ligne, au lieu de : Maroc de la Ville, *lire* : Marc
                      de la Ville.

»   »   »   13.   *Au lieu de* : sgr de Bagé, *lire* : sgr de Baugé.

» 118,   »   17.   *Au lieu de* : et un tenement, *lire* : et au tenement.

» 124,   »   11.   *Au lieu de* : ou hébergement, *lire* : héberge-
                      ments.

» 125,   »   8.   *Au lieu de* : la fresche de Courblet, *lire* : la
                      fresche de Courlet.

» 130,   »   6.   *Au lieu de* : Marie Gueygnon, *lire* : Mathurin
                      Queygnon.

» 132,   »   21.   *Au lieu de* : Jeanne de Maulay, *lire* : Jeanne de
                      Manlay.

» 134,   »   18.   *Au lieu de* : Hugues Doulort, *lire* : Hugues Boulort.

» 142.   Au numérotage. *Au lieu de* : 617-673, *lire* : 617-693 :
                      puis, *au lieu de* : 674-708, *lire* : 693-708.

» 145,   »   3.   *Au lieu de* : ladite route, *lire* : ladite vente.

» 147,   ·   13.   *Au lieu de* : en première noces, *lire* : en pre-
                      mières noces.

» 157,   »   1.   *Au lieu de* : et sœur de dame, *lire* : et belle-
                      sœur de dame.

»   »   »   24.   *Au lieu de* : ANGIQUARD, Nre, *lire* : ANGIGNARD, Nre.

» 162,   »   6.   *Au lieu de* : Madame Charles-François de Ville-
                      neuve, *lire* : Messire Charles François de Ville-
                      neuve.

» 163,   »   13.   *Au lieu de* : de l'organisation, *lire* : de l'acqui-
                      sition.

» 168,   »   19.   *Au lieu de* : Mgr le duc de Chastillon, *lire* : Mgr
                      le comte de Chastillon.

» 173,   »   8.   *Au lieu de* : Le sieur Jandouin, *lire* : Le sieur
                      Gandouin.

» 175,   »   11.   *Au lieu de* : Pierre-Abel Engerin du Coudray,
                      lire : Pierre-Abel Angevin du Coudray.

» 179,   »   2.   *Au lieu de* : demeurant à Doné, *lire* : demeurant
                      à Doué.

» 180,   »   7.   *Au lieu de* : Françoise Thomas des Toches, *lire* :
                      Françoise Thomas des Touches.

» 182, » 8, *Au lieu de* : Saint Michel-Mont Gargaune, *lire* : Saint Michel-Mont-Garganne.

P. 184, ligne 3, *Au lieu de* : Anne Girandeau, *lire* : Aune Giraudeau.

» 192, » 1, *Au lieu de* : Thomas Ragneau, *lire* : Thomas Regneau.

» » » 16, *Au lieu de* : la Forest de Montrusier *lire* : la Forest de Montausier.

» 194, » 7-8, *Au lieu de* : cont-demnant, *lire* : condemnant.

» » » 16, *Au lieu de* : Renée Jouslouyn, *lire* : Renée Gaudouin.

» 201, » 10, *Au lieu de* : Renée Ferrucceau, *lire* : René Ferrucceau.

» 203, » 14, *Au lieu de* : sgr de Rochefeu, *lire* : sgr de Rochefou.

» » » 16, *Au lieu de* : Pindinsoubz, *lire* : Pindesoubz.

» 205, » 11, *Au lieu de* : Renée Robereau, *lire* : René Robereau.

» 208, » 17, *Au lieu de* : au patis eu Clesne, *lire* : au Patis du Chesne.

» 216, » 4,11,21, *Au lieu de* : la Basterye, *lire* : la Balferye.

» 218, » 4 et 5, *Au lieu de* : la Basterye, *lire* : la Balferie.

» 219, » 2, *Au lieu de* : Jehan du Nerger, *lire* : Jehan du Verger.

» » » 6, *Au lieu de* : Catherine Beaugonneau, *lire* : Ca-Catherine Bougonneau.

» 220, » 10, *Au lieu de* : René Gourmeau, *lire* : René Courmeau.

» » » 23, *Au lieu de* : sgr de Golinerye, *lire* : sgr de la Golinerye.

» 221, » 10, *Au lieu de* : foncieree, *lire* : foncière.

» Au numérotage, *Au lieu de* : 120, *lire* : 1206.

» 223, » 3, *Au lieu de* : et origines, *lire* : et édifices.

» 225, » 25, *Au lieu de* : lieutenant à, *lire* : lieutenant en.

» 229, Au numérotage, *Au lieu de* : 1873, *lire* : 1373.

INDEX ALPHABÉTIQUE

DES

NOMS DE PERSONNES

D

E

F

S